解密职业操盘手的盈利策略

张韶一／编著

企业管理出版社

图书在版编目（CIP）数据

解密职业操盘手的盈利策略/张韶一编著．—北京：
企业管理出版社，2010.1
ISBN 978 - 7 - 80255 - 383 - 5

Ⅰ. ①解…　Ⅱ. ①张…　Ⅲ. ①股票—证券交易—基本
知识　Ⅳ. ①F830.91

中国版本图书馆 CIP 数据核字（2009）第 235053 号

书　　　名：解密职业操盘手的盈利策略
作　　　者：张韶一
责任编辑：启　烨
书　　　号：ISBN 978 - 7 - 80255 - 383 - 5
出版发行：企业管理出版社
地　　　址：北京市海淀区紫竹院南路 17 号　　邮编：100048
网　　　址：http：//www.emph.cn
电　　　话：出版部 68414643　发行部 68467871　编辑部 68428387
电子信箱：80147@ sina.com　zbs@ emph.cn
印　　　刷：北京东海印刷有限公司
经　　　销：新华书店
规　　　格：170 毫米×240 毫米　16 开本　19.5 印张　220 千字
版　　　次：2010 年 3 月第 1 版　2010 年 3 月第 1 次印刷
定　　　价：36.80 元

前　言

"股市有风险，入市需谨慎"，这是每一个炒股者再熟悉不过的一句"名言"。股市就像一个散发着诱人光芒的巨大光环，吸引着无数有财富梦想的人到这里来淘金、寻宝。但股市更像是一个巨大的黑洞，无情地吞噬着众多中小股民们辛苦赚来的养家糊口的血汗钱、保命钱。

炒股有几个重要因素——量、价、时，时即为介入的时间，这是很重要的。介入时间选得好，就算股票选得差一些，也会有得赚，但介入时机不好，即便选对了股票也不会涨，而且还会被套牢。所谓好的开始就是成功的一半，对于职业操盘手而言，选择股票的买卖点尤为重要，在好的买进点介入，不仅不会被套牢，而且可坐享被抬轿之乐。

然而，人性的弱点在于总是重复同样的错误，周而复始。在股票市场，出于群体安全感的需要，大多数人总是在人气高涨时杀入，在极度萧条时割肉离场；在牛市中偏信专家意见反复换股，欲速则不达；在熊市中急于扳平反复抢反弹，导致亏损加剧。这些都是每个人一不小心就会犯的错误。市场主力恰恰善于利用这些弱点诱使中小散户不断追涨杀跌，并使之成为市场中的牺牲品。股票市场是一个高风险投资市场，从长期统计数据来看，20%的人赚钱、80%的人亏钱就是股市的常态，所以叫做二八现象，也叫二八定律。中国股市如此，海外股市也一样。

那么，为什么有高达80%的人会亏损呢？原因是多方面的。有的人是由于知识与技术经验积累不够而失败，而剩下的人即便技术经验上能够过关，但大多数又会因为心理素质不够好而亏损。在股市中，盈利就是极少数不犯错误的人赚了大多数犯错误的人的钱。其实，炒股并不是赌博和不计后果的投机，只要掌握好一定的买卖原则，总会有丰厚的收益。

　　本书正是从这一目的出发而编写的。本书共分为三篇。上篇：职业操盘手选买卖点有绝招，利用图表以及指标等方面来一一阐述；中篇：好时机就在一瞬间，结合实例和图表讲解了买卖股票的好时机；下篇：职业操盘手买卖时点之实战策略，从技术层面分析了如何买卖股票。

　　只有掌握了正确的原则和方法，才会保持冷静的头脑，才能作出自信的判断。本书介绍的这些非常精准的买卖指标和方法，有助于投资者在股市中成功地实现盈利。

　　在本书的编写过程中，我们参阅了众多操盘手的实战经验，特在此一并予以感谢。同时，由于时间所限，书中难免有瑕疵之处，望读者朋友予以见谅并敬请指教。

编　者

目录 *Contents*

中篇　好时机就在一瞬间

上　篇

职业操盘手选买卖点有绝招

第1章 职业操盘手巧选股票有绝招

1. 第一招：熟悉基本知识

（1）熟悉股票的类型

熟悉股票，是投资者选股不可忽视的重点之一。依上市股票的资本、业绩及涨跌变化等多方面的因素来分析，股票品种虽然叫人眼花缭乱，但也不外乎几种类型。认识了股票的类型以后，投资者就可以有针对性地进行恰当选择。

①大型股和小型股。

根据股本大小，股票可分为大型股、中型股和小型股。在我国股市，大型股一般是指公众股总量在一亿以上的股票，中型股在五千万左右，小型股在三千万以内。大型股实力强，营运稳定，在过去的最高价位和最低价位上，具有较强的支撑与阻力作用，因此，其历史上的高、低价位是投资者买卖股票的重要参考依据。投资者可在不景气的低价区内买进股票，而在业绩明显好转、股价大幅升高时予以卖出。

中小型股由于所需的炒作资金较少，容易吸引主力大户，搏差价比较理想；然而股本太小，经不起市场的冲击，股价涨跌幅度较大。一般来讲，中小型股票在1～2年内，大多会出现几次涨跌循环的机会，只要能够有效把握行情和方法得当，投资中小型股票，获利大都较为可观。其投资策略是耐心等待股价走出低谷，开始转为上涨趋势时予以买进；其卖出时机可根据环境因素和业绩情况，在过去的高价区域附近获利了结。

②投机股和复苏股。

投机股是指那些易被投机者操纵、价格暴涨暴跌的股票。复苏股一般认为是那些经过惨败，极其萧条，一经复苏，可能获大利的股种。前者受消息及人为操纵影响，并无业绩支撑；后者虽不受青睐，但有其内在的价值。投机股短期可能赢大利，但若操作不当则可能亏损严重，一般股民（中小散户）对待这类股票必须持审慎态度，决不能盲目跟风。

复苏股在低潮时如有改进局势的良策大计或者有势力雄厚的大股东介入，则要密切关注其财力情况的变化，耐心收集，一旦形势好转便有意想不到的收获。如果该公司顺利渡过复苏期，其振雄风之时便是投资者考虑抛售之机。

③高速发展股和缓慢发展股。

高速发展股，是指那些企业规模小、活力强、利润成倍翻番、年增长率在20%以上的股票。持有者可以获取可观的利润。然而，投资这样的股票也有很大的风险，尤其是一些热情有余、资金不足，主业不突出，到处铺摊子的企业，一旦资金周转困难就会出现麻烦，或者由于行业政策或国家经济发生紧缩而一落千丈，甚至出现破产的结果。同时还必须注意一些高速发展股，特别是热门行业股，不会永远都这么高速度发展，一旦发展停滞，炒高了的股价势必大幅回落，故存在较大的风险因素，只适合激进型投资者。

缓慢发展股，是指那些企业投入大、产出慢、年增长速度大致在10%左右的股票。因能力不足无法给投资者带来很大的收益，敢冒风险的投资行家理所当然不喜欢它，然而它受基金或机构的青睐，原因是由于它风险小，并可收到固定的股息，反而会被长期持有。由于这类股票上涨速度慢，只有到了股市很火爆的时候，才会有较好的表现，股价波幅小，不适合那些激进型的投资者。

介于二者之间，年增长速度在10%～20%之间的股票，称之为稳健适中股，其发行公司多是一些大中型企业。这类公司通常规模较大，成立时间也较长，经营比较稳健，但很少有50%到100%的增长记录，不能指望这种公司的股票在短期有成倍的收益。但它是大中型企业，其资产丰厚，抗风险能力强，一般不会破产倒闭，即使碰到危机也有能力化险为夷，安全着陆，使公司恢复如初，在经济衰退和不景气的时候能保护投资者的利益。投资者选择这类股票，往往有一种安全感，最适合稳健型投资者作中长线投资。

④冷门股和热门股。

冷门股是指那些无人问津、长期被搁置一边的股票；热门股指的是众人追捧、大家一致看好的股票。

在股市中，一般情况下以避冷趋热为佳。因为人心所向、大势所趋不可违，应该远离冷门股，多关注主力大户介入的热门股票。这样，你赢利的机会就会多一些。不过，冷门股并不是统统都长期困于冷宫，有希望的冷门股最冷的时候，也许就是它即将翻身的日子。如果你持有已久，不妨再坚持一下，只要它并没有根本性的问题，它终将重新跃起。而被誉作人人赚钱的热门股，在它达到沸点时投资者就必须抛出。这样做并非它没有辉煌的前景，只是因为人人获利后，回吐调整势在必行，若不适时抛出便会天价套牢。对此投资者一定要辩证地看，客观地看。

⑤绩优股和垃圾股。

对于绩优股，并无统一的评价标准，一般来说，主要有这样几种特点：一是年每股税后利润在 0.50 元以上；二是年净资产收益率在 20% 以上；三是市盈率在 20 倍以下。实际上，考察一个上市公司的业绩如何，应当综合其各个方面的情况，包括公司的财务状况、公司的经营状况、公司的管理水平、给股东的回报等方面。

从理论上讲，买股票就是向该上市公司投资，投资的目的则是获取投资收益，而上市公司向投资者提供回报的高低只能从其业绩状况来反映，业绩好说明其为股东提供的回报高，业绩差说明回报低，亏损说明投资者不仅得不到回报，还要用本钱去还债。因此，绩优股理所当然地受到市场欢迎。随着中国股市和投资者的日趋成熟，投资绩优股已逐渐成为市场的共识。

与绩优股相对应的是垃圾股，就是业绩较差、又无增长前景的股票。之所以称之为垃圾股，就是因为它们像垃圾一样被投资者所抛弃。无论是何种股票市场中，垃圾股都是名声最坏的，因为它的市场表现正好与绩优股相反，"涨时涨得少，跌时跌得快"。

识别垃圾股并不困难：一是年每股收益不到 0.10 元；二是年净资产收益率不到 5%；三是产品无竞争力，市场份额小；四是行业前景不佳。垃圾股一般价格较低，所以从比价效应来看，好像更便宜一些，所以有很多股民也涉足其中，但往往不仅寸功未立，还要损兵折将，因此作为理性的投资者，要尽量回避垃圾股。当然，对一些真正有题材的垃圾股，也不妨关注其公司的动向，如资产重组和兼并收购。业绩不好的公司，往往会被一些实力较强的公司看中，对其进行收购、兼并或重组，这样一来，其业绩也会有所提高，一旦选准了这样的垃圾股也不失为一大幸事。

总之，基于每个人的情况不同，购买股票可以有不同的选择，重要的是要先确定适合自己的投资计划，再分析得失，最后根据股市行情选择恰当的股票进行投资。

（2）掌握选股的准则

选股是个老生常谈的问题，也是决定投资者盈亏的关键问题。因此，投资者必须审时度势，精心选股，以增加获利的几率。一般来说，选股要遵循以下几个准则。

①选股要注重三性。

投资者选择股票，必须注意三个原则：安全性、有利性、流动性。安全性是指确保投资者在收回本金并获得预期收益方面的特性；有利性是指投资者获得利息收益和资本增值收益的可能性；流动性是指股票随时变现的能力。不同的股票在这三个特性上是有差别的。一般来说，影响安全性的主要是从投资到收回本金之间的不确定因素，投资者必须了解上市公司的资信等级、财务状况、获利能力以及发展潜力等情况，股票的安全性与发行公司的经营密切相关。由于时间越长，不确定的因素变化越大，所在长期股票的安全性就小于短期股票。而有利性往往与安全性相冲突，风险越大的股票，其可能获得的收益也相应较大。股票的流动性好坏对投资者非常重要，它可以及时满足投资者对资金的一时急需，使股票投资具有灵活性，上市的股票变现容易，其流动性比较大，相反，不上市的股票的流动性较差。

投资者自然都愿意选择安全性、有利性、流动性都较好的股票进行投资，但在股票市场上，这样的股票只能是可遇而不可求，投资者必须根据实际情况，灵活把握。

②选股不在多而在精。

投资专家提倡"不要把鸡蛋都放在一只篮子里"，但这并不意味着进股多多益善。除非是你钱太多了，否则一般投资者绝不可以见风就是雨，只要有人说哪只股票好就去买，结果买了一大堆股票，真正赚钱的却不多。况且股票种类买多了，投资者就没有充裕的时间与精力对每只股票的走势进行观察，更不用说认真研究其财务状况和经营状况了。当然，也不提倡孤注一掷，全押一支，这样风险太大。投资专家建议，一般散户选股不在多而在精，持有五只股票就足够了。在这五只股票中，要依重点采取短中长期的策略搭配，例如两只做短线，一只中期持有，两只做长期投资。热门股的数量要有限制，也不要拿中长期的股票来短线进出。若真的看上了另一只股票时，那就得强迫自己要有所取舍，而不是没有限制一直买下去。这样的好处是你会借此随时检视自己的持股内容和目前的盈亏，对于个股价量表现，以及基本面的变化也照顾得来。再者也会因此而常常做出汰弱留强的动作，这样持股内容会比较灵活。

③做股票要相对"专一"。

做股票要相对"专一"，不要四面出击，见异思迁，其好处：一是降低成本。二是合理运用资金，减少投资风险。若同时做多种股票，则"贪多嚼不烂"，资金调度就会捉襟见肘，力不从心。专一做一种或两三种股票，资金相对宽裕，一旦被套，可调后续资金入场，采用"摊平法"解套。三是精力集中，减少失误。手中抱有多种股票者容易分散精力，顾此失彼。有行情时手忙脚乱，若忙中出错则会造成不必要的损失。若专做一两种股票则无此虑。四是情况熟悉，便于操作。俗话说"熟能生巧"，专做某一两种股票，时间久了，对其走势、股性了如指掌，何时进何时抛心中有数，自然就会胜多败少。当然，这里所指的"专一"是相对的、阶段性的，并非一定要"从一而终"，非某股不炒。

④选股要灵活多变。

"灵活多变"要求投资者顺势而为，以适应市场的变化。比如在股市上涨期，虽然满盘飘红，但各个股之间的涨幅却有很大差异。在一轮上涨行情中，那些热门股、绩优股的涨幅往往强于大盘。因此上涨期选择热门股、绩优股往往回报丰厚。而盘整期是庄家股最活跃的时期，在盘整期炒庄家股常有意想不到的收获。在股市下跌期所有的股都在劫难逃，但跌幅却有深浅之分。新股无顶亦无底，在此期间炒老股则相对安全一些。如果你是做中长线投资，应选择那些具有成长性且无政策性风险的股票。如果你是做短线投资以赚差价为主，则可选择那些上下震幅大的热门股参与炒作。投资者个人情况不同，选择的股票也有差异。

（3）分析市盈率

股票价值投资分析方法就是要正确估计个股的内在价值。价值投资分析的鼻祖是本杰明·格雷厄姆，他是 20 世纪美国最有影响的投资理论家。格雷厄姆的投资方法以企业本身的价值为基础，认为只要股价低于企业的真正价值就行了。格氏认为市场迟早会认识到企业真正的价值而抬高股价，弥补它与实价之间的距离，这样原先的投资者就能获利。

价值投资的依据就是价值规律。价值规律是市场经济的一条基本规律，即价格总是围绕价值上下波动，当市场上某一东西的价格远低于其价值时，价值规律的内在作用会拉动价格向上，反之，若某一商品的价格远高于价值时，价值规律的内在作用又会拉动价格向下。根据这一原则，投资者可以寻找到一些合适的股票和合适的买卖点。如某种股票看起来应值 30 元，但市价却只有 10 元，它可能就是价值被低估了的股票，买入这种股票一般收益丰厚，而风险又不大。那么如何发现这类具有实质价值的股票呢？

寻找实质价值股的一个最常用的方法，就是计算市盈率。市盈率是股票市价与每股税后利润之间的比率，计算公式为：市盈率＝股票价格/每股税后利润。通过分析市盈率，投资者可据此预期公司未来盈利的增长状况以及投资的风险程度。市盈率之所以重要，在于它与获利率有关，是盈余获利率的倒数。例如：市盈率为 20 倍，获利率即为 0.05，即 5%。一般情况而言，选择市盈率低的股票胜于市盈率高的股票，因为在大市上升阶段，市盈率低的股票上升空间大；在大市下跌阶段，市盈率低的股票风险小，翻本期短，对投资者较为有利。

采用市盈率选股要注意两方面：一是与市盈率的历史比较。用同一股票目前的市盈率与过去数年的市盈率比较。例如，某股票现价是 20 元，其每股收益为 1 元，市盈率为 20 倍。现在将该股目前的高低价与过去数年的市盈率比较，如果目前的市盈率接近或低于过去数年的低市盈率，则说明该股现价位可能偏低，反之则可能偏高。二是成长性分析是运用市盈率的灵魂。要使市盈率成为选股工具，就必须与成长性结合起来。买股票时希望市盈率尽可能低，只是基本价格便宜，从"物美价廉"的要求看，还应该考虑成长性这个"物美"的标准。低市盈率、高成长股是投资者最理想的选择，它可以使投资者获得两级增值：一级增值是公司收益增长所产生的直接投资收益；二级增值是市盈率增大过程中所获得的资本增值。美国投资大师彼得·林奇发明了一个模式：当市盈率是公司增长率一半时，是一个很好的购进时机。

（4）通过市净率分析

市净率通常是用来表达投资活动安全性的指标，它表示投资者购买1个单位资产所付出的代价。在其它条件相同的情况下，市净率越小，该股票就越安全。其计算方法是：市净率＝每股市值/每股净资产。

从市净率的公式可以看出，市净率反映了股价与每股净资产的比价关系。该指标表明股价以每股净值的多少倍在流通，即评价相对于净值而言是否被高估。如果市净率越小，说明股票的市价低于其净资产值越多，投资价值越高，股价的支撑越有保证，反之则投资价值越低。但是该指标最大的缺点是无法反映净资产的盈利能力，即现在的净资产值高并不能完全代表将来的收益一定好。其中，市净率为负表明该上市公司每股净资产为负，且绝对值越大，股价与净资产偏离越严重；而市净率小于1则表明该股价尚在净资产值以下，股价并未体现公司的价值。对成长性一般的传统类公司来说，其安全投资区一般是市净率在1～2之间。对于股市淘金者来说，选中了那些经营稳定、业绩优良、价值被严重低估的个股，无异于发掘出一座金矿。

选股除了进行净值比较外，最好还要看看它是否具有上升潜力。因为有时某些上市公司的股价低于其实质价值，极有可能是由于该公司经营管理不善造成的。如果真是这样，该公司经营不善，没有盈利，甚至亏损，每股净资产值再高，迟早会坐吃山空，资本增值更无从谈起。这种股票即使再便宜，也不要碰它为好。

（5）通过股东人数的变化分析

我们知道上市公司每年的中报及年报中都有一项重要的数据，即期末持股户数，也就是人们常说的股东人数。此数据来源于证券交易所，真实地反映了公司股份的分布情况，特别是流通股份的筹码集中程度，而人均持股数是对这一数据的进一步量化，定量地反映了流通筹码的分散状况。股东人数的增加或减少反映了流通股筹码的集中度。股东人数增加，说明持股集中度正处于分散状态；而股东人数减少，很有可能是散户抛售而机构吸纳的结果。因此，根据股东人数的变化，可以掌握主力的动向，预测股市的走势。一般来说，股东人数多，筹码集中度小，则该只股票缺乏主力运作，上升难度比较大；反之，如果股东人数少，筹码集中度大，则表明该只股票有大主力大资金介入，并且收集了较多的筹码，一旦时机成熟，便有可能向上发力上攻。有人统计近年来人均持股超过一万股的个股，几乎都是深沪两市的"黑马集中营"。

一般而言，股东人数的分散与否可以体现出庄家的吸筹和减仓情况。股东人数在底部由多逐渐减少的过程，即表明了庄家在底部吸筹，随后逐渐控盘，以利于庄家拉升的过程。

从相反的方面则可以证明，在股价高位股东人数的增加反映出庄家的出逃情况。

2. 第二招：了解个股特性

（1）选择市场性优异的股票

每个股票都有其特性，即股性。股性好，指股票走势活跃，在大势升时它升得多，大势跌时它也震荡较大，这种股票群众基础好，大家都乐意炒它，其股性也越来越活跃。而股性不好的股票往往股价呆滞，只会随大势作小幅波动，炒作这种股票往往赚不到什么钱。

每种股票都有其习性，这种习性是长期炒作形成的，是由于大众对它的看法趋于一致造成的，一般难以突变。但股性并不是永远不变的，有时通过机构长时间努力，或由于经济环境的改变，可能会改变一些股票的特性。

几乎所有的热门指标股，都有良好的市场性，这些股票的筹码锁定好，易大起大落，投资者高度认同这些股票，一有风吹草动即大胆跟风，往往造成股价疯涨。大众认同的程度越高，其市场的属性越好，而这些股票往往有市场主力的介入，在其中推波逐浪，甚至有些股票的主力每隔一定的时间总要折腾一番，似乎吃定这只股票。而主力对于长期介入较多的股票市场性很熟悉，也常常选择同一只股票多次介入。这正是形成个股独特股性的重要原因。

股本结构这个因素是个股的重要属性之一，多年来股本小的个股往往较容易成为主力炒作的目标。很多主力介入操作的重要参考就是股本的大小。小型股容易控制筹码，轻、薄、短、小的股票具备拉升容易的特点，十分利于操作。

冷门股有时也成为惊人表现的个股，其实，这种冷门股从前大多也有过突然爆发的经历。也就是说，它的股性就是喜欢突然拉升。冷门黑马股大多流通筹码很少，股本小，所以这类股票一旦打底完成发动攻击，其升幅往往是十分可观的。

股票的特性是长期形成的，需要投资者长期了解才能全面熟悉它们。当你了解它们以后，遇到一定的情况，你可以估计到它有什么反应，这对预测个股态势十分有利。同样，如果某只股票的个性出现变化，那么你就可以很快记住它的变化。

因此，选择股票应该首先考虑股性，落后大势的弱势股不要去碰它们，而热门的指标股是首选目标，某些冷门股经过长期的盘整，有可能突然爆发，也可以考虑选择。

（2） 选择股价波动幅度大的股票

既然每只股票的特性不同，自然有的股价波动大，有的波动小，波动大的股票最适合短线进出，当一只原本平静无波，股性死寂的股票突然连续数日转强时，决不能等闲视之，如果此时成交量配合，那这只股票大可有一番表现。

（3） 选择有潜力的低价股

股票价格低，这本身就是一个优势。低价格往往意味着低风险。某只股票的价格之所以低，那说明该股票的种种不利因素已被大众所了解，而股票市场的一个特点就是，大家都已经知道的事情往往对市场不再起作用。正如大家已经知道的好消息公布出来也无法再使市场上升。所以，如果某只股票的价格很低，那一定是因为一些众所周知的原因，而且大家都已经接受了这种现状。

然而事情并非一成不变，对业绩差的公司来说，使它业绩变差有时比使它业绩变好更难。在一批低价股中，常常就隐藏着几个可能变好的股票，这是最值得炒作的原因。同时，低价的特性使得炒作成本低，容易引起主力的关注，容易控制筹码。由于比例的效应，低价股上涨获利的比率会更大，获利的空间与想象的空间均更广阔。再加上群众基础好的原因，常常会使低价股成为大黑马。

当然，并非低价就一定好，有些上市公司积弱多年，毫无翻身的机会，甚至亏损累累，这样的低价股还是少碰为妙。最重要的是找出低价股中的好股票和有利好的可能。

（4）新上市的股票要特别关注

现在，新上市的股票越来越多，于是投资者已经变得很麻木，对新股视而不见。这反而给我们提供机会。新股中也有好有坏，但总的来说，它们都有一个共同的优点，那就是上方无套牢盘。一般新股上市，原始股东都是获利的，只要他们愿意抛出，都可以赚钱。同时，新股没有什么复杂的历史，这样也使主力容易掌握筹码的分布情况，容易集中吸货，从而完全控制该股票的筹码。尤其是那种上市后曾跌破发行价的新股，更是难得的炒作对象。在发行价之下，常常有机构大量吸货，日后必有不俗的表现。这种股票的筹码高度集中，机构主力做多高的价都可以。

今天的市场上，新股被疯炒的例子举不胜举。最后到了逢新必炒的地步。这充分证明：当主力机构在市场上再难找到炒作对象时，新股就成了最好的选择。新股的炒作可以纯粹当做数字游戏来玩，完全可以不理会其业绩的实质。只要主力有勇气接走所有的低位抛盘，以后的股价就只是一个数字而已。

另外，由于股票上市的承销商制度，使得新股上市直接关系到承销商和上市公司的面子，所以即使大市不利，券商也要尽力护盘维持形象。这样的结果往往是手上的股票越来越多，最后不得不炒作一番。

（5）选择强势产业的股票

强势产业的股票往往是领导大市的主角，尤其是行业中的龙头，往往具有指标股的作用。因此，选股必须选择强势产业中的领头股，这样往往能领先大势获利。通常，在某个多头市场的领头股，到大市反转时，便成为抗跌的好股票。

投资者应该了解整个国家的经济形势与产业政策，哪些是夕阳产业，哪些是强势产业，应该做到心里有数。对国家产业政策扶持的上市公司来讲，经营的阻力上要小一些，获利的能力上要大一些。另外，从全世界的产业发展趋势来看，也可以看出哪些是有前途的，哪些行业是面临困境的。投资者应有买股票就是买未来的观念，所以对前景看好的尖端产业应具备长远的眼光，对高科技，高附加值的产业，尤其要特别注意。

投资者应经常去检视各类产业股票的表现情形，将有助于摆脱目前的弱势产业的股票。换入强势产业的股票，你会发现某一行业的股票常常有某种联动性。如果某产业的龙头股表现疲弱，则往往会波及到该行业的其他股票。同样，如果某行业的几种指标股呈强劲走势，则会带动其他同类个股。

3. 第三招：看盘面

对于普通股民而言，看盘水平的高低会直接影响其短线盈亏，即使是中线投资者也不能忽视其存在价值。如果中线投资者在较高位介入，却不懂利用高抛低吸降低成本，即使获利，也不能称其为合格的投资者。

通过盘中的股指及个股走势，判断买卖双方力量的强弱，决定了其对股票的买卖节奏的把握，也是其是否赢利或赢利高低的关键。职业投资者区别于普通投资者的最大之处在于他们往往能从变化莫测的股市交易细微处，洞察先机。而他们之所以能看出盘中数字变化传递的信息，是一种经验的积累，亦即股市经历。积累往往是通过多年对其自身操作失败经历的反复总结而得，但现在许多投资者入市多年也没有收获，即是其不善于总结的缘故。因此，看盘水平是衡量一个投资者水平的重要依据。

（1）大盘研判

看盘主要应着眼于股指及个股的未来趋向的判断，大盘的研判一般从以下3方面来考虑：

①股指与个股方面选择的研判（观察股指与大部分个股运行趋向是否一致）。

②盘面股指（走弱或走强）的背后隐性信息。

③掌握市场节奏，高抛低吸，降低持仓成本。（这一点尤为重要）尤其要对个股研判认真落实。

盘中个股走势是一天的交投产生的形态，能够清晰地反映当日投资者交易价格与数量，体现投资者买卖意愿。为了能更好地把握股价运行的方向，投资者必须要看懂盘中走势，并结合其他因素作出综合判断。一般理解，看盘需要关注开盘、收盘、盘中走势、挂单价格、挂单数量、成交价格、成交数量与交投时间等，但这只是传统认知，在实战中其他因素也重要，难以一一罗列，所以说股市是综合智力的竞技场。

（2）短线好坏股票的识别

在看盘过程中，应从以下方面来识别短线股票的好坏。

①短线好股票的识别：

- 买入量较小，卖出量特大，股价不下跌的股票。
- 买入量、卖出量均小，股价轻微上涨的股票。
- 放量突破趋势线（均线）的股票。
- 头天放巨量上涨，次日仍然放量强势上涨的股票。
- 大盘横盘时微涨，以及大盘下跌或回调时加强涨势的股票。
- 遇个股利空，放量不下跌的股票。
- 有规律且长时间小幅上涨的股票。
- 无量（缩量）大幅急跌的股票（指在技术调整范围内）。
- 送红股除权后又涨的股票，此类股票的市场形象和股性都是当时最好的。

②短线坏股票的识别：

- 买入量巨大，卖出量较小，股价不上涨的股票。
- 买入、卖出量均较小，股价不上涨的股票。
- 放量突破下档重要趋势线的股票。
- 前日放巨量下跌，次日仍下跌的股票。
- 遇个股利好但放量而不涨的股票。
- 大盘上涨而个股不涨的股票。
- 流通盘大，而成交量很小的股票。
- 经常有异动，而股价没有明显上涨的股票。
- 除权送红股后放量下跌的股票。

天天观盘，用心观察，不难找出符合自己心愿而又能赢利的好股票，避开导致亏损的坏股票。

4. 第四招：洞悉成交量的变化

（1）成交量的圆弧底

当成交量的底部出现时，往往股价的底部也出现了。成交量底部的研判是根据过去的底部来作标准的。当股价从高位往下滑落后，成交量逐步递减至过去的底部均量后，股价触底盘稳不再往下跌，此后股价呈现盘档，成交量也萎缩到极限，出现价稳量缩的走势，这种现象就是盘底。底部的重要形态就是股价的波动的幅度越来越小。此后，如果成交量一直萎缩，则股价将继续盘下去，直到成交量逐步放大且股价坚挺，价量配合之后才有往上的冲击能力，成交量由萎缩而递增代表了供求状态已经发生变化。见图1-1。

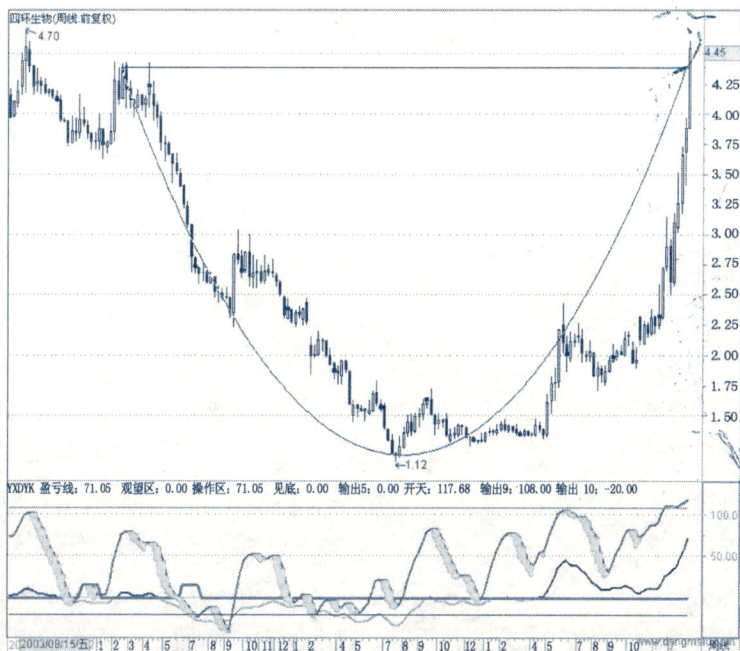

图1-1　成交量的圆弧底

　　股价：高位——下跌——盘整——波动幅度减小——微升——剧升
　　成交量：巨量——递减——盘稳——极度萎缩——递增——巨增
　　成交量的变化现象由巨量而递减→盘稳→递增→巨增，如同圆弧形一般，这就是圆弧底。当成交量的圆弧底出现之后显示股价将反转回升了。而其回升的涨幅及强弱势态决定于圆弧底出现之后成交量放大的幅度，若放大的数量极大，则涨升能力越强。
　　底部区域成交量的萎缩表示浮动筹码大幅缩减，筹码安定性高，杀盘力量衰竭，所以出现价稳量缩的现象，此后再出现成交量的递增，表示有人吃货了，因为如果没有人进货，何来出货呢？所以此时筹码的供需力量已经改变，已蕴藏着上攻行情。成交量见底的股票要特别加以注意。当一只股票的跌幅逐渐缩小，并有跳空下跌缺口出现时，通常成交量会极度萎缩，之后量增价扬，这就是股价见底反弹的时候到了。但是，当成交量见底时，人们的情绪也往往见底了，赚钱的人逐渐退出，新入场的人一个个被套，因此入场意愿也不断在减弱。如果当人们买股票的欲望最低的时候，而股价却不再下跌，那只说明人们抛售股票的意愿也处于最低状态。这种状态往往就是筑底阶段的特征。问题是，既然成交量已萎缩至极，说明参与者是很少的，这就证明真正能抄到底部的人必然是非常非常少的。

当股价长期盘整却再也掉不下去的时候，有一部分人开始感觉到这是底部，于是试探性地进货，这造成成交量少许放大。由于抛压很小，只需少量买盘就可以令股价上涨，这就是圆底右半部分形成的原因。如果股价在这些试探性买盘的推动下果然开始上扬，那必然会引起更多的人入市的愿望，结果成交量进一步放大，而股价也随着成交量开始上扬。这种现象犹如雪崩，是一种连锁反应。

只要股价轻微上涨就能引发更多的人入市，这样的市场就具有上涨的潜力，如果这种现象发生在成交量极度萎缩之后，那么就充分证明股价正在筑底。

选股的时候需要有耐心，筑底需要一段时间。在成交量的底部买入的人肯定具有很大的勇气和信心，但他不一定有耐心。一个能让你挣大钱的股票的底部起码应持续半个月以上，最好是几个月。请问谁能有这样的耐心看着自己买入的股票几个月内竟然纹丝不动呢？但其实这样的耐心正是炒股赚钱的第一个基本条件。还有一些相对保守的投资者，他们不愿意在底部等待太久，他们希望看清形势之后再作出决策，圆弧底的右半部分是他们入市的机会，尤其是当成交量随着股价的上升而急速放大时，他们认为升势已定，于是纷纷追入。正是由于这一类投资者的存在，且人数众多，才形成突破之后激升的局面。

相关专家者建议一定做有耐心的投资者，在成交量底部买入。事实上这种做法才是真正的保守和安全的。在市势明朗之后才买入的人也许能够赚钱，但是第一，他们赚不到大钱，他们只是抓住了行情的中间的一段；第二，他们面临的风险实际上比较大，因为他们买入的价格比底部价格高出了许多。当他们买进的时候，底部买进的投资者已经随时可以获利离场，相比之下，谁主动谁被动一清二楚了。

（2）成交量的微妙变化

上面讲的成交量的圆弧底，需要较长时间形成。但是，有时成交量的微妙变化，只需要几天就可以确认，而这种变化所反映的内容却是很明确的。如果投资者发现了这种变化并抓住它，就有可能在很短时间内取得较大的利润。但首先说明一点的就是，前面讲的成交量的圆弧底需要耐心，而这里讲的成交量的微妙变化则需要细心。一个总的前提条件是：首先成交量必须大幅萎缩，离开这一点，无异于缘木求鱼，就谈不上选股抓黑马的问题。成交量萎缩反映很多问题，其中最关键的内容是说明筹码的安定性好，也就是说没有人想要抛出这只股票了，而同时股价不下跌，这更说明了市场抛压已经穷尽，只有在这样的基础上，才能发展成狂涨的黑马股。

但黑马股并不是突然形成的，看起来好象黑马股是在某一天突然爆发，但在之前已经有很多迹象。而成交量的细小变化最能反映出这种迹象。

一种变化是成交量从某一天起突然放大，然后保持一定的幅度，几乎每天都维持这种水平。这种变化表明有新的力量已经介入这只股票，并有计划地投入资金吸纳该股。这种介入往往引起股价上涨，但在收市时却有人故意将股价打低，其目的昭然若揭。所以在日线图上可以看出，在成交量放大的同时，股价小幅上涨，但常常在收市时下跌，形成十字星状。建议投资者每天收市后浏览一遍日线图，把注意力集中在成交量上面，尤其集中在成交量已经大幅萎缩的股票上面。一旦发现近两天成交量温和放大，且维持一定水平，（股价形成十字星）就必须将该股列入重点观察对象，进行跟踪。

另一种变化是成交量从某一天起逐步放大，并维持一种放大趋势。这也是有一种新的力量介入该股的证明，否则的话，怎么会这么有规律呢？与此同时，股价常表现为小幅上扬，主力意图十分明显，不加掩饰。这种形状的出现表明主力已经没有多少耐心或时间来慢慢进货了，不得不将股价一路推高进货（急速建仓，高举高打）。这种情形就像飞机起飞，先在跑道上加速，一旦经过三五天加速过程之后，必定会突然起飞，走出一段令人惊喜的行情。

前面说过，观察成交量的细微变化，最重要的就是细心。许多人根本就不肯花时间去浏览所有股票的走势图，但事实是，正是因为别人不愿意做这些细微的工作，你做了，所以你能赚别人的钱。当你认识到股市的残酷之后，大概你不敢不小心从事了。请你想象一下，此时此刻除了你之外，还有成千上万的人在想如何从股市中赚钱，而你必须去赚他们的钱。如果你不比别人更细致更用功，那么凭什么去赚别人口袋里的钱呢？

事情很简单，肯用功的人在成交量出现微妙变化时就发现了，并且果断买入该股票，不肯用功的人此时根本不知道这只股票正在酝量巨变。当势态明朗了，股价涨起来了，大家才蜂拥而至，企图再分一杯羹喝，这样后知后觉的人们很少能赚到钱，因为他们追进股票的时候，先知先觉的人们正笑咪咪地收他们的钞票。

所以投资者必须花时间去观察成交量的细微变化，这是投资者的炒股水平超过别人的有效途径。其它方面的素质，比如天生的投机细胞，良好的知识背景，性格方面的因素，这都不是短时间内可以形成的，唯有细心分析，勤奋工作，这一点你可以从今天就能做到，一旦做到了，你就具备了一个远胜常人的优势。

成交量变化的分析方法不仅可以用于日线图，在周线图或小时图上都可以运用。关键在于，用什么样的图分析得出来的结论只能适用于相应的时段。比如日线图上看到的底部常常是中期底部，随后展开的升势可能持续一个月或几个月，而小时图上的底部就只能支撑十几个小时了。如果你是真正的长线投资者，那么应该用周线图来分析，周线图上的底部一般可以管一年到几年的时间。

（3）长期牛股的底部动量

成交量可以说是股价的动量。一只股票在狂涨之前经常是长期下跌或盘整之后，这样在成交量大幅萎缩，再出现连续的放大或温和递增，而股价上扬。一只底部成交量放大的股票，就像火箭在升空前必须要有充足的燃料一样，必须具有充分的底部动力，才能将股价推升到极高的地步。因此，一只狂涨的股票必须在底部出现大的成交量，在上涨的初期成交量必须持续递增，量价配合，主升段之后往往出现价涨量缩的所谓无量狂升的强劲走势。

从实际的图例可知，一只会大涨的股票必须具备充足的底部动力才得以将股价推高，这里所说的充足的巨量是相对过去的微量而言，也就是说，当一只股票成交量极度萎缩后，再出现连续的大量才能将股价推高。成交量是衡量买气和卖气的工具，它能对股价的走向有所确认。因此，精明的投资人对于底部出现巨大成交量的股票必须跟踪，因为当一只股票的供求关系发生极大变化时，将决定股价的走向，投资者绝对不可以忽略这种变化发生时股价与量的关系，一旦价量配合，介入之后股价将必然如自己预期的那样急速上扬。

成交量的形态改变将是趋势反转的前兆。个股上涨初期，其成交量与股价的关系是价升量增，而成交量在不断持续放大，股价也随着成交量的放大而扬升。一旦进入强势的主升段时，则可能出现无量狂升的情况。最后末升段的时候，出现量增价跌，量缩价升的背离走势，一旦股价跌破十日均线，则显示强势已经改变，将进入中期整理的阶段。

因此，当你握有一只强势股的时候，最好是紧紧盯住股价日K线图，股价一直保持在十日均线之上，可以一路持有，一旦股价以长影线或盘势跌破十日均线，应立即出货，考虑换股操作。

盘整完成的股票要特别注意，理由是其机会大于风险。盘整的末期成交量萎缩，代表抛盘力量的消竭。基本上，量缩是一种反转信号，量缩才有止跌的可能，下跌走势中，成交量必须逐渐缩小才有反弹的机会。但是，量缩之后还可能再缩，到底何时才是底部呢？只有等到量缩之后又是到量增的那一天才能确认底部。如果此时股价已经站在十日均线之上，就更能确认其涨势已经开始了。

所以，基本上投资者应重视的角度是量缩之后的量增，只有量增才能反映出供求关系的改变，只有成交量增大才能使该股具有上升的底部动量。

在盘局的尾段，股价走势具有以下特征：

①波动幅度逐渐缩小。

②量缩到极点。

③量缩之后是量增，突然有一天量大增，且走出中阳线，突破股票盘局，股价站在10日均线之上。

④成交量持续放大，且收中阳线，加上离开底价三天为原则。

⑤突破之后，均线开始转为多头排列，而盘整期间均线是叠合在一起。

5. 第五招：寻找稳赚图形

在所有的股价走势的规律中，最直观的就是股价走势的形态了，俗称图形。这里所要寻找的稳赚的图形，实际上就是发现那些良好的走势形态，借助这些形态来挖掘市场走向的本质，从而捕捉住最能带来丰厚利润的个股。

随着市场容量的扩大，技术分析在股市中的作用也越来越大。正因为市场中有太多个人和机构都在依据图形来操作，图形的影响力也就越来越大。因此，对于一个完整漂亮的图形不应有所怀疑，尤其是对那些花了很长时间形成的图形，更应该信它。庄家机构只能短时间内影响股价，无法长期控制股价去形成一个大的形态。

(1) 圆底

第一个要介绍的图形就是圆底，之所以要把它放在第一位，是因为历史证明这个图形是最可靠的。同时，这个图形形成之后，由它所支持的一轮升势也是最有力最持久的。在圆底形成过程中，市场经历了一次供求关系的彻底转变，好像是一部解释市场行为的科教片，把市势转变的全过程用慢镜头呈现给所有的投资者。应该说，圆底的形态是最容易被发现的，因为它给了充分的时间让大家看出它的存在。但是，正是由于它的形成所需时间较长，往往反而被投资者忽略了。

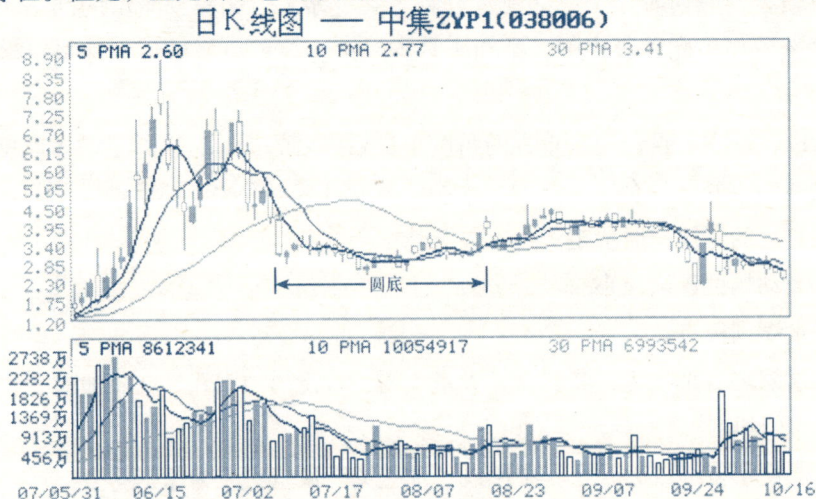

图1-2　圆底

圆底，是指股价在经历了漫长的下跌之后，跌势逐渐趋缓，并最终停止下跌，在底部横盘一段时间后，又开始再次缓慢回升，终于向上发展的过程。现在我们通过圆底这个图形表象来研究这个过程的本质。

当股价从高位开始回落之初，人们对股价的反弹充满信心，市场气氛依然热烈，因此股价的波动幅度在人们的踊跃参与之下依然较大。但事实上，股价在振荡中正在逐渐走低，不用多久，人们就发现现在这时的市场很难挣钱，甚至还常常亏钱，因此参与市场的兴趣在逐渐降低。而参与的人越少，股价更加要向下发展取得平衡。正是这种循环导致股价不断下跌，离场的人也就越来越多。

然而，当成交量越来越少的时候，经过长时间的换手整理，人们的持股成本也逐渐降低，这时候股价下跌的动力越来越弱，因为想离场的人已经离场了，余下的人即使股价再跌也不肯斩仓。这样，股价不再下跌。但这时候也没有什么人想买股票，大家心灰意冷，这种局面要持续相当长的一段时间，形成了股价底部横盘的局面。

这种横盘要持续多久很难说，有时是几个月甚至几年，有时是几个星期，但我们有兴趣的是，这种横盘局面迟早会被打破，而盘面打破的特征就是股价开始小幅上扬，成交量开始放大，这一现象的实质是市场上出现了新的买入力量，打破了原有的平衡，因而迫使股价上行。

事情发展总是循序渐进水到渠成的，当新的买入力量持续增强的时候，说明市场筑底成功，有向上发展的内在要求，才形成了圆底的右半部分。当股价在成交放大的推动下向上突破时，这是一个难得的买入时机，因为圆底形成所耗时间长，所以在底部积累了较充足的动力，一旦向上突破，将会引起一段相当有力而持久的上涨。投资者这时必须果断，不要被当时虚弱的市场气氛给吓倒。

圆底的主要特征：

①打底的时间较长。

②底部的波动幅度极小，成交量极度萎缩。

③股价日 K 线与平均线叠合得很近。

④盘至尾端时，成交量缓慢递增，之后就是巨量向上突破阻力线。

⑤在经历了大幅下跌之后形成。

（2）双底

另一个可靠的底部形态就是双底。在选股的时候，在实战中运用最多的也就是这种图形。双底形成的时间比圆底短一些，但它常常也具有相当强的攻击性。

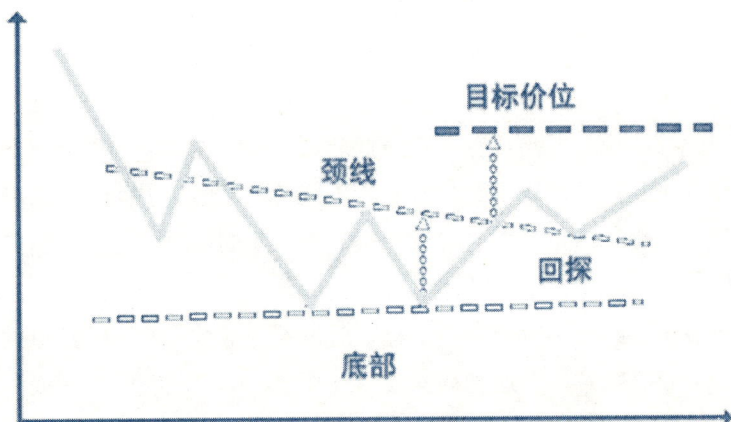

图1-3　双底

一个完整的双底包括两次探底的全过程。也是反映出买卖双方力量的消长变化。在市场上实际走势中，形成圆底的机会较少些，反而形成双底的机会较多些。因为市场参与者往往难以忍耐股价多次探底，当股价第二次回落时而无法再创新底的时候，投资者大多开始补仓介入了。

每次股价从高水平回落，到某个位置自然而然地发生反弹之后，这个低点就成为了一个有用的参考点。市场上许多人都立即将股价是否再次跌破此点当成一个重要的入市标准。同时，股价探底反弹一般也不会在一次完成。股价反弹之时大可不必立即去追高。一般来讲，小幅反弹之后股价会再次回落到接近上次低点的水平。这时应该仔细观察盘面，看看接近上次低点之后的抛压情况如何，接盘的情况如何。最佳的双底应是这样，即股价第二次下探时成交量迅速萎缩，显示出无法下跌或者说没有人肯抛的局面。事情发展到这个阶段，双底形态可以说成功了一半。

那么另一半决定于什么呢？决定于有没有新的买入力量愿意在这个价位上接货，即有没有主动性买盘的介入。一般来讲，股价在跌无可跌时总有人去抄底，但有没有人肯出稍高的价钱就不一定了。如果股价在二次探底之时抛压减轻，但仍然没有人肯接货，那么这个双底形态可能会出现问题，股价在悄然无声中慢慢跌破上次低点，这样探底就失败了。

只有当二次探底时抛压极轻，成交萎缩之后，又有人愿意重新介入该股，二次探底才能算成功。在这种主动性买盘的推动下，股价开始上升，并以比第一次反弹更大的成交量向上突破，这个双底才算成功。看盘高手会在股价第二次探底的时候就发现这是一个成功的双底，并立即作出买卖的决定，但建议投资者等到双底确认完成之后，即向上突破之后再介入该股，这样的风险小得多。

严格意义上的双底往往要一个月以上才能形成，但是，有许多短线高手乐意在小时图或15分钟图上寻找这种图形，这也是一种有效的短线操作方法。但一样要小心的是，一个分时图上的双底形成之后，并不能认为日线图上的走势也改变了。因为分时图的形态能量不足以改变日线图的走势。

双底的重要特征是：

①股价两次探底，第二次低位不低于第一次的低位，常常是第二次低位要稍高些。

②第一次探底的成交量已经大幅萎缩，反弹自然发生。

③第二次下跌时成交量更小。

④第二次上升时有不少主动性买盘的介入，成交量明显放大。

⑤以大阳线突破。

（3）突破上升三角形

前面讲的两种稳赚图形都是底部形态，在那时候买入当然最好，风险最小，收益最大。但还有一些可以令你赚钱的图形发生在股价上升途中。

股价的上升犹如波浪推进，有涨有落但总趋势向上，也就像长途跑步一样必须休息。股价整理的意义就在于休整，如果不整理，股价就不可能有能力再往上冲。对于短线炒手来讲，股价休整的时候可以暂时退出观望，或者抽出资金来买入那些休整结束的股票。如今市场的一个很大特点就是，每天都有很多股票正在盘整，也有些股票已经完成盘整开始新的上升。这样给投资者以很大的选择余地。

在各种盘整走势中，上升三角形是最常见的走势，也是标准的整理形态。抓住刚刚突破上升三角形的股票，足以令你大赚特赚。

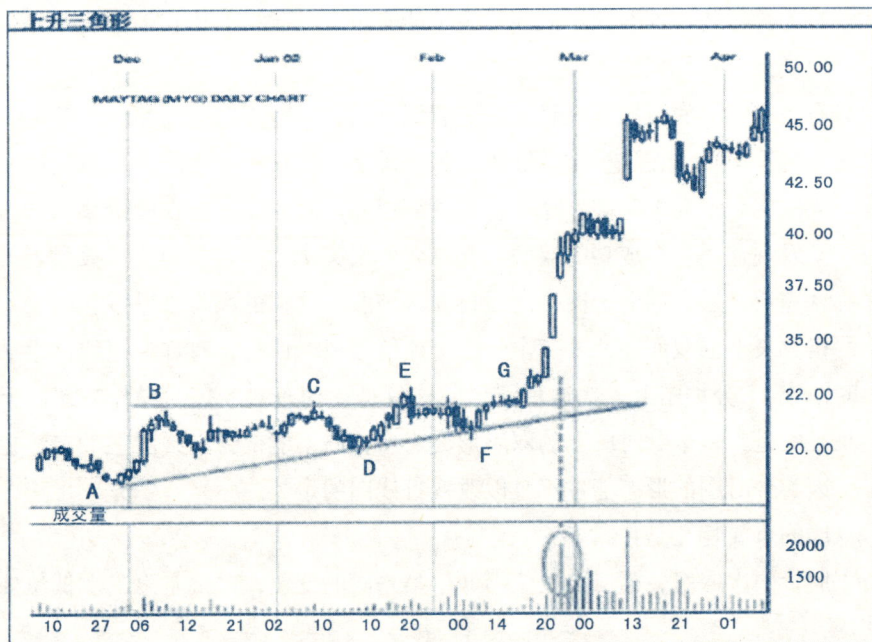

图1-4　上升三角形

　　股价上涨一段之后，在某个价位上遇阻回落，这种阻力可能是获利抛压，也可能是原先的套牢区的解套压力，甚至可能是主力出货压力，总之，股价遇阻回落。在回落过程中，成交量迅速减小，说明上方抛盘并不急切，只有到达某个价位才有抛压。由于主动性抛盘并不多，股价下跌一些之后很快站稳，并再次上攻，在上攻到上次顶点的时候，同样遇到了抛压，但是，比起第一次来这种抛压小了一些，这可以从成交量上看出来，显然，想抛的人已经抛了不少，并无新的卖盘出现。这时股价稍作回落，远远不能跌到上次回落的低位，而成交量更小了。于是股价自然而然地再次上攻，终于消化了上方的抛盘，重新向上发展。在上升三角形没有完成之前，也就是在没有向上突破之前，股价的方向还是未知的，如果向上突破不成功，可能演化为头部形态，因此在形态形成的过程中不应轻举妄动。突破往往发生在明确的某一天，因为市场上其实有许多人在盯着这个三角形，等待它的完成。一旦向上突破，理所当然地会引起许多人的追捧，从而出现放量上涨的局面。

上升三角形形成过程中是难以识别的，但是通过第二次回档时盘面情况来观察，可以有助于估计市势发展的方向。特别是对于个股走势判断，更加容易把握，因为现在的公开信息中包括五个买卖盘口的情况和即时成交的情况，只要仔细跟踪每笔成交，便可以了解该股回档时的抛压及下方支撑的力度，并分析是否属于自然止跌，如果属于庄家刻意制造图形，则支撑显得生硬勉强，抛压无法减轻。

上升三角形的上边线表示一种压力，在这水平上存在某种抛压，而这一抛压并不是固定不变的。一般来说，某一水平的抛压经过一次冲击之后应该有所减弱，再次冲击时更进一步减弱，到第三次冲击时，实质性抛盘已经很少了，剩下的只是心理上的压力而已。这种现象的出现，说明市场上看淡后市的人并没有增加，倒是看好后市的人越来越多。由此可以想见，股价向上突破上升三角形的时候，其实不应该拖泥带水，不应该有多大的阻力，这是判断一个真实突破的关键。

然而，如果在股价多次上冲阻力区的过程中，抛压并没有因为多次冲击而减弱，那只能说市场的心态本身正在转坏，抛压经过不断消耗反而没有真正减少，是因为越来越多的人加入了空方的行列，这样的话，在冲击阻力过程中买入的人也会失去信心，转而投降到空方的阵营。这种情形发展下去，多次冲击不能突破的顶部自然就形成了一个具有强大压力的头部。于是，三角形失败，形成多重顶。

如果对上升三角形的本质有了充分而又具体的认识，在此基础上去识别正确形态，做到胸有成竹，捕捉具有完美上升三角形形态的个股，想不赚钱都难了！

上升三角形具有以下特征：

①两次冲顶连线呈一水平线，两次探底连线呈上升趋势线。

②成交量逐渐萎缩，在整理的尾端时才又逐渐放大，并以巨量冲破顶与顶的连线。

③突破要干净利落。

④整理至尾端时，股价波动幅度越来越小。

（4）突破矩形

矩形整理的分析意义和上升三角形完全相同，只是股价每次探底时都在同一水平获得支撑，而不是像三角形那样低点逐步上移。

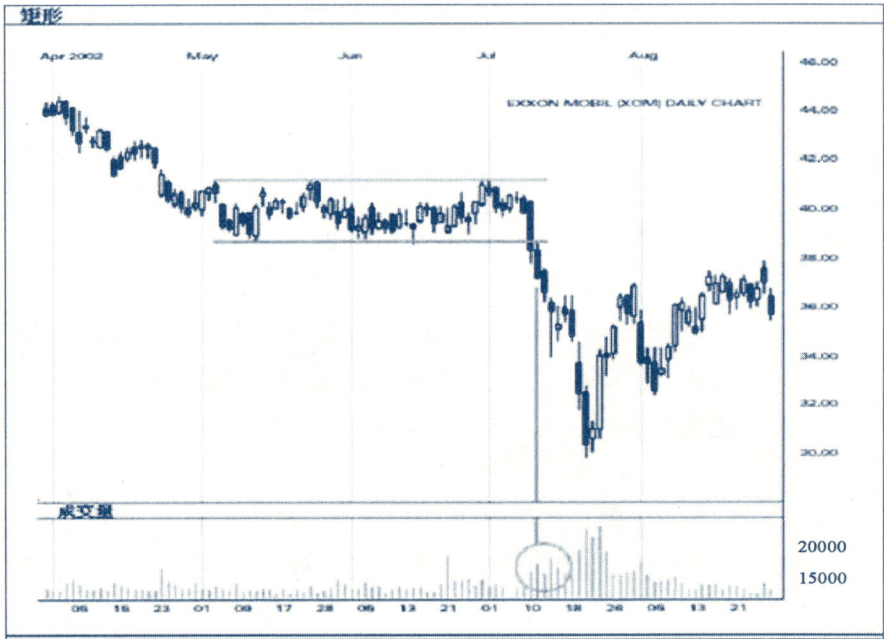

图1-5　突破矩形

矩形常常被人们称为股票箱，意思是股价好像被关在一个箱子里，上面有盖，下面有底，而股价在两层夹板之间来回运动。如果这种来回运动具有一定的规律性，即上升时成交量放大，下降时成交量缩小，并且随着时间推移，成交量整体呈现缩小的趋势，那么这个矩形是比较可靠的。

矩形常常是在主力机构强行洗盘下形成的，上方水平的阻力线是主力预定的洗盘位置，下方的水平支撑线是护盘底线，在盘面上我们有时可以看到股价偶尔会跌破支撑线，但迅速回到支撑线之上，这可能是主力试探市场心态的方法。如果一个重要的支撑位跌破之后，市场并不进一步下挫，这充分说明市场的抛压已经穷尽，没有能力进一步下跌。

矩形有一个量度的升幅，即当矩形向上突破之后，最小要向上升到这个矩形本身的高度那么多。这种量度升幅是某种经典的理论，它在我们的股市中有多大的可信程度还有待观察。但有一点可以肯定，即大的矩形形态比小的可靠得多。股价在股票箱中来回振荡的次数可多可少，这决定于市场的需要。振荡的次数越多，说明市场的浮码清洗得越彻底，但要记住，振荡的尾声必须伴随着成交量的萎缩。在实战中，完全标准的矩形并不是常见的，股价走势常常在整理的末段发生变化，不再具有大的波幅，反而逐渐沉寂下来，高点无法达到上次的高点，而低点比上次低点稍高一些，演变为旗形。这种变形形态比标准矩形更为可信，因为形态的末端说明市场已清楚地表明了它的意愿，即说明整理已到达末期，即将选择方向。因此，真正的突破不一定发生在颈线位置上，真正的看盘高手不必等到颈线突破才进货。当然，这需要更加细致的看盘技巧。

矩形的特征如下：

①盘整的时间较长。

②上升的压力线平行于支撑线。

③突破阻力线时必须伴随着大的成交量。

④盘整期越久，将来突破之后的行情越大。

（5）强势股的走势特征

随着市场上个股之间的走势分化情况日趋严重，投资者选股的能力显得越来越重要。大市的走势必定是波动式的，有升也有跌，只要整体趋势向上，我们就说大市好。然而个股的走势有时并非完全依照大市波动，可能走出个股行情。当指数回调时，总有一些个股不跌，甚至反而上升，这些个股往往是强势股（或庄股）。当然，并非所有的大市回调时反而上升的个股均可成为强势股，因为市场上有一种庄家专门逆势操作，即大市上升时它不上升，大市下跌时它却异军突起，对于这种股票，我们不称它为强势股，因为它们的势并不强，只是逆大市而动而已。庄家这样操作的理由主要是，这种股票容易引起投资者的注意，当大市跌时它名列涨幅榜上，那当然引人注目，于是总有人跟风。同时，当大市上升时它不上升，则是为了易于派发，如果指数已经上升了一大截，自然有人去寻找那些涨幅不大的股票买入，以期待补涨。总之，逆势而为的股票纯属庄家行为，不是我们所说的强势股。

强势股是指大市回档时它不回档，而以横盘代替回档，当大市重新向上时，它升幅更为猛烈的个股。这种股票一般具有良好的市场属性，有长庄把守，有坚实的群众基础。大市下跌时，持该股的投资者根本不会动摇持股的信心，庄家也在全力护盘，不让股价下跌，一旦大市转强，庄家立刻奋力上拉，而散户也大加追捧。

抓住这种股票是最让人舒服放心的，识别这种股票也不难。凡是个股K线图以横向整理代替回档者，表示有主力长期驻守，市场持股者也看好后市，所以卖压极轻，浮动筹码少，往往使此股呈稳健上升之态。

6. 第六招：分析平均线系统

（1）平均线的本质

对移动平均线进行分析是选中强势股黑马股的又一有效的方法。移动平均线是分析价格变动趋势的一种方法，它主要是将一定时间内的股价加以平均，根据平均值作出图线。通常将每日的K线图与平均线绘在同一张图中，这样便于分析比较。通过分析平均线的走势以及平均线与K线之间的关系来决定买卖的时机，或是判断大势的方向。

主张采用移动平均线的人士认为，每天交易中的大多数细小的波动仅仅是一个重要的趋势的小插曲，如果过分看重这些小波动，反而容易忽略主要的趋势。因此，他们认为分析股价走势应有更广阔的眼光。采用平均线的方式，着眼于价格变动的大趋势。

一般平均线采样数有3天，7天，10天和30天等，甚至有长期平均线取样时间长达150天和250天。

技术分析者之所以能够用平均线来分析价格走势，是因为它具有以下基本特征：

①趋势的特征：平均线能够表示出股价运动的基本趋势。

②稳重的特征：移动平均线不会像日线那样大起大落，而是起落得相当平稳。向上的平均线经常是缓缓向上，向下也是这样。要改变平均线的运动趋势相当不容易。

③安全的特性：通常愈长期的平均线，愈能表现出安全的特性，即移动平均

线不会轻易地往上往下，必须等市势明朗后，平均线才会真正改变方向。经常是市势开始回落之初，平均线却是向上的，等到市势落势显著时，才见平均线走下坡。这是平均线的最大特色。越是短期的平均线，安全性越差。越是长期的平均线，其安全性越好，但也因此而使平均线反应迟钝。

④助涨的特性：股价从平均线下方向上突破后，平均线也开始向上移动，可以看成是多头的支撑线，市价每次跌回平均线附近时，自然会产生支撑力量。短期平均线向上移动的速度较快，中长期移动平均线向上移动的速度较慢，但都表示一定期间内平均持股成本增加，买方力量若仍然强于卖方的话，股价每次回落到平均线附近时，便是买进的时机。如果平均线的助涨的功能消失，股价重回平均线之下，这时可能趋势已经转变。

⑤助跌的特性：股价从平均线上方向下突破后，平均线也由此开始向下方移动，这时平均线成为了空头的阻力线，市价每次反弹至平均线附近时，自然产生阻力。因此在平均线往下运动时，每当股价反弹到平均线附近都是卖出的时机，平均线此时具有助跌的功能。如果市价下跌逐渐趋缓，平均线开始减速下行，此时若股价再次与平均线接近，则可能向上冲破均线开始升势，此时均线的助跌功能减弱。

（2）如何分析平均线系统

①分析平均线系统。

首先，平均线系统本身已经反映了股价目前的运动趋势，可以说，平均线就是股价目前运动的趋势线。当平均线向上运动时，反映股价总的趋势是向上的，相反，当平均线向下倾斜的时候，说明股价正在一个下跌的趋势当中。平均线运行的角度反映了这个趋势的强弱程度。越是陡峭的平均线反映出股价运动趋势越是强烈。然而，平均线的运行角度是在不断变化的，这就反映出股价运动的趋势蕴含着变化的契机。因此，分析平均线系统首先就是看它运动的方向和角度，从而判断目前股价运动的大趋势及这个趋势的强弱程度。其次，我们要观察不同期限的平均线的运动情况之间的关系。简单地说，就是观察短期、中期和长期均线之间的排列关系。这种排列常被分为多头排列、空头排列和整理形排列三种。

• 多头排列，是指排列方式从上至下分别为：短期、中期、长期、而且所有均线都正向上方运动，这种排列揭示出股价正处于一个强烈的多头趋势之中，这种趋势还会保持一段时间。

● 空头排列是指排列方式从下至上分别为：短期、中期和长期，而且所有均线都正以一定的角度向下运动，这种排列说明股价正处于一个下降趋势之中。

● 整理形排列是指短期、中期、长期均线都呈水平运动状态，且相互纠缠在一起，相距非常之近，这种排列说明股价的运动暂时失去方向，等待市场决定突破方向。

最后，投资者要看目前的股价处于均线系统之中的什么位置。一般来讲，股价在均线系统之上是强势信号，股价在均线系统之下是弱势信号，如果股价与均线系统非常接近，且股价的波动幅度很小，那么面临的将是一个突破，以决定后市的方向。

股价与平均线偏离的程度也是很有用的一个指标，由于平均线实质上反映的是一段时间以来的平均持股成本，因此股价与平均线的偏离程度可以反映出市场上获利或套牢的投资者情况。这个指标称为乖离率，其主要的功能是通过测算价格在波动过程中与移动平均线的偏移平分比，从而得出股价在剧烈波动时因偏离平均成本太远而可能造成的回档或反弹，以及价格在正常波动范围内移动而继续原趋势的可信程度。一般来讲，当股价偏离短线均线10%以上之后，即10日乖离率超过10%时，股价有向短期均线靠拢的要求，以消化短期获利的压力或空头回补的压力。而中期乖离率超过30%以后，中级趋势必须修整才有进一步发展的动力。

②应用平均线的基本方法。

● 买进法则。

第一，移动平均线从下降转为水平，并且向上移动，而收盘价从平均价的下方向上方移动与平均线相交，并超越平均线时，形成一个买进的信号。

第二，收盘价在平均线上方变动，虽然出现回跌，但并没有跌破平均线，又回头上升，这时也是一个买进信号。

第三，收盘价曾一度跌至平均线下方，但平均线保持上升势头，这时也是买入的信号。

第四，收盘价在平均线上方运动，突然暴跌，距离平均线很远，这是超卖现象，股价可能回升，这是一个买进信号。

● 卖出法则。

第一，股价在平均线上方运动，并呈现上升趋势，离平均线越来越远，表明近期内买入者都已获利，随后会有获利回吐，这时是卖出信号。

第二，移动平均线由向上逐渐转为水平，并且呈下降趋势，而股价从平均价的上方与平均线相交之后跌至平均线下方，说明价格会出现较长时间的下跌，为卖出信号。

第三，收盘价在平均线下方移动，反弹时没能涨破平均线，而且平均线正趋于下降，这是卖出信号。

第四，股价在平均线附近徘徊，而平均线正呈明显的下降趋势，这时也是卖出时机。

（3）强势股平均线系统的特征

移动平均线就是趋势线，股价在一段时间内，沿着一定的轨道运动，事实上，股价经常贴着这轨道运动，在趋势没有改变之前，不必卖出手中的股票。而趋势线越陡峭的个股，其走势也越强。凡是短期均线向上角度越陡的股票，反映出强的走势，应该列入优先考虑选择之中，这类股票的均线系统必须呈多头排列，且每次回档都在均线之上获得支持，而回档也常常用横盘的方式来完成，股价以横盘等待均线的上扬，一旦均线上升到接近股价的位置，便发挥出均线助涨的作用，推动股价继续上扬，这类股票必须牢牢抓住。

分析上升趋势线的仰角是非常重要的选股分析，一旦买入自己认为的强势股就一定要盯住其上升趋势，看它是否继续维持其强势。只要是一条已建立的上升通道保持没被破坏，都表示持股者心态稳定，新的买入者继续加入市场，但是，投资者必须特别加以注意的是当股价的日K线每次触及到趋势线时，股价所作出的反应到底是获得支持还是跌破，尤其是突破时伴随着增加的成交量。

趋势的改变，投资者必须特别加以警觉，因为那时多空双方力量转变，绝对不要忽视这种转变，当出现趋势的改变信号，甚至反转形态出现时，就到了卖出股票的时候了。所以，投资者一定要选择强势股介入，但又要避免选择乖离率太大的个股，因为这些股票的势头虽然很强，但升势过猛需要回调整理，不如等它回调至均线附近再介入。

7. 第七招：掌握主力的动向

（1）主力选购的依据

主力在市场上的作用是有目共睹的，中国股市的一大特点即是：各种主力对股价的影响十分明显。然而主力并非永远站在胜利一方的，许多时候庄家炒作失误，也会陷入相当被动的局面。所以对散户投资者来讲，要识别并正确地跟踪主力，与庄家周旋，方可避免同庄家一起灭亡的命运。主力机构的操作失误有时因为操作水平不高，有时是大势所逼，有时因为选股不当。

主力选股的依据可以从技术面和基本面两方面去理解。在技术上，被选中的股票必须是有利于炒作的，比如盘子的大小要与操作者本身的资金量相配合，太大的资金炒作太小的股票会感觉池子太小，不能容身；太小的资金去炒作大的盘子会感到力不从心，推不动盘口。

技术的第二个考虑量，目前该股的筹码分布情况。所谓筹码分布，既指筹码在不同价格上的分布，又指筹码在不同的投资者手中的分布。从筹码分布的状况可以看出上方套牢区主要集中在什么部位，在哪一类投资者手中。

技术面考虑的第三个因素就是指目前该股的走势，是否已经打底完成，还是正处于下跌的途中。在这些方面的因素考虑完之后，如果认为技术上该股适合炒作，那么还要对公司情况做出调查，了解其背景，看看有没有隐藏的利空，或者有没有可供炒作的题材。

从基本面的考虑主要是指大势的考虑。股票不是天天都可以炒作的，而炒过一段时间之后自然要做出休整，如果在大势的末段进庄选股，自然不会有什么好结果。基本面的考虑还包括国家的经济环境与政策，其他机构的动向等。

一般主力炒作某只股票都应有相应的理由，才能引起散户的跟进，大致有以下的理由是主力机构乐于接受的：

①有重大利多的股票。

②股本小，筹码少，易于控制的股票。

③公司业绩好的股票。

④可能资产重组的股票。

⑤想象空间大的股票，比如高科技股。

（2）主力进货的时机

主力进货一般选在下列的时机：

①股价在低价区或有投资价值的时候。

②个股底部构筑完整之时。

③人心极度悲观，严重超跌时。

④恐慌性暴跌或长时期下跌之后。

⑤了解到公司有重大利多消息之时。

⑥可能有股权争夺之时。

（3）主力操作的方式

主力泛指市场上一股有势力的力量，并不一定具体指某个机构或个人，因而主力的操作方式很大程度上要随市势的变化而变化，对中国股市而言，主力很可能是某个机构或集团，其操作方式也就带了很大的人性色彩。这正是我们股市投机性强，波动大的原因。主力在市场的作用主要是：点火，煽风，带动人气，引起股价波动。可以说，正是因为主力存在才使得市场变得活泼。

成交量的变化是推动股价变化的主要动力，而筹码的锁定程度决定了股价波动的强烈与否。主力如果想要随心所欲地翻云覆雨，首先他必须控制得住筹码，也就是说他必须透过市场吸收筹码，而且必须要和上市公司相协调，以免上市公司与之作对。当他完全掌握了筹码的主动权之后，才能在阻力不大的情况下操纵股价。因此，我们在选股时必须特别注意主力动向及其操作手法，才能精确判断其做空或做多的企图。通常主力机构在制定了操作计划之后，就开始在市场中默默吸货，直到能够控制大势之后，再进行拉升。在吸货期，主力常以散布利空消息或打压的方式吓出散户的筹码，反复震荡吸货，之后才可能拉出大阳，令股价迅速远离吸货的成本区。在拉升一段后，主力要进行洗盘操作，使投资者对涨势半信半疑，不敢坐顺风车，这时市势振荡加剧，令人不安。主力洗盘时，常故作弱势状，以诱出信心不坚定的筹码，令市场的平均成本提高。主力振荡洗盘的方法常常是高出低进，迫使散户抛出，改由另一批人接货。或者，直接向下打压洗盘，顺便赚些差价。因此，主力洗盘阶段的目的有两个：一是完成筹码换手，提高平均成本；二是赚取可观的差价，当洗盘接近完成的时候，股价的波动也越来越小，短线客无利可图，筹码自然稳定，很利于发起另一波攻势，洗盘完成之后要拉升，逼使空头加补，这就是我们常说的轧空行情。这一阶段上升猛烈，令人不得不去追涨，这就是行情的主升段。主力拉升股价的方法包括：散发小道消息，勾结传媒等，利用大成交量突破整理区，使技术派人士跟进，或者与上市公司合作，发布利多消息，号召散户追高。这时筹码的锁定程度高，股价极易飞涨。

在主升段的末期，主力开始分批出货，最后的主升段往往是公司利多消息最后发布的时候，也是主力出最后一批货的时候。日 K 线图形态往往是缺口向上，十字星或巨量的高开小阴线表现。主力出货形成各种各样的头部，依照出货的量的多少或者股票的盘子的大小不同而不同。有的是 M 头，有的是头肩顶，有的是单日转向。总之，主力出清手中持股就撒手不管，股价自然难以维持。

在我们的股票市场上，影响股价涨跌的各种因素中，首位的是人为因素，公司业绩与经济环境都排在之后。因为主力掌握两项有力的武器，其一是资金，其二是内幕消息及传媒的关系。这两点足以决定个股的价格在很大程度上可以被操纵。

当然，股市的大趋势是无法被完全操纵的，这是普通的投资者有可能赚钱的原因。庄家即使成功地控制个股的价格，但如果失去了大势的支持配合，一样会作茧自缚，一败涂地。所以对散户投资者来讲，唯有提高自己的专业水平，把握整个经济环境的变化，才能在市场上赚钱。

（4）主力轮炒手法分析

主力做多或做空可以从盘面上看出征兆，比如大盘以轮涨的方式出现时，主力做多的心态明显，因为轮炒可使市场人气不至于快速消散，且能抑制空头的打压。在人气聚集的情况下，空头打压不但十分费劲，而且反而易被轧空。轮炒的手法也易于掩护已被炒高的个股顺利出局，因为轮炒可使指数不因个别股票出货而下跌，使指数保持上扬的势头，这样比起全面性拉升来，要省事得多，也不会引起投资者的戒心。主力采用轮炒的方式做多，不但可以维持人气不散，更可令资金易于周转而灵活运用，指数因轮炒而呈连续上扬的形态，整个大盘的成交量也因轮炒而不消退，使得投资者的资金不至于离开股市。各种股票在轮炒中排有不同次序，从而形成领先大势的股票、跟随大势的股票和落后大势的股票等等。

轮炒有一项重要的特性，那就是当可以炒作的股票越来越少时，即表示接近多头市场的尾声了，至少，应该有一次大的调整。

（5）散户跟随主力的要诀

市场主力操作股票一般以下列法则为依据：

①市场人气状态决定股价的涨跌。

②供求关系的变化是股价变动的依据。

③股价的操作必须灵活，不能一味地做多或做空。

④必须有能力控制筹码。

⑤操作必须理性，对散户心理了解必须透彻。

市场主力操作股价并不是件轻松的事，因为资金大，又需要考虑散户的心态、大势的走向等等。而散户的行动比主力灵活得多，这就为散户赚钱创造了条件。散户的最佳选股策略是选择那些主力吸货完成刚刚开始拉升的股票，然后在主力出货之前或刚出货时卖出。要做到这些，必须注意跟随主力的策略。

散户捕捉主力行踪的方法不外乎两种，其一是从成交量分析，从走势看出主力意图。

要做到这一点，必须加强看盘功夫的锻炼，全面掌握各种技术分析方法。关于如何从盘面看出庄家的行动，说起来是十分丰富的话题，但无论如何，散户先应该掌握基本的技术分析方法，在此基础上，再练些套路，这些套路可以是庄家主力操盘的常见手法，比如洗盘、拉抬等等。练好了套路并非就天下无敌了，应该再向更高的境界冲击。有时你会被庄家的花招陷阱所迷惑，或者，你明明知道庄家在洗盘，却还是因为害怕而抛出股票，这时你面对的已不是技术上的了，而是心理上的问题，关键在于功力不够，信心不够。这时即使你掌握了花拳绣腿，仍然敌不过凶悍庄家的简单招术。这时你面对战胜庄家的第二个境界：即如何加强自己的内功修炼。

散户捕捉主力行踪的另一种方法，是从主力制造的种种市场气氛中看出主力的真实意图，即从市场气氛与庄股实际走势的反差之中发现问题。在主力吸货时，常常会有利空消息传出来，如果你看到股评家极力唱空，但这只股票的走势分明显示有庄家吸货的痕迹，那还有什么疑问呢？在主力出货的时候，往往当天各种股评都会推出该股，似乎一定要在今天买入才能甘心，但该股当天竟冲高回落，成交量巨大，那不是主力出货又是什么呢？

散户平时要加强个股的基本分析及炒作题材分析，借以找出可以被主力介入的个股。除了注意关注上市公司的各种报道之外，更需多注意筹码归向分析，追踪盘面浮码多少。如果发现浮码日益减少，应密切注意。

散户介入每只股票之前，必须考虑风险与报酬的比例，必须注意到介入该股的价位与长期底部的距离、乖离率的大小筹因素。散户跟随主力时选择理想的底部介入才是最佳和最安全的策略。毕竟股价要大涨，必须要有健全而完整的底部图形，筹码安全性高，将来上升的阻力才会小。底部结构不理想的个股，很难有好的表现。投资者千万不要忽视一个完整的底部图形，更不要无视它的威力，嘲弄或不信任完美图形的人，无异与市场作对，逆行情的操作是会受到重创的。

几乎所有的坚实底部，在它的低点或是平台部位都会出现成交量剧减的局面，这种现象表示卖压已经消竭，持股者不再愿意杀低。如果此后，成交量再一路放大，且股价上涨，那就表示有一股新的力量介入，主力进场做多的意图表现无遗，投资者可以大胆跟进，利润必远大于风险。

总的来说，散户操作股票的几大要点是：

①判断大势。

②选中好股票。

③不断换股以应付轮炒。

其中，判断大势并不难，选股才是致胜的重要关键，而应付轮炒则是使自己资本迅速扩充的好办法。但是选对股票不一定能赚钱，如果投资者只知道何时买进而不知何时卖出，就会和大多数人一样，眼睁睁地看到股票大涨，又眼睁睁地看着它跌回去，所有的利润都如过眼烟云，白忙一场。长抱着股票未必是一种高明的操作方式，如果死抱着一只毫无希望的股票，是根本不可能赚钱的。

当市场的主要趋势发生改变，投资者必须察觉到这种变化，绝不能忽视它而盲目乐观，死抱股票。主力的操作也有着阶段性和节奏感，一旦目标达到，主力会毫不犹豫地出货，这是趋势反转的开始。所以，散户跟随主力必须要清楚判断主力出货的时机，这才是胜利的最后保证。

在股市中要迅速赚大钱就必须追踪盯紧主力，涨时应重势，而不必考虑其业绩如何，股票是没有定数的，高了可以更高，低了可以还低。股价只有涨跌之分别。这是股票操作的基本常识，不能以为垃圾股就不会成为黑马。事实上，股票业绩的好坏不是静止不变的，垃圾股也可能因为经营改善而成为绩优股，绩优股也可能经营失败成为垃圾股，这就是股票的魅力所在。一切事情都有可能发生，股票炒的是明天而不是今天。

8. 第八招：分析炒作题材

（1）常用来炒作的题材

①经营业绩改善或有望改善。

从根本来讲，业绩是股市的根本所在，业绩是硬道理。所谓利好的预期最终都会反映到业绩上来，因此这是最有号召力的题材。而其中，业绩可望改善比业绩已经改善更有吸引力。因为人们更看重上市公司的未来。这类题材每到公布业绩报告期间显得尤为活跃，而公布完后，就暂时告一段落。

②拥有庞大的土地资产有望升值。

极具想象力。但最终要看是否有人挖掘并宣传这个题材。

③国家产业政策扶持。

最关键的是优惠的税收政策和贷款政策。

④合资合作或股权转让。

分析合资题材，要全面考虑合资伙伴的经济实力和市场能量，分清有利的真合资和纯粹为造题材而吹捧的假合资，分清合资的前景是好是坏。

⑤增资配股或送股分红。

增资配股本身并不是分红行为，它并没有给股东什么回报，只是给股东一个增加投资的权力。在牛市中，这种优先投资的权利往往显得非常重要，并具有一定的价值，因为牛市中人们预期股价会上升，可以优先投资必定会带来良好的收益。送股分红是上市公司给股东的真正回报，在这种回报真正兑现之前，往往会出现抢权现象，因为预期牛市会填权。增资配股或送股分红成为一种题材，是因为人们的牛市预期。一旦市势逆转，人们预期熊市到来，送股也好，配股也好，都不能激起人们的购买欲望。

⑥控股或收购。

这在国外发达市场中是股市最有吸引力的题材之一。因为它给人以无限的想象空间。控股指某财团在股票市场上大量吸纳某只股票，以求最终控制该公司。不过在中国股市的二级市场上发生真正意义的抢股收购是不太可能。这与上市公司的股本结构有关。所有就目前而言，控股或收购还仅仅是一个炒作题材。多数控股行为是由于庄家炒作失当，手中的股票越来越多，以至于达到或超过举牌的界限，而不得不举牌。

(2) 分析炒作题材

分析题材是真是假其实不难，可以分析上市公司的各种公告和报表。但最好的方法是拿题材来与盘面比较，看盘面是否支持该题材的存在。对于真正的炒股高手来说，根本用不着整天打听什么消息，一切都在盘面上清楚地反映出来了。

某个题材到底能给盘面造成多大的影响，那不决定于题材的情况，而决定于盘面当时的处境。盘面的反应就是供求关系的变化，盘面的状态就是指目前供求关系的状态。

比如说一根火柴能否引起森林大火呢？不一定，那不决定这根火柴，而决定于森林的状态。市场也是这样，气氛有高有低，人气有旺有衰，同样的题材投入到市场中，反映常常因时而异。这就是市场的微妙之处。只有懂得了题材与市场的这种关系，就等于站到了市场之上，置身事外来分析市场的反应。

反过来，通过市场对题材的反应，也可以看出目前市场所处的状态。一个对坏消息毫无反应的市场无疑是个强势市场，而一个对庄家鼓吹的种种利好题材没有什么反应的市场是弱势市场。在牛市中，即使庄家不去鼓吹，投资者也会自己去发掘。所以题材是借口，市场状态才是关键。

题材的真假无关重要，重要的是市场的反应，题材的号召力，跟风者多不多。

(3) 轮炒的策略

轮炒与其说是一种策略，不如说是一种自然现象。所谓轮炒，是指把市场上不同板块分成几个层次，顺序分批炒作的现象。轮炒可以是市场主力的安排，也可能是市场自发形成。大盘中股票太多，所有股票一起上涨需要太多的资金，而且股票一起上攻时，投资者的注意力分散了，不容易形成强烈的攻势。轮炒的本质是把大盘分割成许多自我体系的部分，然后集中力量来炒作一批股票。另外，当一批股票走弱时，可以有另一批股票来代替前者支撑局面，用以维护市场人气。

轮炒往往依照先一线绩优股，再二线股中价股，再三线低价股。这是因为行情发动之初，人们往往对后市存有疑虑，一般不敢买入那些业绩没有保证的个股，而此时绩优股的价格偏低，投资价值显现，成为第一批投资者的首选。当一线股炒高以后，二线股随之跟上，因为它们的业绩也不差，既然一线股已经很高了，那么后来者只有选择这些了。（有比较）接下来，市场趋于越来越活跃，投机的气氛也越来越浓厚，于是三线股作为最投机的品种来炒作，这种炒作常常失去理性，成为纯粹的数字游戏。

当一、二、三线股轮炒一遍之后，一般市势就告一段落，回落调整以待时机。这是轮炒的普遍规律，当市场上可炒的股票越来越少的时候，市势也就差不多到尽头了。但也有种情况，即轮炒二线股的时候，一线股已经开始调整，炒三线股的时候，一、二线股又在调整，当三线股炒作完后，也许一线股已经调整得相当彻底，这时如果大势长期看好，则有可能重新启动一线股，带动市场新一轮循环（大牛市时可能这样）。所以应该把握市场节奏，当三线股炒作完以后，密切注意一线股的走势，看是否有启动的迹象。一旦如此，则市势可能长期看好，可以开始新一轮炒作。

轮炒策略可以节省主力机构的资金，也符合市场心理的要求，因而市势的发展往往表现出轮涨的特征。投资者应充分利用自己的资金来应付轮炒，从而获得最大的利润。

9. 第九招：看财务报告

分析某一股票的投资价值，一个最基本最重要的途径，便是了解和分析发行该股票的上市公司发表的财政资料，即公司财务报表。公司财务报表是关于公司经营活动的原始资料的重要来源。一个股份公司一旦成为上市公司，就必须遵守"财务公开"的原则，即定期公开自己的财务状况，提供有关财务资料，便于投资者查询。

在上市公司公布的一整套财务资料中，最重要的是财务报表。上市公司的财务报表反映了公司目前的财务状况、在一个会计周期内的经营业绩，以及上市公司的整体发展趋势，是投资者了解公司、决定投资行为的最全面、最翔实、往往也是最可靠的第一手资料。令人遗憾的是，目前我国有相当大一部分散户投资者要么是不屑于分析财务报表，而唯消息是从，唯庄家是从；要么是不会分析财务报表，而单纯凭运气、靠机遇炒股，其结果对个人来说，大多难以逃脱追涨杀跌的怪圈，基本上都成了庄家的炮灰；对整个市场来说，则导致市场大起大落，暴涨暴跌，缺乏稳定性。

随着证券市场的发展成熟与监管力度的不断加强，过去以价格取向为主体的投机操作时代已逐步让位于以价值取向为主导的投资时代。在此情况下，如果投资者还不学会看财务报表，不学会作财务分析，则在市场里将寸步难行。

（1）投资者的基本功

①财务报表分析。

财务报表分析，又称公司财务分析，是通过对上市公司财务报表的有关数据进行汇总、计算、对比，综合地分析和评价公司的财务状况和经营成果，进而了解财务报表中各项指标的变动对股票价格的有利和不利影响，最终作出投资某一股票是否有利和安全的准确判断。财务分析属于基本分析范畴，它是对企业历史资料的动态分析，是在研究过去的基础上预测未来，以便做出正确的投资决定。从传统股票投资学的定义看，股价即为发行公司"实质"的反映，而发行公司的实质，就是它的营运情况、财务情况及盈利情况，了解这些情况最直接最方便的办法，便是进行财务分析。

对于崇尚理性投资并想把炒股当作一项事业来做的股民，读懂财务报表，并熟练、准确地进行财务分析，是必须掌握的一项基本功。目前，我国上市公司数量已有一千多家，其质地参差不齐，甚至可以说是鱼龙混杂，想要重温股市建立初期齐涨共跌的旧梦是不太可能的。因此，利用公开信息把握公司动态，运用财务报表了解公司经营状况，从而对公司的内在价值作出基本的判断，将成为每一个置身于证券市场的投资者所应具备的基本技能之一。

股市价格向其内在价值回归是未来股市发展的重要走向，过去那种高投机、高市盈率、价格严重偏离其价值的现象正在逐步纠正。随着股票价格同其内在价值的回归，股票的价格与公司的经营业绩联系越来越紧密，股价的档次也在不断拉开，成长率高的绩优股越来越受到投资者的追棒。因此，理智的股市投资者，应更加重视上市公司的经营业绩，重视股票本身的品质。那么，如何分析上市公司的经营业绩，如何判断股票品质的优劣，如何从众多的股票中挑选出高成长率的股票？阅读与分析上市公司的财务报表是最直截了当、最有效的手段。

阅读与分析上市公司的财务报表有两大重要功能：一是通过分析各种股票品质的好坏来反映出它的内在价值，进而帮助你选股；二是通过阅读与分析你所投资的上市公司的财务报表，了解你所应有的权益，进而帮助你维护自己应得的利益。

所以说，无论是正处于选股阶段的投资者，还是已投资于某公司的股东，要想作一名理智的投资者，要想维护并发展自身的经济利益，就必须认认真真地研读上市公司的财务报表，这正是"磨刀不误砍柴功"。如果你在股市投资时还是如同过去那样盲目跟风，或者"跟着感觉走"，对你所投资的公司知之甚少，则无异于盲人骑瞎马，瞎猫捉老鼠。

②财务报表的主要内容。

上市公司的财务报告通常包括会计报表及其附注，会计报表一般由资产负债表、损益表、现金流量表和会计报表附注组成。通过分析资产负债表，可以了解公司的财务状况，对公司的偿债能力、资本结构是否合理、流动资金是否充足作出判断；通过分析损益表，可以了解分析公司的盈利能力、盈利状况、经营效率，对公司在行业中的竞争地位、持续发展能力作出判断；通过分析现金流量表，可以了解公司营运资金管理能力，判断公司合理运用资金的能力以及支持日常周转的资金来源是否充分并且有可持续性；通过会计报表附注，可以了解企业使用的会计政策，以及会计报表中的一些重大变化与重大事项。

（2）资产负债表

①资产负债表的项目。

资产负债表是反映公司某一日期财务状况的会计报表，它根据"资产 = 负债 + 所有者权益"的等式，依照一定的分类标准和一定的次序，将公司的资产、负债和所有者权益项目予以适当排列、编制而成。分析公司的资产负债表，能正确评价公司的财务状况、偿债能力，这对于一个理性的或潜在的投资者而言是极为重要的。

资产负债表中的资产是该公司的全部家当，是公司因过去的交易或事项而获得或控制的能以货币计量的经济资源。资产负债表中的负债是公司负债状况的完全表露，是公司由于过去的交易或事项引起而在现在某一日期承担的将在未来向其他经济组织或个人交付资产或提供劳务的责任。一家公司要想获得高速发展，适当负担一些债务是情理中事，但如负债过大，则公司的资产质量就会不高，泡沫成分也就必然较大，这无疑蕴含着较大的经营风险。资产负债表中的所有者权益也即公司的净资产，是资产与负债的差额，表明了公司的投资者对公司净资产的所有权，也称产权。它是公司实实在在的家当，一般由股本、资本公积、盈余公积、未分配利润组成。由于这一部分直接影响到投资收益，即分红送转，因此，特别值得投资者认真揣摩。

资产负债表是上市公司最主要的综合财务报表之一。它是一张平衡表，根据会计学上复式簿记的记账方法，公司的资产和负债双方在账面上必须平衡，所以资产负债表也就是资产和负债的平衡表，资产作为会计上的借方，列在表的左边，负债作为会计上的贷方，列在表的右边，两边的总金额必须相等。假设一家公司的资产，如现金、银行存款、存货、机器设备等，一共价值5 000万元。这5 000万元的资产并不完全归这家公司的股东所拥有，因为企业在经营过程中总会有贷款或欠款。如果这家公司从银行取得1 500万元的贷款，并发生赊购价值500万元的商品业务时，那么，这家公司一方面有了资金（资产）5 000万元，另一方面欠银行和其他单位的债务（负债）2 000万元。作为公司5 000万元资产的来源渠道，一是靠2 000万元的负债，二是靠股东的投资和公司的累积盈余，即3 000万元的股东权益（净资产）。下面我们对资产负债表的主要项目分别进行介绍。

第一部分：资产。

公司的资产额在一定程度上反映了一家公司的规模和实力。从理论上讲，资产规模大的公司，发展相对稳健，经营成本与风险都小。当然，实际中不仅要看公司的资产规模，而且还要看资产质量。资产分为四大类，共30多项财务指标，从上至下按变现程序排列，变现最快的排在最上方，变现最慢的排在最下方。

● 流动资产。

是指公司日常经营所需的资金，以及那些在较少时间内能换成现金的短期资产。流动资产是最容易变现的资产，按变现快慢又有如下几种：货币资金、短期投资、应收票据和应收账款、预付账款、其他应收款、存货、其他流动资产等。一般来说，分析流动资产状况，要重点考察其中的应收账款及期末存货。应收账款的余额过大，发生坏账的风险会相应增加，公司的正常运转可能会因此而受影响，风险也可能因此而出现；存货比例过大（即存货周转率过低），将不可避免地占用企业的资金，影响企业的资金流动和付现偿债能力，减低企业的活力。

● 长期投资。

长期投资指的是一年以上才能收回的投资。国内上市公司的长期投资主要是股权投资和联营投资两部分。要考察公司长期投资的资产质量，就要对长期投资的回报作最基本的评价。投资者应十分注意的是，一些公司一味注重规模、外延的扩大，不断向外投资，其子公司又投资孙公司，形成巨额的长期投资，但与之相应的投资回报率却很低。而合并报表往往将其中很大的部分抵销，表现为集团的存货和其他资产，淡化、掩盖了母公司长期投资中存在的问题。

● 固定资产。

固定资产指的是厂房、设备等实物资产，包括已经建好使用中的固定资产和在建工程。一般来说，工业企业和基础设施类公用事业企业固定资产比例较高，商贸类企业固定资产比例较小。

● 无形资产。

无形资产反映企业各项无形资产的原价扣除摊销后的净额。流动资产、长期投资、固定资产属于有形资产，土地、房屋的使用权，商誉，专利等则属于无形资产。我国宪法规定，城镇土地属国家所有，农村土地属集体所有，因而，作为有形资产的土地所有权不可能表现在企业的财务报表上，只有使用权才能转让，企业所拥有的地产就只能是作为土地使用权的"无形资产"。

第二部分：负债。

负债即企业的债务，按偿债期是一年以内还是一年以上又可分为流动负债和长期负债。流动负债是指那些在一年内须偿付的债务，如应付员工的工资、应付未付账款、应付未付银行和其他贷款人的票据、应交未交的税款等。长期负债是指那些在一年以上必须偿还的债务，主要是借银行的长期贷款，还包括企业发行的长期债券，长期应付款以及其他长期负债等。

第三部分：股东权益。

股东权益就是企业的自有资产，包括股本金、资本公积金、盈余公积金（含公益金）、未分配利润等项目。

②资产负债表的分析。

资产负债表内容庞杂，数字繁多，非专业人士确实难以看清、看懂。为此，专家建议，作为一般投资者，阅读时宜广，以"整览全局"，分析时宜精，以"把握重点"。

阅读时宜广，就是说首先要游览资产负债表的主要内容，使投资者对企业的资产、负债及股东权益的总额及其内部各项目的构成和增减变化有一个初步的认识。

初步游览一遍后，则要对资产负债表的一些重要项目，尤其是期初与期末数据变化很大，或出现大额红字的项目进行进一步分析。比如，企业总资产在一定程度上反映了企业的经营规模，而它的增减变化与企业负债与股东权益的变化有极大的关系，当企业股东权益的增长幅度高于资产总额的增长时，说明企业的资金实力有了相对的提高；反之则说明企业规模扩大的主要原因是来自于负债的大规模上升，进而说明企业的资金实力在相对降低、偿还债务的安全性亦在下降。又如，企业应收账款过多，占总资产的比重过高，说明该企业资金被占用的情况较为严重，而其增长速度过快，说明该企业可能因产品的市场竞争能力较弱或受经济环境的影响，企业结算工作的质量有所降低。再如，企业年初及年末的负债较多，说明企业每股的利息负担较重，但如果企业在这种情况下仍然有较好的盈利水平，说明企业产品的获利能力较佳、经营能力较强，管理者经营的风险意识较强，魄力较大。还有，在企业股东权益中，如果法定的资本公积金大大超过企业的股本总额，这预示着企业将有良好的股利分配政策。但在此同时，如果企业没有充足的货币资金作保证，预计该企业将会选择送配股增资的分配方案而不会采用发放现金股利的分配方案。

由于现代经营的多样性与财务报表的复杂性，有时候单纯看一两个数据还不能清楚地看清公司的状况，为此，可以运用一些基本财务指标进行比率计算，以便更好地阅读与分析财务报表。从资产负债表中我们可以获得以下几项主要财务指标：

- 反映企业财务结构是否合理的指标有：

$$固定资产比率 = 固定资产/总资产 \times 100\%$$

固定资产是衡量一家公司有没有稳定可靠的家当的一个重要标志，总资产很多，固定资产很少，往往会给人以"皮包公司"之感。另外，有较多的固定资产，还可以以此作抵押或担保进行融资，扩大业务规模。不过，第三产业，如金融、内外贸、科技咨询、房地产等，却并不需要很多的固定资产，特别是高科技企业，固定资产往往并不高。因此，这个比率应根据行业而定。

$$净资产比率 = 股东权益总额/总资产 \times 100\%$$

该指标也叫股东权益率，主要用来反映企业的资金实力和偿债安全性。净资产比率的高低与企业资金实力成正比，一般应在 50% 左右，但对于一些特大型企业而言，该指标的参照标准应有所降低。

$$固定资产净值率 = 固定资产净值/固定资产原值 \times 100\%$$

该指标反映的是企业固定资产的新旧程度和生产能力，一般该指标应超过 75% 为好。该指标对于工业企业生产能力的评价有着重要的意义。

$$资本化比率 = 长期负债/(长期负债 + 股东股益) \times 100\%$$

该指标主要用来反映企业需要偿还的及有息长期负债占整个长期营运资金的比重，因而该指标不宜过高，一般应在 20% 以下。

$$资产负债率 = 负债总额/资产总额 \times 100\%$$

资产负债率是一项衡量企业利用债权人提供资金进行经营活动的能力的指标，它也反映债权人发放贷款的安全程度。资产负债率不能够过高。因为企业的所有者即股东，一般只承担有限责任，而一旦企业清算时，资产变现所得很可能低于其帐面价值，所以，如果资产负债率过高，债权人可能蒙受损失。当资产负债率大于 100%，表明企业已资不抵债。

- 反映企业偿还债务安全性及偿债能力的指标有：

$$流动比率 = 流动资产/流动负债$$

该指标主要用来反映企业偿还债务的能力。一般来说，流动比率要大于 1，最好在 1.5 到 2 之间。流动比率越大，表示公司拥有自有流动资产越多，借贷流动资产越少，资产流动性自然就高，偿债能力也就越强。但过高的流动比率也是反映企业财务结构不尽合理的一种信息，它有可能是：企业某些环节的管理较为薄弱，从而导致企业在应收账款或存货等方面有较高的水平；企业可能因经营意识较为保守而不愿扩大负债经营的规模；股份制企业在以发行股票、增资配股或举借长期借款、债券等方式筹得的资金后尚未充分投入营运；等等。但就总体而言，过高的流动比率主要反映了企业的资金没有得到充分利用，而该比率过低，则说明企业偿债的安全性较弱。

速动比率 = 速动资产/流动负债

在通常情况下,该比率应以 1∶1 为好，但在实际工作中，该比率（包括流动比率）的评价标准还须根据行业特点来判定，不能一概而论。

反映股东对企业净资产所拥有的权益的指标主要有：

每股净资产 = 股东权益总额/（股本总额 × 股票面额）

该指标说明股东所持的每一份股票在企业中所具有的价值，即所代表的净资产价值。净资产即股本、资本公积金、法定盈余公积金、任意盈余公积金、未分配利润诸项目的合计，它代表全体股东共同享有的权益，有人也称其为股票净值。净资产的大小是由公司经营状况决定的。公司的经营成果越好，净资产越高，股东所享有的权益就越多。因此，净资产即股票净值是决定股票市场价格走向的主要依据之一。一般来说，那些净资产较高而市价不高的股票，具有较好的投资价值；相反，如果净资产较低，但市价却盘踞高价的股票，投资价值小。

认真分析以上数据与指标，投资者可以对企业的财务结构、偿债能力等方面进行综合评价。但是，应该看到，由于上述数据与指标是单一的、片面的，甚至是矛盾的，因此，需要投资者能够以综合、联系的眼光进行分析和评价。如反映企业财务结构指标的高低就往往与企业的偿债能力相矛盾。举例来说，企业净资产比率很高，说明其偿还期债务的安全性较好，但同时就反映出其财务结构不尽合理。投资目的不同，对这些信息的评价亦会有所不同。如作为一个长期投资者，所关心的就是企业的财力结构是否健全合理；相反，如你以债权人的身份出现，你就会非常关心该企业的债务偿还能力。另外，由于资产负债表仅仅反映的是企业某一方面的财务信息，因此投资者要对企业有一个全面的认识，不能静态地看一个数据或一张报表的内容，而应将各种财务数据结合起来综合分析才能看出问题的实质，得出正确的结论。

（3）损益表

①损益表的内容。

对于一般股民来说，最让他们关注的是损益表。因为损益表犹如上市公司的"成绩单"，能集中反映该公司在一定时期中的收入、费用、利润或亏损，揭示公司获取利润能力的大小和潜力以及经营趋势。损益表由三个主要部分构成：第一部分是营业收入；第二部分是与营业收入相关的生产性费用、销售费用、其他费用；第三部分是利润。

由于损益表的内容主要为企业各项收入与支出，因此损益表的编制必须基于某一定的期间，才能了解该一期间内的收支情况，这是损益表与资产负债表编制上的显著差异之处。资产负债表为表示某一时点的静态报表，而损益表则为表示某一定时期的动态报表。如果说资产负债表是公司财务状况的瞬时写照，那么损益表就是公司财务状况的一段录像，因为它反映了两个资产负债表编制日之间公司财务盈利或亏损的变动情况。因此，损益表对投资者了解、分析上市公司的实力和前景具有特别重要的意义。通过分析损益表，可以了解分析公司的盈利能力、盈利状况、经营效率，对公司在行业中的竞争地位、持续发展能力做出判断。

损益表通常自年初为起始时间，然后按时间分为第一季损益表、上半年损益表、前三季损益表及全年度损益表。参考价值最大，并可作为计算全年度每股纯利或股利依据的参考表，是包含整个年度的损益表。

有的公司公布财务资料时以利润及利润分配表代替损益表，利润及利润分配表就是在损益表的基础上再加上利润分配的内容。通过阅读与分析利润表，股东可以了解公司一定期间内业务经营情况及利润形成的全过程；了解公司利润计划的执行情况；分析收入、成本、费用、税金各项目的构成比例是否合理；了解投资价值和投资回报率；预测公司在未来期间的经营业绩趋势；了解上市公司利润分配情况；分析公司利润分配程序和分配比例的合法性和合理性。

总的来说，损益表是一张动态表，反映了公司在某一时期的经营成果，是一个比较直观的经营状况表。其主要内容和分析方法如下：

● 营业收入。

是指企业通过销售产品或对外提供劳务而获得的新的资产，其形式通常为现金或应收账款等项目。对一般公司来说，销售收入是公司最重要的营业收入来源。一般而言，公司的营业收入通常与它的营业活动有关，但也有一些公司营业收入的某些部分与其自身的业务并无关系。因此区分营业收入和其他来源的收入有重要意义。"主营业务收入"就是指企业销售商品的销售收入和提供劳务等主要经营业务取得的收入总额。

• 销售费用。

是指企业为获得营业收入而使用各种财物或服务所发生的耗费。销货成本是一般公司最大的一笔费用，它包括原材料耗费、工资和一般费用。一般费用包括水电杂费、物料费和其他非直接加工费。与销货成本不同的销售和管理费用包括广告费、行政管理费、职员薪酬、销售费和一般办公费用。利息费是指用以偿付债务的费用。上述费用都会导致公司现金开支的增加。

• 利润。

税前利润由通常的营业收入与销售费用之差来决定。从税前净利润中减去税款，再经非常项目调整后，剩余的利润就是税后净利润。税后净利润又分为支付给股东的股息和公司的留存收益两项。公司若亏损，公司的留存收益就将减少。公司多半会因此而停止派发现金股息。若公司盈利，这些收益将首先用于支付优先股的股息，之后再由普通股取息分红。另外，投资者不仅要看利润的多少，还要看利润的性质。主营业务收入减去主营业务成本及相关税金，反映的是主营业务实现的毛利，称为主营业务利润；主营利润加其他利润减去管理费用、财务费用等得出的差额，反映公司的经营效益，称为营业利润。利润总额则从营业利润开始，加投资收益，加营业外收入，减营业外支出而得出。它反映公司直接在供产销经营过程中，或投资联营、购买股票债券等所有公司业务活动的总效益。

②对损益表的分析。

根据损益表提供的数据，并结合年度报告中的其它有关资料，特别是资产负债表中的有关资料，投资者可以从以下几个方面进行阅读和分析：

• 从总体上观察企业全年所取得的利润大小及其组成是否合理。

通过将企业的全年利润与以前利润比较，能够评价企业利润变动情况的好坏；通过计算利润总额中各组成部分的比重，能够说明企业利润是否正常合理。

通常情况下，企业的主营业务利润应是其利润总额的最主要的组成部分，其比重应是最高的，其他业务利润、投资收益和营业外收入相对来讲比重不应很高。如果出现不符常规的情况，那就需要多加分析研究。

● 通过对企业毛利率的计算，能够从一个方面说明企业主营业务的盈利能力大小。

毛利率的计算公式为：毛利＝（主营业务收入－主营业务成本）/主营业务收入。如果企业毛利率比以前提高，可以说明企业生产经营管理具有一定的成效，同时，在企业存货周转率未减慢的情况下，企业的主营业务利润应该有所增加。反之，当企业的毛利率有所下降，则应对企业的业务拓展能力和生产管理效率多加考虑。

● 可通过有关比率指标的计算，来说明企业的盈利能力和投资报酬。

同资产负债表一样，对损益表的分析也不能静态地看一个数据或一张报表的内容，而应将各种财务数据结合起来综合分析才能看出问题的实质。投资者尤其应重视以下指标：

其一，反映获利能力的指标：

获利能力是一家上市公司能否增长发展的关键，特别是成长性公司，其资本实力可能不那么雄厚，但每年有相当高的盈利，这样的公司当然是好公司。衡量公司获利能力的指标主要有以下几种：

每股收益＝净利润/发行在外的普通股份总数

由于该指标反映了企业普通股每股在一定时期内所赚得的利润，因此，其水平和增长情况是反映公司增长情况的最重要指标之一，它是一家公司管理效率、盈利能力和股利分配来源的显示器，通常被用来衡量企业的盈利能力和评估股票投资的风险。如果企业的每股收益较高，则说明企业盈利能力较强，从而投资于该企业股票风险相对也就小一些。上列公式中，根据我国目前上市公司发行股票主要为普通股以及每股面值为 1 元的情况，可直接以税后利润除以平均股本总额来计算，此时，这一指标即为"股本净利率"。这是衡量一家公司能否给股东以丰厚回报的最重要指标，一般来说，股本净利率在 20% 以下的公司，除非股价很低，投资回报是不会好的。股本净利率和每股收益的高低，反映了公司分配股利的能力，因此是投资者最为关心的指标。

净资产收益率＝报告期净利润／报告期加权平均净资产×100%

这个指标一方面反映出企业的盈利能力，另一方面也可以用来说明企业经营者在为所有股东拥有的资产争取充分收益的能力。虽然对股东来说，唯有税后利润才是实实在在的回报，可是对公司来说，其所创造的全部利润，包括上缴给国家的税收，均是其获利能力的标志。

总资产收益率＝利润总额／年初和年末的资产平均余额×100%

年初和年末的资产平均余额＝（年初资产总额＋年末资产总额）／2

该指标表明一家公司总共投入多少总资产（包括借来的资产），又创造了多少盈利，这是考核其投入产出比率的重要指标。一般而言，该指标越高越好。

主营业务收入增长率＝（本期主营业务收入－上期主营业务收入）／上期主营业务收入×100%

该指标可以用来衡量公司的产品生命周期，判断公司发展所处的阶段。一般来说，如果主营业务收入增长率超过10%，说明公司产品处于成长期，将继续保持较好的增长势头，尚未面临产品更新的风险，属于成长型公司；如果主营业务收入增长率在5%～10%之间，说明公司产品已进入稳定期，不久将进入衰退期，需要着手开发新产品；如果该比率低于5%，说明公司产品已进入衰退期，保持市场份额已经很困难，主营业务利润开始滑坡，如果没有已开发好的新产品，将步入衰落。

成本费用利润率＝利润总额／成本费用总额×100%

这是一项衡量企业成本费用与利润关系的指标，反映企业投入产出水平，即所得与所费的比率。一般来说，成本费用水平低，则企业盈利水平高；反之，成本费用水平高，则企业盈利水平低。

成长率＝（税后利润－股利）／股东权益×100%

成长率是考察上市公司后劲的指标，是上市公司凭借自己的财务资源支持自身成长能力的重要尺度，也是判断是否为"成长股"的重要依据。一般情况下，公司保留盈余占股东权益的比例高，则公司将来的成长潜力大，但这个指标不能绝对化分析，因为较高的保留盈余必然以牺牲股东应得股利为代价，如果上市公司一毛不拔，这样的高成长又对股东有何好处？经验告诉我们，大型公司的成长率大于10%为好，15%～20%的成长率说明公司具有超过平均水平的成长潜力，而 3%~5% 的成长率则有些偏低。

其二,反映经营能力的指标:

公司的获利能力是以某一特定时点为基准的,有的公司以这个时点测算的获利能力特别强,可能是突然接到一笔大生意,或有意外的营业外收入等;有的公司以那个时点测算的获利能力较差,也可能是刚投下去的资本尚未发挥作用产生效益等等,因此,在分析获利能力的同时,还得看它的经营能力。分析经营能力主要是以下四个指标:

销售利润率 = 销售利润/销售收入

该指标实实在在地反映了销售出去的产品到底实现了多少利润。

存货周转率 = 销售成本/存货平均余额

存货周转率是衡量企业销售能力和分析存货库存状况的一项指标。一般而言,存货周转率越高越好,因为存货周转率越高,说明公司对存货的利用率越高,存货积压少,因持有存货所支付的利息以及仓储费也低,表明公司的经营管理效果越好。存货周转率越低,说明企业的存货积压或滞销,由于存货的积压和滞销,将会带来一系列隐患。

应收账款周转率 = 销售收入/应收账款

这个比率表示别人欠你的钱通过你的销售一年中能周转几次,当然是周转越快越好。一个企业收账迅速,可以减少坏账损失,既节约资金,又表明企业信用状况好。与此指标相关的还有应收账款周转次数和应收账款周转天数。总的来说,应收账款周转率越高,表明应收账款越少,一年中周转的次数越快,公司的经营状况与经营能力越好。

总资产周转率 = 销售收入/总资产 × 100%

该项指标反映资产总额的周转速度。周转越快,反映利用效果越好,销售能力越强,进而反映出企业的偿债能力和盈利能力令人满意。企业可以通过薄利多销的办法,加速资产的周转,带来利润绝对额的增加。

其三,反映市场价值的指标:

市盈率,这是一个被用来评价投资报酬与风险的指标,作为对每股获利额指标不足的一种弥补。

其四,反映分配能力的指标:

每股红利＝当年可供股东分配的普通股股利/发行在外普通股股数

与每股收益相比，每股红利是股东真正能够得到的股利分配额。

股利发放率＝每股股利/每股获利额

股利发放率又称派息率，其大小取决于企业提取的公积金（包括法定盈余公积金、公益金、任意盈余公积金）的多少。这是投资者非常关心的一个指标。每股股利相同而股利支付率不同的公司，派息基础可能是大不相同的。股利支付率低的公司可能在利润充裕的情况下不分红，而股利支付率高的公司可能在利润拮据的情况下还分红。对这一指标的评价，很大程度上取决于投资者是作为短期投资还是中长期投资而定。一般而言，若作为短期投资，或者投资的主要目标在于取得较高的股利，则应选择股利发放率比较高的股票，而不要选择将大部分税后利润保留起来，因而发放股利较少的企业；若作为中长期投资，则应选择股利发放率不是很高的股票，因为这预示着该企业正在把资金再次投入企业，从而将使其未来的利润增长具有较大的动力，并将使未来的股票价格上涨。由此可见，投资者并不能简单地认为股利支付率越高越好。

股利实得率＝每股股利/每股市价

这是一个反映股票投资者现金收益率的指标。这一指标往往为那些对股利比较感兴趣的投资者所注意，对他们而言，股利实得率较高的股票自然具有较强的吸引力。

许多投资者在阅读损益表时，单纯看利润的多少，这显然是不全面的，实际上，在阅读与分析损益表时，要全面观察，客观分析。比如利润，不能只看利润的多少，还要看利润的来源与构成。如前所述，公司利润主要由三部分构成，即营业利润（主业利润加上其他业务利润），投资收益和营业外收入。营业利润是核心，比例一般应在70%以上。投资收益是多元化经营的需要，拿出一部分资金向其他行业和企业投资，既可让暂时不用的资金产生效益，又可收东方不亮西方亮之效。投资收益一般可包括股权投资、联营投资收益（此为长期投资），股票、债券投资收益（此为短期投资），前者较稳定，后者若有行情，只要不违规，也是可以做的，但若这部分比例太高，就会给人以高风险之感了。营业外收入属非经营性收益。有的公司虽然利润总额较高，但如果其获利来源不稳（如有的公司靠炒股获利），甚至主营业务出现亏损，那就要认真分析其主营业务利润率指标，唯有如此，才能全面准确掌握企业的获利能力。

财务费用是许多投资者忽视的项目，事实上这和公司的盈利能力与经营能力有着非常密切的关系，如果不认真分析，就有可能被其数据误导。如许多公司发行新股票一下子拿到十几亿巨资再加上随之而来的可观的发行利息，或通过银行做委托贷款，即所谓"委贷"，拿到更高利率。因此财务费用减少了，甚至出现巨大的"负数"，即不是付出费用，而是拿到许多财务收益，于是，反映在利润表上，其主业利润就会大幅扬升，随之主利率就会大幅提高。如某上市公司股票发行时，超额认购数百倍，当年主业利润仅几十万元，但存在银行的利息却拿到 3 000 多万元，致使该公司当年每股收益达 0.2 元之多。实际上，这是一家绩差公司，除上市头一年拿到这点外快外，上市以来都只有几分钱，最低降至 8 厘多。因此，对于财务费用偏高或偏低的公司，都要认真分析，寻找其中的原因。

（4）现金流量表

现金流量表较为重要，但也极为复杂，即使是专业的财务人员，完全搞懂亦非易事。对于大多数投资者而言，我们只要搞懂其原理，会捕捉异动数据，便是相当不错的了。投资者解读的重点，是经营、投资、筹资三大活动所产生的现金流量。一般情况下，应关注的是现金流量净额，即现金流入减去现金流出的差额部分。如果有负数，需格外关注，并找出相应原因。比如某上市公司的投资现金流就为负数，经查，是其固定资产投资所致，则属正常投资行为，否则就有可能面临着某种财务危机。

一个公司是否有足够的现金流入是至关重要的，这不仅关系到其支付股利、偿还债务的能力，还关系到公司的生存和发展。因此，投资者、债权人在关心上市公司的每股净资产、每股净收益率等资本增值和盈利能力指标时，对公司的支付、偿债能力也应予以关注。在其它财务报表中，投资者只能掌握企业现金的静态情况，而现金流量表是从各种活动引起的现金流量的变化及各种活动引起的现金流量占企业现金流量总额的比重等方面去分析的，它反映了企业现金流动的动态情况。因此，投资者在研究现金流量表时，与其他财务报表结合起来分析，就会更加全面的了解这一企业。

　　阅读现金流量表，首先应了解现金的概念。现金流量表中的现金是指库存现金、可以随时用于支付的存款和现金等价物。库存现金，可以随时用于支付的存款，一般就是资产负债表上"货币资金"项目的内容。准确地说，则还应剔除那些不能随时动用的存款，如保证金专项存款等。现金等价物是指在资产负债表上"短期投资"项目中符合以下条件的投资：持有的期限短；流动性强；易于转换为已知金额的现金；价值变动风险很小。

　　现金流量表主要由三部分组成，分别反映企业在经营活动、投资活动和筹资活动中产生的现金流量。每一种活动产生的现金流量又分别揭示流入、流出总额，使会计信息更具明晰性和有用性。

　　经营活动产生的现金流量，包括购销商品、提供和接受劳务、经营性租赁、交纳税款、支付劳动报酬、支付经营费用等活动形成的现金流入和流出。由于商业信用的大量存在，营业收入与现金流入可能存在较大差异，能否真正实现收益，还取决于公司的收现能力。因此，了解经营活动产生的现金流量，有助于分析公司的收现能力，从而全面评价其经济活动成效。

　　投资活动产生的现金流量，主要包括购建和处置固定资产、无形资产等长期资产，以及取得和收回不包括在现金等价物范围内的各种股权与债权投资等收到和付出的现金。公司投资活动中发生的各项现金流出，往往反映了其为拓展经营所作的努力，可以从中大致了解公司的投资方向，一个公司从经营活动、筹资活动中获得现金是为了今后发展创造条件。现金不流出，是不能为公司带来经济效益的。当然错误的投资决策也会事与愿违，所以特别要求投资的项目能如期产生经济效益和现金流入。

　　筹资活动产生的现金流量，包括吸收投资、发行股票、分配利润、发行债券、向银行贷款、偿还债务等收到和付出的现金。我们购买某上市公司的股票时，要看该公司股票的招股说明书，上市公告书或配股说明书，其中一个重要的关注点是要看发售或配售股票所筹集的款项用于什么方面。如果用于扩大再生产的某些工程项目，用于引进先进的技术设备，说明该公司股票品质有向健康方向发展的趋势，值得我们去投资；如果募集的股款是用来补充流动资金短缺的，是用来弥补亏损或还债的，这说明股款的应用不能产生再生价值，而且风险极大，股票的品质较差，投资于这种股票时要极其谨慎。

（5）财务报表附注

①会计报表附注的内容。

会计报表附注说明是为了帮助理解会计报表的内容而对报表的有关项目等所作的解释，是上市公司对报表加以说明的补充资料，它与会计报表共同构成一个有机整体。投资者利用会计报表附注说明可以了解到许多非常重要、而从报表中无法找到的信息。其内容主要由以下三部分组成：

第一部分是上市公司经营业务情况和会计报表中有关项目的补充说明，主要有：

- 公司的生产经营情况。

- 公司缴纳的各种税及其税率，这对投资者测算公司未来盈利有重要价值。

- 短期投资和长期投资的具体投向及其明细数额，这个项目投资者不应疏忽。比如公司的长期投资数额巨大，倘若查看附注说明发现长期投资的大部分投向该公司的发起人，那么这里边就有"猫腻"，投资者就有上当受骗的可能。因为发起人出资创立的公司，又将出资中的一部分返还给发起人，这种数字游戏使得公司账上的金额不少，而实际金额却大大减少。

- 公司存货的具体项目和金额以及计价方法。

- 公司固定资产采用的折旧率。

- 公司投资收益的来源及其分项金额。

- 应收账款中账龄长短的列示。

- 应付账款中长短期应付款的列示。

- 公司销售收入中出口销售收入的金额，以及外销收入进行汇率折算的依据。

- 盈亏情况及利润分配情况，要列示提取公积金和公益金的比例。

- 本期利润或公积金转增股本的情况，股本结构及其变动情况。

- 非经常性项目的说明。

第二部分是公司执行会计制度的有关说明，主要包括：

- 遵循的会计制度和财务制度。

- 采用的主要会计处理方法。

● 会计处理方法的变更情况、变更原因以及对财务状况和经营成果的影响。

第三部分为有关部门对公司情况的说明，其中主要是注册会计师的审计报告。按我国制度规定，所有上市公司的会计报表必须经注册会计师的审计，并提出审计报告。在审计报告中，要对公司的会计报表进行公证，对公司的增资扩股、长期负债、存货构成、应收账项和应付账项进行说明。

②认真阅读财务报表。

如前所述，投资者进行财务分析的目的，就是要评估上市公司的优点和缺点，了解它的业务趋势，评估它的盈利能力、经营能力、偿债能力等，从而确定该公司股票的投资价值。这是投资者进行理性投资的基础，也是投资者获得稳定的投资收益的前提。因此，随着理性投资逐渐成为市场主流，越来越多的投资者开始密切关注上市公司的财务报表，潜心进行上市公司的财务分析。

但是，公司财务报表中的数字密密麻麻，并且有的非常复杂，有的非常抽象，具有较强的专业性，对于广大的非专业的中小投资者而言，要完全看懂这样数字并据此进行财务分析，确实不是一件容易的事情，主要是要了解这样几个问题：企业的财务成果及其盈利能力怎样？企业的财务状况及偿债能力如何？企业的经营状况是否正常、经营能力是强还是弱？股东权益的变化及股东权益是否受到伤害？阅读与分析过程可分为以下三步：

第一步：一般性阅读，也就是粗读。

由于财务报表有较强的财务专业知识背景，对财务知识不甚了解的投资者，在拿到一堆财务报表后，往往不知如何下手；此外，在年报集中披露的时候，往往一天要公布数家甚至数十家的年报，如果一一去细读，无论时间上，还是精力上都不大允许。此时，走马观花式先粗读一下很有必要。

值得注意的是，粗读并非仅仅看看每股收益这样的一两个简单的指标。在2002 年 2 月 5 日中国证监会颁布的《证券公司年度报告内容与格式准则（修订）》中，规定第二大项是"会计数据和业务数据摘要"，这才是我们粗读的对象。在该摘要中，又有两小项内容，第一小项为"本年度利润总额及构成"，该小项主要是让投资者了解本年度内，某上市公司的利润组成情况。一般情况下，我们需要注意该上市公司的主营业务利润是否占据着主导地位，以及其现金流量净额有多大，与利润总额间有多大的落差。该摘要中的第二小项——"截至报告期末公司前三年的主要会计数据及财务指标"是粗读的重点。在这一小项中，基本囊括了我们想要了解的主要数据。包括上市公司采用数据列表方式提供的资产负债率、净资产负债率、净资本比率、流动比率、净资本、自营证券比例、长期投资比例、固定资本比率、代买卖证券款、受托资金等财务状况指标的年初数、年末数和增减百分比；包括提供的利润总额、净利润、净资产收益率、总资产收益率、营业费用率等经营成果指标的上年数、本年数和增减百分比。通过这些指标我们基本可以粗略地想象出该上市公司的经营、财务状况。比如投资者从其主营收入及净利润上，就可以大致地估算出其经营的利润率。

第二步：精读。

经过一番粗略了解之后，投资者一般就可选定目标，锁住一些值得去进一步了解的上市公司，认真地来阅读其财务报表。在阅读时应该注意以下内容：一是金额较大和变动幅度较大的项目，了解其影响；二是应该结合报表附注说明分析项目结构（附注部分是财务报表的重要组成部分，它揭示的内容比各项目中数字更多、更详细）；三要同上期数据比较，分析其变化趋势；四是分析这些数据变化的合理性等。

在上市公司的财务报表中，各种数字数以百计，并且大都艰深难懂，枯燥乏味，要中小投资者全部看懂，显然是不现实的，也是没有必要的。一般来说，对于中小投资者，需要精读的主要是以下八大财务指标：

• 主营业务收入。

该指标表明公司产品的市场份额。主营收入主要掌握两个要点：一是主营收入的增长率。一家好的上市公司，主营收入应该年年有所提高；二是本公司主营收入占全行业的份额。宝钢股份 2006 年主营收入达到 1 577 亿元，比 2005 年增长 300 多亿元，比 2004 年增长近 1 000 亿元，反映其主营收入逐年增长。

• 净利润。

净利润反映一家公司的经营业绩，当然是越多越好，且最好是年年能有所增长。对公司经营者而言，利润多少代表公司的获利能力；而对股东而言，净利润多少代表公司的回报能力。宝钢股份 2006 年净利润 130 亿元，与 2004 年相比增长幅度较大。

- 总资产。

总资产代表一家公司的规模。世界 500 强主要采用四个指标，即销售额（主营收入）、资产规模（总资产）、实现利润（税前利润）和职工人数，总资产仅次于销售收入列第二位。一般来说，公司资产规模越大，抗风险的能力也越强。

- 净资产。

对股份公司来说，只有净资产才属于股东所有，因而净资产也叫股东权益。净资产是否升值必须以交易为前提，这是一项重要原则。否则，光评估一下，说原来一千万资产现在升值为二千万了，那是不算数的。

- 每股收益。

每股收益是股市中用得最多的一个指标，也是投资者最为关注的指标。它既是区分一、二、三线股的主要标准（一般 0.50 元以上为一线股，0.30~0.40 元为二线股，0.10~0.20 元为三线股，0.10 元以下就是垃圾股，宝钢股份 2006 年为 0.74 元，显然属于蓝筹股的范畴）；也是公司能不能分红送股实行股本扩张的依据。可以说，有时候，每股收益简直成了公司业绩的代名词。

- 每股净资产。

如果说每股收益高低是判断公司盈利能力的话，每股权益高低则是判断公司含金量大小的主要依据。一般来说，每股净资产最好在 2 元以上。宝钢股份为 4.78 元，净资产相当高。

- 净资产收益率。

净资产收益率反映了单位资本的获利能力，因而比每股净资产来得更直接。一般来说，净资产收益率必须高于同期银行利率，以在 15% 以上为好。高出越多，说明这家公司的盈利能力越强。宝钢股份 2006 年为 15.87%，盈利能力比较强。

- 股东权益比率，也叫净资产比率。

对上市公司来说，净资产比率一般应达到 50% 上下为好。但这也不是说净资产比率越高越好。净资产比率过高，如达到 80%~90%，甚至更高，说明公司不善于运用现代化负债经营方式，用股东的钱适量负债扩大经营规模去为股东赚更多的利润。特别是对那些净资产收益率远高于同期银行利率的公司更是如此。

如一家公司净资产收益率比同期银行利率高5%，说明借银行贷款还掉利息后还有5%的利润，在这样的情况下，如果净资产比率一年比一年高，不是这家公司财务偏于保守，缺乏进取性，就是借了钱也找不到好的投资项目。这样的企业最多只能算是稳健型公司，而不是成长型公司。

第三步：进行财务指标分析。

财务报表中的数据不仅繁杂、冗长，而且从单个数据看，还很难看出其意义之所在。为此，我们可以根据财务分析方法，对数据进行比率处理，进而分析公司的偿债能力、经营能力、获利能力、权益比例等，以此确定其投资价值。

如果我们认真阅读了宝钢股份的财务报表，便可以初步得出一个这样的结论，那就是宝钢股份是一家资本结构合理、盈利能力强、具有成长潜力的上市公司，其发行的股票有投资价值。事实也确实如此，在2006年以来的牛市中，宝钢股份表现相当良好，股价上涨了近3倍之多。

③考察分配情况。

投资者分析财务报表，一方面是要了解公司的盈利能力与经营能力，以确定股票的投资价值；另一方面则是要考察公司的分配情况，判断作为投资者能够获取的权益。目前上市公司的分配形式主要是股息和红利。股息是股东定期按一定的比率从上市公司分取的盈利，红利则是在上市公司分派股息之后按持股比例向股东分配的剩余利润。获取股息和红利，是投资者投资于上市公司的基本目的，也是投资者的基本经济权利。

一般来讲，上市公司在财会年度结算以后，会根据股东的持股数将一部分利润作为股息分配给股东。股东一年的股息红利有多少？这要看上市公司的经营业绩，因为股息和红利是从税后利润中提取的，所以税后利润既是股息和红利的唯一来源，又是上市公司分红派息的最高限额。在一个经营财会年度结束以后，当上市公司有所盈利时，才能进行分红与派息。且盈利愈多，用于分配股息红利的税后利润就愈多，股息红利的数额也就愈大。

除了经营业绩以外，上市公司的股息政策也影响股息与红利的派发。在上市公司盈利以后，其税后利润有两大用途，除了派息与分红以外，还要补充资本金以扩大再生产。如果公司的股息政策是倾向于公司的长远发展，则就有可能少分红派息或不分红而将利润转为资本公积金。反之，派息分红的量就会大一些。

根据有关规定，上市公司在无力偿付到期债务或者实施分红派息后将导致无力偿付债务时，不得分派股息、红利。即使是公司的总资产额超过了公司所欠债务总额，但是当其流动资金不足以抵偿到期债务时，公司亦不得分派股息、红利。另外，上市公司分派股息、红利，依法不得影响公司资产的构成及其正常的运转。比如，公司为了分派股息、红利或收回库藏股票而支出的金额，不得使公司的法定资本（股本）有所减少。

上市公司发放股息红利的形式有四种，这就是现金股利、财产股利、负债股利和股票股利等，但目前沪深股市的上市公司进行利润分配一般只采用股票红利和现金红利两种，即通常所说的送红股和派现金。当上市公司向股东分派股息时，就要对股票进行除息；当上市公司向股东送红股时，就要对股票进行除权。

当一家上市公司宣布上年度有利润可供分配并准备予以实施时，则该只股票就称为含权股，因为持有该只股票就享有分红派息的权利。在这一阶段，上市公司一般要宣布一个时间称为"股权登记日"，即在该日收市时持有该股票的股东就享有分红的权利。进行股权登记后，股票将要除权除息，也就是将股票中含有的分红权利予以解除。除权除息都在股权登记日的收盘后进行。除权之后再购买股票的股东将不再享有分红派息的权利。

因为在收盘前拥有股票是含权的，而收盘后的次日其交易的股票将不再参加利润分配，所以除权除息价实际上是将股权登记日的收盘价予以变换。这样，除息价就是登记日收盘价减去每股股票应分得的现金红利，其公式为：除息价＝登记日的收盘价－每股股票应分的股利。对于除权，股权登记日的收盘价格除去所含有的股权，就是除权报价。其计算公式为：除权价＝股权登记日的收盘价/（1＋每股送股率）。

若股票在分红时既有现金红利又有红股，则除权除息价为：除权价＝（股权登记日的收盘价－每股应分的现金红利）/（1＋每股送股率）。

上市公司有时也将配股与分红派息同时进行，其除权除息价的计算公式为：除权价＝（股权登记日的收盘价－每股应分的现金红利＋配股率×配股价）/（1＋

每股送股率＋每股配股率）。

当上市公司不给股东分红或将利润滚存至下一年时，这部分利润就以资本公积金的形式记录在资产负债表中。而给股东送红股时，这一部分利润就要作为追加的股本记录在股本金中，成为股东权益的一部分。但在送红股时，因为上市公司的股本发生了变化，一方面上市公司需到当地的工商管理机构进行重新注册登记，另外还需对外发布股本变动的公告。但不管在上述几种方式中采取哪一种来处理上一年度的利润，上市公司的净资产总额并不发生任何变化，未来年度的经营实力也不会有任何形式上的变化。

将送红股与派现金相比，两者都是上市公司对股东的回报，只不过是方式不同而已。只要上市公司在某年度内经营盈利，它就是对股民的回报。但送红股与派发现金红利有所不同，如果将这两者与银行存款相比较，现金红利有点类似于存本取息，即储户将资金存入银行后，每年取息一次。而送红股却类似于计复利的存款，银行每过一定的时间间隔将储户应得利息转为本金，使利息再生利息，期满后一次付清。但送股这种回报方式又有其不确定性，因为将盈利转为股本而投入再生产是一种再投资行为，它同样面临着风险。若企业在未来的年份中经营比较稳定、业务开拓较为顺利、且其净资产收益率能高于平均水平，则股东能得到预期的回报，若上市公司的净资产收益率低于平均水平或送股后上市公司经营管理不善，股东不但在未来年份里得不到预期回报，且还将上一年度应得的红利化为了固定资产沉淀。这样送红股就不如现金红利，因为股民取得现金后可选择投资其他利润率较高的股票或投资工具。

④上市公司操作利润的手段。

● 通过关联企业的交易。

当企业自身的经营状况难如人愿时，上市公司为了维持或增强企业融资能力，就会采取从其关联公司转移利润的办法，使上市公司利润虚增，人为提高该企业的获利水平和信用等级，使投资者高估其获利能力和经营状况，增加了投资风险。如深圳一上市公司，已经连续两年亏损。为使第三年"扭亏为盈"，通过与母公司某大型国有企业的交易，将一块350万元土地转手给关联企业，以1 500多万元的价格获得1 000多万元的利润，而款项挂账一分未收。该关联企业买该幅地并无能力开发也没有明确用途，只不过为帮助该上市公司不连续亏损，逃避被摘牌的命运。

- 利用资产重组、债务重组做文章。

有些亏损企业，常常利用资产重组，债务重组大做文章。有一上市公司，拥有某大厦的部分产权，该部分产权的账面价值为 3 061 万元。该公司欠建设银行债务为 16 658 万元。公司以账面价值仅 3 061 万元的资产抵偿 16 658 万元的债务，并将差额 13 597 万元作为当年利润入账。然后又以相当于原来所欠债务的金额向债权人买回抵偿债务的那项资产，交易的结果是债权人全部收回了借款。最后他又以 3.66 亿元的价值将原来只值 3 000 万元的在建楼宇的产权作为该公司的固定资产入账。上述交易的结果是债权人和债务人皆大欢喜：债权人如数收回全部借款，而债务人则获得了 1.35 亿元的账面"利润"。本来很简单一项偿还欠款的交易，经过"精心包装"后竟然会产生巨额"利润"！然而此"利润"的虚假性却一目了然。

- 提前确认销售收入。

销售收入的确认是企业获得经营成果的前提。《企业会计准则——收入》规定下列条件均能满足时方可给予确认收入：企业已将商品所有权上的主要风险和报酬转移给购货方；企业既没有保留通常与所有权相联系的继续管理权，也没有对已售出的商品实施控制；与交易相关的经济效益能够流入企业；相关的收入和成本能够可靠地计量。虽然有这样的规定，但是有的企业为了扩大利润，违反规定提前确定销售收入，只要产品销售有合同或已发货就确认销售收入。有一家以销定产企业，为提高账面利润以达到超过 10% 的净资产利润率，利用刚签定的产品销售合同做文章，产品尚未生产，更谈不上销售，但却提早向用户开出销售发票，并以此作为确定收入的依据入账，虚增利润 500 多万元。

- 推迟确认本期费用。

例如，将发生在当期的销售费用有意挪到今后反映，不列入当期；广告费支出人为增大摊销期限，减少当期支出；已安装完毕交付使用的固定资产本应该记入固定资产，却仍挂为在建工程以减少折旧费用；设备维修或装修费用挂待摊费用或递延资产待以后年度摊销等。

- 四项准备金计提不到位，或者根据利润需求确定应计提费用。

1999年底，财政部和证监会要求各类股份公司对应收账款、短期投资、长期投资、存货这四项资产计提减值准备，同时要将计提坏账准备的范围扩大到其他应收款。2001年起，上市公司的资产减值准备在原有的四项基础上新增加了委托贷款、固定资产、无形资产、在建工程四项，目的在于使企业更稳健地确认当期收益，更真实公允地反映财务状况。然而，这项旨在使会计信息更加真实、客观的政策，反倒被不少上市公司变成了利润操纵的秘密武器。由于这八项计提属于会计估计的范畴，其计提方法和比例在一定程度上由上市公司自行确定，只要按照公司管理权限分别由董事会或股东会批准即可，因而带有很大的主观性和人为因素，这为上市公司的利润操纵留下了一定空间。比如：存货跌价准备是按照成本低于可变现净值的差额提取，长期投资减值准备按照账面价值低于可收回金额的差额提取。但是，存货和投资的可变现值，以及坏账准备的计提比例，都只是基于某种可能性而做出的估计，带有很大的主观因素和不确定性，靠政策的规定无法完全排除人为控制的因素。有些公司能不提的损失尽量不提，能由以后年度负担的费用尽量挪到以后年度，以达到操纵当期利润率的目的。还有很多公司在执行这项会计政策时，把损失的立足点放在以往年度，把利润增加的立足点放在当前年度。他们采用追溯调整法，拼命加大这些计提的追溯调整力度，在以前年度提取巨额的资产准备，以造成当年的巨额亏损，这样就为下一年度扭亏提供了较大的方便。因此，对这些公司而言，巧用计提成了它们新的利润增长手段。

- 潜亏挂账。

潜亏挂账多见于濒临亏损的公司。某公司与三家房地产开发公司发生房地产纠纷，法院终审判决该公司败诉并需向三家房地产开发公司共赔偿2 786万元。公司未将上述终审判决赔偿计入当期损益，虚增当年利润2 786万元。法院终审判决具有法律效力，公司纵然表示不服，也不能因此而拒不执行终审判决，即使是出于谨慎考虑，亦应将损失计入当年利润表。另有一家刚上市的高科技企业，上市招股说明书公布不久，上市募集资金刚完成，内部审计结果却是存货跌价损失和多年形成的应收账款呆烂账潜亏1 836万元。这也是为争取上市、多筹资金惯用的一个手法。

上市公司操纵利润的现象普遍存在，屡禁不止，给投资者的投资操作带来较大的风险。在目前法律还不能给投资者提供完全有效的保护的情况下，投资者只能自己增加保护意识，其中非常重要的一点，便是能找出财务报表中的"猫腻"与破绽。当然，对于普通股民来说，读懂财务报表就是一桩既费时又费力的苦差事，何况还要找出那些高级会计师、高级经济师们玩弄的花招，显然不是一件容易的事情。但为了投资的安全，我们又不能不静下心来认真而细致地阅读上市公司的各种财务报表，以避免跌入报表利润的陷阱。

第 2 章 职业操盘手各种市况下 如何巧妙选股

1. 如何顺势投资

对于那些小额股票投资者而言，谈不上能够操纵股市，要想在变幻不定的股市战场上获得收益，只能跟随股价走势，采用顺势投资法。当整个股市大势向上时，以做多头或买进股票持有为宜；而股市不灵或股价趋势向下时，则以卖出手中持股而拥有现金以待时而动较佳。这种跟着大势走的投资作法，似乎已成为小额投资者公认的"法则"。凡是顺势的投资者，不仅可以达到事半功倍的效果，而且获利的几率也比较高；反之，如果逆势操作，即使财力极其庞大，也可能会得不偿失。

采用顺势投资法必须确保两个前提：一是涨跌趋势必须明确；二是必须能够及早确认趋势。这就需要投资者根据股市的某些征兆进行科学准确的判断。就多头市场而言，其征兆主要有：

（1）不利消息（甚至亏损之类的消息）出现时，股价下跌。

（2）有利消息见报时，股价大涨。

（3）除息除权股，很快填权。

（4）行情上升，成交量趋于活跃。

（5）各种股票轮流跳动，形成向上比价的情形。

（6）投资者开始重视纯益、股利；开始计算本益比、本利比等等。

当然顺势投资法也并不能确保投资者时时都能赚钱。比如股价走势被确认为涨势，但已到回头边缘，此时若买进，极可能抢到高位，甚至于接到最后一棒，股价立即会产生反转，使投资者蒙受损失。又如，股价走势被断定属于落势时，也常常就是回升的边缘，若在这个时候卖出，很可能卖到最低价，懊悔莫及。

2. 如何挑选成长股

（1）成长股的特征

历史是现实最好的参照物，可以作为预测未来的出发点。趋势推算法的应用可以得出对企业未来利润的大概估计。再用前面谈到的诸多因素加以修正即可完成企业未来利润预测。

真正的成长股与其他股票有很大差别。如果某一股票的纯收益和股利成长确实优良，在成长率和成长时期两方面均超出投资者的预计，该股票即可能长期提供优厚的投资收益。在短期内，优良的成长股可能在特定的股市循环里更吸引投资者的兴趣。

挑选盈利成长可能超过平均水平的股票，是否有一些指导原则呢？在证券投资学里，充满了一般性的指导原则，但其中有些是不能运用的，有些是不能定义的，但是它有助于制定一般性的投资方针。考虑到这种情况，我们将注意力转移到所谓"可证实的成长"概念上。许多股市专家为投资者提供投资指导纲要，以协助人们研究股票发行公司是否真正有纯效益和股利成长，以适合或超出投资者的期望。有一家投资公司形容成长股是"积极进取、成长性公司的股票"；这种公司在充满机会的沃土上运营，并且从可辨识的技术、社会和经济趋势加上有能力的管理上获得效益。"积极进取"一词意味着公司方面的某种进取性，从新趋势中获取利润的意愿，以及在股东要求下转变经营的意愿，"充满机会的沃土"指的是产品的范围是动态的，并且能够迅速转变，并非封锁在传统的静态类型下。这一颇有名气的投资公司特别强调有能力的管理。其假设为，只有最佳的公司经理才能够在变革的趋势中筹集资金，并使其公司成长。

许多热衷于成长股的人，列举了很多具有成长潜力的公司的相关标准。对于公司产品超过一般平均水准的需求增长，这是判断公司是否具有成长潜力的基本标准。事实上，成长的基本定义是可辨识、可加以管理的，是落后于需求与供给的。因为一家要以超过平均水准持续成长的公司，需求必定持续成长，经过数年之后，超过供给。

成长股的支持者们也偏爱那些劳动成本占适当比例的公司。具有高劳动成本的公司更易受劳动力供给困难的影响，更会受工资膨胀的影响。同理，能源和原料也必须加以考虑。一家依赖稀有资源的公司，将会成为原料成本上涨的牺牲品。那些供给稀有资源的公司——或者生产必需的基建设备者，则处于较优势的位置。

产品价格是否具有弹性也是关键性的因素之一，特别是在经济不景气的环境下更为重要。在通货膨胀时期，几乎每一家厂商都必须经常提高售价，以跟得上日渐上升的成本。在高度竞争市场里的公司，将难以提高自己产品的售价，并且将发现其经营利润处于同业的压力之下，而主宰市场的公司则可以轻而易举地将所增加的成本转嫁给顾客，以维持其利润。

最低限度的政府法规限制，是成长股的另一特性。一家每当做出重大经营管理决策都必须克服政府法规限制的公司，其成长必然面临诸多障碍。我们的目的并非在此评价这种政府法规的明智与否，只是要说明法规的代价是会延缓公司的成长性。当然，在现代企业界里，没有任何公司是绝对自由的。现代经济变得太复杂、太相互依赖，以至于任何公司都无法完全控制自己的未来。公司对这些问题的态度以及克服这些问题的技巧，将决定其是否能成功地变成成长性公司。

（2）判断公司会持续成长的标准

"持续成长"的概念包括两种经常用以界定成长性公司的标准：财务状况和收益力。持续成长是一家公司本身再投资比率的一种衡量，也就是说，它可以借助自己的财务资源以支持成长的程度。这一概念将公司的保留盈余与全部股东权益作比较（保留盈余，即总盈余中不作为股利分配给股东，而保留在公司里以支援成长的部分），假如公司的再投资，即保留盈余，与公司目前的规模（即全部股东权益）相比，其数额相当大，例如：再投资为股东权益的3%～5%，则该公司就无法按照股东期望用其将来成长的速率来作再投资。

以美国某电话公司为例：该公司是一个盈余达其资本总额9%的强劲公司。然而，该公司将其盈余的65%作为股利分配，也就是9%的投资收益中的65%分配到股东手上了，只有该投资收益中的35%即9%的约三分之一留作企业扩充之用。这样经过长时间之后，美国电话公司的每股盈余可能就无法达到这一比率。

（3）发现未来成长股的评估标准

成长股对大多数投资者来说是一件关键性的投资武器。但是，在人们的头脑中，有许多关于成长股的本质与表现的错误观念存在。

①当大多数投资者讨论成长股时，他们指的是业已成长的股票，而不是那些将来会成长的股票。几乎所有成长股名单所列的都是近年来已大获成功的成长股，但任何人都不能保证这些股票将来会继续成长。

②投资者经常忘记自己手中的成长股，就像其他投资对象一样，投资于成长股需要做好两项决策：何时买进与何时卖出。

③成长股的投资需要强烈的市场时机感。持有成长股绝不是一种可以避免市场趋势判断的方法。成长股在股市循环的某些阶段波动得特别激烈，甚至过去10年中业绩最佳的成长股，也常常在几个月之内跌落40%。次等成长股波动更为剧烈，它们在股市上升的早期上涨得十分迅速；在股市回跌时，比绩优成长股下跌得更早、更激烈。

但这当然不是说成长股比其他股票更没有价值。财务理论与股市理论都证明了它们的价值。投资者对于那些纯益和股利在未来可预期超过一般比率成长的股票，应该愿意付出较高的本益比，并且接受其目前较低的股利利润率。但是，除非投资者能够从广泛的范围选择那些在以后几年期间盈余会比其他投资者预测更迅速成长的股票，否则，投资者不应该期望持有成长股会获得更优厚的投资报酬。而这种选择是一种艰巨的任务。

要注意的是，我们并不认为成长性公司源于某些特定的经济部门。最近几年，成长股大多出现在消费品生产领域，如：可口可乐公司、柯达公司、宝洁公司等。此外，还有科技和计算机领域，如 IBM 等。

成长股评估标准如下：

①管理技巧。

公司的管理方面是否以其杰出的专业管理能力闻名。

②产品销售成长。

公司的产品单位销售成长率是不是在稳步提高，这一需求成长率是否在将来能够继续。

③低廉的劳动成本。

劳动成本是否占生产成本的低比率或适度比率，劳务纠纷是否会阻碍盈余的成长。

④稀有资源。

公司是否能控制其本身所需的原料，公司所依赖的供应者是否对稀有资源可能大幅度加价。

⑤产品定价。

公司是否能主宰它所服务的市场，因而在必要时能够提高产品价格，或者该公司在其关键市场上只是一个小因素，必须跟随其他厂商来调整步伐。

⑥政府的支持。

公司是否享有政策性支持，是否能够免于政府法规、合约或者反托拉斯问题的限制。

⑦管理控制。

公司管理当局能否控制公司本身的命运，公司是否能够受惠于经济形势、银行、供应商、竞争者或政府。

⑧高持续成长率。

公司能否以满意的比率支持其本身的成长，由于这一比率对每家公司来说都不相同，所以，通常视公司所服务的市场的成长率而定。对于大公司的经验法则是：真正的成长股，亦即盈余和股利在未来将迅速成长的公司股票，很可能成为杰出的投资对象。历史上确实有成长的公司，会对其有耐心的股东提供优厚的投资报酬率。这种股票相当难寻找，但是很值得寻找，发现它们，买进它们，但是必须要有耐心，一定要在它们相对便宜的时候买进。更重要的是，当它们高价时，别犹豫，赶紧卖出，因为有一天，这些股票还会再度便宜。那时候，投资者就会拥有将这些自己心爱的股票再度买回的机会了。

3. 在牛市中如何选股

随着牛市的成立以及深入推进，许多投资者以为赚钱已经成为一件很容易的事，买入股票的胆子随着行情持续上涨而逐步增大，也开始完全进入"好了伤疤忘了疼"的状态。其实，回顾一下历史，会发现在时间的检验下，行情中很多具有诱惑力的东西最终都是会被打回原形的。

几项有趣的统计足以说明尽管牛市业已成立，但"胆子大"未必能取得理想的投资绩效：

①权重股对指数的支配权越来越大，并且陆续上市的新大盘股在不断地增加着新市值，抬升着大盘指数。因此，当指数涨到 5 000 点的时候，有许多股票仍处于 1 700 点的价位，还有许多股票会不涨反跌连续创新低。

②1996 年以来的 10 多年间，只有云南白药一家公司是"10 年增长 10 倍"的大牛股；期间，只有 9 家公司每年都能获得正收益。

③过去的 10 年间，已经有许多的公司从股市中消失，未来的 10 年，将会有更多的公司从股市中消失。

④股市过去的十几年内，已经从市场中消失的机构，几乎都是在牛市行情中"胆子最大"的机构，消失的风云人物也几乎都是在牛市中"豪气冲天"的人物。

可见，股市中什么最无情？是时间！所以，在理性投资者的理念中有这样的认识：在股市中比的不是谁今天赚得多，而比的是谁在股市中生存的时间长。

如果比谁赚得多，股市中已经有太多大喜大悲的案例，有许许多多几年前的股市风云人物早已经消失在市场中，倒在了牛市形成之前。而比谁生存的时间长，则意味着生存的时间越长，所获得市场赐予的机会就越多。在牛市中诱惑太多了，很多股民不知道买什么好，买了总被套。在这里给投资者一些建议，不妨关注一下短线选股的"三高"理论：

（1）涨幅要高

起步于超跌反弹，既而发动强势行情的股票也有，但那毕竟是少数。绝大部分股票发动行情，起步于较好的技术状态，经历了由缓涨到加速的过程。大部分投资者希望做到最美的一段行情，所谓"富贵险中求"，行情进入加速度的一段，必然是一般人认为"险境"的地方，也即涨幅已高的时候。涨幅高包括三层互不矛盾的意思：一是绝对涨幅要高，如果股价从底部启动 50% 以上，进入主升浪应是顺理成章；二是实现阶段突破，能够成功突破前一顶部的股票，理当看好，不能突破或在前一顶部下逡巡，有无功而返的可能；三是创新高，股价创历史新高，说明价值重新发现，价格重新定位，在成交正常的情况下，理应看高一线。

（2）主力资金介入程度要高

并非庄股就好，关键是散户的地位，决定了不可能对公司的基本面研究太深。而主力资金多半研究实力雄厚，其敢于重仓介入的股票，前景看好。散户无法研究公司的基本面，但可以通过 K 线研究主流资金的进驻程度。主力浅尝辄止的，我们放弃；主力实力弱小的，我们观赏；主力实力非凡、大举入驻的，才是我们重仓参与的对象。当然，主力资金介入程度高与控盘庄股要有区别，如果主力已经将股票做成了新庄股，说明风险已经大于收益，理应回避为上。

（3）板块呼应度要高

价值投资理念下，主力资金已经从个股挖掘转向行业挖掘。有板块呼应度的股票，说明该行业发展前景较好，属当然热点或潜在热点，有发展潜力。即便是临时性热点，板块呼应度高的特点也决定了被套的可能性不大，因为热点的反复表现，会多次创造解套获利的机会。

4. 在熊市中如何选股

在熊市中投资的股民十个有九个是要亏的，能少亏些就算赢了，赚钱更如火中取栗。但我们仍有部分股民在弱市的枪林弹雨中穿梭自如，赚得真金白银。这不禁让一些投资者分外眼红。

熊市中选股的难度要远远大于牛市及盘整市道时，因为大盘是在不断下跌，大部分个股的走势也是逐级向下，只有极少数个股逆势上扬。要从众多个股中挑选熊市中的牛股，有点像大海里捞针，没有一定功力的非专业投资者最好还是知难而退。虽然在熊市中选股难度很大，但还是有一些方法可循的：

（1）选择基本面情况发生重大变化，业绩有望突升的个股

这类个股，无论在牛市还是熊市，都是受追捧的对象。由于基本面发生了重大好转，必然或早或晚反映到股市上。当然还要注意介入时机，不要等股价已经涨上天了再买进。

（2）选择具有长期良好发展前景的个股

具有良好发展前景的公司，是大多数人选股时追求的目标。这类公司经营稳健、发展前景光明，为许多人所看好，在牛市中股价可能高高在上，业绩被提前预支。然而在熊市中则可能随大盘大幅下跌，尤其是在暴跌时，倒为投资者提供了一次绝好的买入机会，让你用很低的价格得到一只优质股票，获得意外的惊

喜。当然选择这类个股应立足于中长线，不能指望短期内即获高额利润。

（3）选择主力机构介入的个股

股市中的主力机构实力强大，非一般中小投资者可比，但是它们也有进出不灵活的弱点，一旦介入一只个股，就要持有较长时间，尤其在熊市中，除非认输割肉出局，否则就要利用每次反弹机会，伺机拉升个股。中小散户只要介入时机合适，成本价在庄家之下或持平，并且不要贪恋过高的利润，则获利的概率还是很大的。

（4）选择在熊市后期超跌的个股

在熊市后期或熊市已经持续较长时间，一些个股总体跌幅已深，综合基本分析和技术分析，下跌空间已很有限，已经跌无可跌。即使大盘继续下跌，这批个股也会提前止跌，率先启稳反弹。

总之要记住，熊市中选股主要目的不是要买进，而是关注大盘走势，了解盘中热点，以及政策的转变。投资者只选不买，为将来牛市到来选好准备中长线投资的主打股票。这种只看不动的策略和工作非常重要，是为未来播下希望的种子。

5. 选股时如何灵活多变

新股民要"灵活多变"，以适应市场的变化。

（1）上涨

股市上涨期虽然满盘飘红，但各个股之间的涨幅都有很大差异。在一轮上涨行情中，那些热门股、绩优股的涨幅往往强于大盘。

（2）中长线

中长线投资，应选择那些具有成长性且无政策性风险的股票。此类行业为经济建设的"瓶颈"，是国家重点扶持项目，"倾斜政策"将使其长期受惠，因而这类股票应是中长线投资者的首选对象。

（3）短线

短线投资以跑差价为主，则可选择那些上下振幅大、弹性好的热门股来操作。这类股一般具有两重性：一是业绩较差，回报较低，这就决定了它们在下跌时跌幅深于大盘；二是由于其行业、地理位置上的优势，使它们在涨势中涨幅超过大盘。振动这么强烈的股票，差价可观，自然是短线客眼中的财神了。

(4) 小资金

对于散户来说由于资金少，不能大进大出，应以薄利多销为主。其操作对象应以低价股与基金为主。尤其是基金，由于其价位低和成本低（免收印花税）而受到中小散户们的青睐。低价位股中要选择那些盘子较小、股性较活的个股。

(5) 资金多

若资金较多可选择那些盘子适中，成交量大，流通性好的个股来操作。盘子小、流通性差的个股易进难出，很不方便。

6. 如何选择获利能力强的股票

股民在选股时，应注意公司的获利能力，特别是公司的主营业务。要了解那些从事多元化经营的公司通常存在主营业务不甚突出、获利能力不强的弊端，在实践中既无法保证达到现代市场经济所必须的规模经济效益，更无法在专业化分工越来越细的今天在众多的领域保持技术、市场、人才及资金等优势。

7. 如何在涨停板上买股票

涨跌停板的推出是防止证券市场过度投机，本意是防止市场过度波动。但是，涨跌停制度实际起了两个作用：一是在股票本身具有突然上涨10%以上冲击力时（比如：突发重大利好消息、大盘反转），被迫在10%处停住，第二天由于本身上涨要求，还要继续上涨，这是一个明显的投机机会；二是涨跌停板对买卖股票的双方产生明显的心理影响。

针对这种现象，投资者可以采取两种应对方式：一种是封涨停时庄家的买单迅速跟上，不让散户有买进时间，散户要想买进，必须眼明手快，不能有丝毫犹豫，这对散户的技术水平和看盘水平要求比较高；另一种是在股票本身技术形态不好的情况下，勉强去拉涨停，但是不封死，在涨停板位置慢慢出货，即使收盘最后以涨停报收，第二天也走不了多高。这种情况庄家的选择非常明智，在本身技术形态不好的情况下，就应该出货，但在本身技术形态不错的情况下，就应该自己观察，庄家基本采取第一种方式。可见，庄家采取哪种应对方式还是以自身利益最大化为出发点的。在选择追哪只涨停的股票时，要考虑以下因素：

（1）涨停时间早晚

早的比晚的好，最先涨停的比尾盘涨停的要好得多。在每天交易中第一个涨停的最好，涨停时间最好限制在10:10分以前。因为前几个涨停最容易吸引短线盘的目光，并且在开盘不久就能涨停，本身也说明庄家是有计划地进行拉高，不会受大盘当天涨跌的太大影响（但也不是一点没有影响），如果这时该股票的技术形态也不错，在众人的集体上推下，涨停往往能封得很快，而且买单可以堆积很多，上午收盘前成交量就可以萎缩得很小，在下午开盘时就不会受到什么冲击，涨停封死的可能性就非常大。那么，第二天获利也就有了保障。

如果上午停牌，下午复牌后在1:15以前封涨停的也是相当不错的。在开盘不久能封住，当然说明庄家有拉高计划，只是由于短线盘很多已经集中在上午的涨停板上，下午的涨停板吸引力相对小一些。

其他时间段涨停的股票相对差一些，其中10:10～10:30以前涨停的股票，如果待到涨停时换手不大（如果是涨10%的股票换手要求低于2%，如果是ST股票，换手要求则是低于1%），分时图上股价走势比较连续正常，没有出现尖峰情况，分时成交也比较连续，没有出现大笔对倒，则还可以（之所以比较差一些，一是这时候涨停的股票可能是跟风上涨的股票，本身庄家可能并没有事先的拉高计划，只是由于盘面影响，临时决定拉高，所以必须严格限制换手率条件，说明尽管拉高仓促，抛压还是比较小，明天才有机会冲高；二是由于涨停时间比较晚，在上午收盘前成交量不一定能萎缩得很小，那么在下午开盘时，受到抛盘的冲击相对大一些，风险也相应大一些。在10:30～11:10涨停的股票，这种风险更大，经常有下午开盘后涨停就被打开的情况。）；在下午1:15～2:00涨停的ST股，如果涨停时换手很小（低于1%），分时图表现为在冲击涨停前只有非常稀少不连贯的成交，只是在冲击涨停时才逐渐有量放出，并且在冲击涨停时股价走势比较连贯，没有大起大落，则也可以（之所以这个时间段以考虑ST股为主，原因就是ST股的涨停只有5%，在上午的交易中，即使散户买进，今天涨停，散户获利也不大，第二天的获利抛压也不会太大，但是涨10%的股票就不同，上午涨停，那么上午买进的散户获利就相当大，第二天的抛出，风险就太大了。ST 股的换手条件也是为了防止获利盘太多，增加风险）。

2:00～3:00 间涨停的个股，除非大盘连续下跌后在重大消息的刺激下出现反转走势，或者是在下午走强的板块中的龙头股（这时大盘还必须处于强势中），否则轻易不要去碰（这时候的涨停是庄家尾市做盘，目的一般是为了第二天能在高点出货，同时在上午和下午买进的散户获利很大，第二天的抛压也就很重。庄家在尾市拉高不是用资金去硬做，而是一种取巧行为，此时跟进，风险非常大）。

（2）第一次即将封涨停时，这时候换手率的大小，小的当然比大的好

在大盘处于弱市和盘整市时这一点尤其重要，理想情况是普通股换手低于2%，ST 股低于1%，在大盘处于强势时这个换手条件可以适当放宽，对龙头股也可以适当放宽，但无论在任何情况下，不能超过5%，包括涨停被打开后又被封住时换手率的情况。这些对换手率的限定实际是也是限定今天就已经获利的买盘数量和说明今天抛压的大小，这时获利盘越小、抛压越小，第二天的上攻余地也就相应越大。

（3）个股形态怎么样

盘整一段时间后突然涨停的比连续上涨后再拉涨停的好；连续大跌后以涨停方式开始反弹的也可以；庄家仓位重的比庄家仓位轻的好。

盘整要求在至少 5 至 6 天内没有出现大阴大阳，均线系统不能出现 BIAS 太大的情况，拉到涨停的位置后离强阻力区域不能太近，要给第二天的高开留下一定空间；对于庄家持仓太重、基本只有庄家自己参与交易的股票，首先必须看日K 线，判断一下庄家这时的意图，再决定是否参与。在一般情况下，盘整后突破的股票是最好的，由于普遍的心理预期是突破后上涨空间打开，第二天的获利幅度会大一些；而对于超跌反弹的股票，由于反弹性质决定，高度不能预计太大，要保守一些。而连续上攻的股票，由于在低位买进的人可能随时抛出，形成大抛压，因此，除非是在大牛市；否则，追涨停的时候一定要小心。而对于庄家仓位比较重的股票，庄家由于出货需要，常常是在涨停后继续拉高出货，才能降低仓位，所以，反而相对安全些，当然具体情况要求大盘不能太差。由于个股形态分析需要较好的功底，在这里，请自己去看看相关资料，自己体会。在这里最强调

的一点，就是即使今天涨停，这两天的获利盘依然不多，最好是洗盘后上攻涨停。

（4）大盘情况，如果大盘今天急跌，破位的就更不好，有涨停也不要追

在一般情况下，大盘破位下跌对庄家和追涨盘的心理影响同样巨大，庄家的拉高决心相应减弱，追涨盘也停止追涨，庄家在没有接盘的情况下，经常出现第二天无奈立刻出货的现象，因此，在大盘破位急跌时最好不要追涨停。而在大盘处于波段上涨时，涨10%的机会比较多，总体机会多，追涨停是可以胆大一点；在大盘波段弱市时，要特别小心，尽量以ST股为主，因为ST股和大盘反走的可能大些，另外5%的涨幅也不至于造成太大的抛压。如果大盘在盘整时，趋势不明，这时候主要以个股形态、涨停时间早晚、分时图表现为依据。

（5）第一个涨停比较好，连续第二个涨停就不要追了

理由就是由于短期内获利盘太大，抛压可能出现。当然这不是一定的，在牛市里的龙头股或者特大消息股可以例外。

（6）高开高走拉涨停的股票追起来安全些，最好开盘价就是最低价

这里实际一是考虑K线组合，高开高走涨停说明走势极其强劲，更容易吸引跟风盘，第二天能走得更高，二是由于今天没有在低价区成交，获利盘获利较少，抛压出现的位置也会相应提高，从而留出更大的获利空间。

（7）有重大利好首次被披露，拉涨停的股票比较好

这里实际有很大机会，如果股价事先没有反映利好，一旦涨停，上攻力量就很强，机会很大；即使股价事先已经反映了这个利好，如果大盘条件比较好，庄家往往也会拉出涨停，这时只要股票形态好、分时图漂亮，也有很大的获利机会。

（8）龙头股的涨停比跟风股好，有同类股跟风涨的比没有同类股跟风涨的涨停股好

这里要求大盘条件要相对有利，能够支持板块上扬。这种情况出现，不仅容易吸引短线盘，还可以吸引中线盘，再加上股评吹捧，往往其中的主要个股能够

在涨停后出现继续高开高走的强劲走势，这时追涨停也是最安全的。

（9）分时图上冲击涨停时气势强的比气势弱的好

看分时图需要很高的技巧和感觉，用语言很难表达出来。在这里只能说一些主要需要注意的方面。

①均价线，均价线应该是开盘后保持向上，支持股价上涨。

②分时图里股价从盘整到冲击涨停，如果盘整区离涨停的距离在5%以内，那么冲击涨停速度快比较好，但是如果盘整区离涨停比较远，那么最好是不要一直冲向涨停，而是冲高一下再盘整（盘整区提高），再迅速冲向涨停。

③分时图里的成交分布问题，要求上涨成交要放大，但是放大要适当，并且比较均匀连续。比较忌讳的是那种突然放量很大，一下又迅速缩小，那说明庄家心态不好，也会引起追涨盘的怀疑。

④看委托盘，真要涨停的股票，一般显示出来的买进委托盘不会比委托卖出盘大，因为庄家的真正买盘是及时成交的，看不见，而那种很大的买盘托着股价慢慢上涨的，基本可以认为是庄家在出货，不能追进。

8. 如何挑选跌价的股票

做股票投资的生意，任何情况下，都不可忽视品牌的业绩。尽管如此，仍有许多人未调查业绩即买进股票。这种做法非常危险，亏本是理所当然的。尤其是投资经验长久的人当中，有的人会得意洋洋地说："过分重视业绩是外行的表现。"这种人大概不懂得股市的本质。

不过，尽管公司业绩好，但是随股市行情波动而上涨的股票，买进之后不可能轻易再上涨。因此，即使属于优良业绩者，也应当在廉价时购买。至于上涨中的股票，即使受别人煽动的廉价引诱，也不可轻易购买。

一天比一天上涨的股票，的确是活力旺盛的样子。但是，上涨行情能够持续，惟有在成交额增加的情况下；当成交额减少时，股价会立即下跌至某种程度，而后停止下跌。购买的时机就在下跌停止时。

要了解此种股票的股价是否已下跌到底，只要调查成交额的变动情形。若与过去下跌时的情形相仿时，则可确定下跌停止。当然，股市无确定性，有时还会再下跌。

有些人积极而勇敢地追踪正在上涨的股票，设法买进，但是购买上涨中的股票却有购得高价的危险。买进之后，想卖出时，遭受损失的几率非常高。

专家们奉劝大家利用前述的方法，因为成功的股票投资家一贯主张利用股价下跌时买进，以获得良好的成果。当然，并非任何股票都适合采用这种方式。

趁股票下跌时购买的股票，必须是业绩优良或业绩已扭亏为盈。大致说来，这些股票虽然下跌，但是正处于"休养时期"，不久一定会东山再起。

9. 如何选择优良型企业的股票

新股民在进行长线择股时，应选择那些在同业中属于第一流公司的股票。这些公司的经营完善，资金雄厚，收益率比较高，处于行业的龙头地位和优势地位。因为这些公司有如下特点：首先，在现代经济中，只有达到规模经济的企业才具有较强的竞争能力及抗风险能力；其次，龙头企业更易得到政策扶持，并可能在目前表现为资产重组的企业在兼并浪潮中快速扩张，进而进一步扩大其市场份额，进入新一轮快速增长；再次，改革开放以来，我国不断引进外资，但外资进来，已不仅仅带来资金和技术，也渐渐对我国民族工业构成威胁，而与世界经济接轨已是我国经济发展的必由之路，在这种格局下，政府无疑会扶持那些行业龙头企业，给它们政策优惠，给它们注资，让它们发展并占据市场，以与外国企业抗衡。

10. 如何根据成交额发现购买时机

实际买进股票时，需要做最低价格和跌价时间的分析工作。假如根据股价和成交额，发现股票已跌至最低价时，就必须再确认下跌停止的时间。为此，必须好好看守目标数字的变动，等候股价波动的状态暂时维持平静。"暂时"虽是一种不负责任的话，但是我们无法确定究竟能有几天的平静。总之，预定购买后，通常都必须确认此种股票在跌价的行情中再买进。否则，根据股票与成交额虽也能看出跌价，但是仍有持续再跌的可能。

如果我们无法每天确认数字所显露的迹象，有个简易的方法——调查"图表集"图表上的成交额，通常是用柱形图表示，看起来一目了然。因为，成交额减少，柱形变短。假如此柱形图与上次最低价及行情下跌时同样长短，就是最新的最低价和行情下跌的情报了。

但是，并非所有的下跌股票均可购买。基本上说来，必须是业绩优良，并且能预测每股利益将上升的股票。

11. 如何利用股市中的各种消息

股市上的很多消息都会对股价的走势产生很大的影响，这些消息概括起来有以下几类：

（1）经营业绩改善或有望改善

（2）国家产业政策扶持

（3）合资、合作或股权转让

（4）增资配股或送股分红

（5）拥有庞大土地资产可望升值

（6）控股或收购

股市上的各种消息会对股价产生较大的影响，但有时市场"利好"消息传来，股市行情未因此上涨；有时坏消息不断，股价仍未有下降迹象。这种情况应引起投资者的特别重视，它表明市场"看好"或"看淡"这种股票的气氛很浓，并不为一两个好消息或坏消息所改变。但即使如此，投资者仍然要重视股市上的各种消息，不要错过各种盈利的机会。

12. 散户如何利用公开信息

作为一个散户一定要理解风险和机会共存的真正含义，除了自己掌握自己的命运，任何人都不可能越俎代庖，把希望寄托在别人身上的散户一定是失败的终结者。学习才是成功的基础，学习掌握技巧、分析公开信息才能在股市中长期生存下去。技巧就是精通一两个技术指标的内在含义，从中解读股市的内在规律。它和操作策略有机地结合，是股市博奕的工具。

要想有稳健的盈利模式，首先，要有正确的操作思路。先就散户们常见的思维误区谈一下：

（1）喜欢抄底

尤其是处于历史低位的股票。看到自己的成本比别人都低，心里简直是乐开了花。却没有想到，一个股票既然已创出了历史新低，那么很可能还会有很多新低出现，甚至用不了几个月你的股票就被腰斩了。抄底抄底，最后抄死自己。

（2）不愿止损

这个问题相关方面的文章很多，有的散户见一次止损后没几天股价又涨了回来，下次就抱有侥幸心理不再止损，这是不行的。就笔者而言，决不容许出现超过5%的亏损。"截断亏损，让利润奔跑"，确是至理名言啊。但话又说回来，如果你没有自己的盈利模式，你的结局也就是买入，止损；再买入，再止损。

（3）不敢追高

许多散户都有恐高症，认为股价已经涨上去了，再去追涨被套住了怎么办？其实股价的涨跌与价位的高低并没有必然的联系，关键在于"势"，在上涨趋势形成后介入安全性是很高的，而且短期内获利很大。核心问题在于如何判断上升趋势是否已经形成，这在不同的市场环境中有不同的标准，比如：在大牛市中，放量创出新高的股票是好股票，而在弱市中，这往往是多头陷阱。对趋势的判断能力是衡量炒手水平的重要标准之一。

（4）不敢追龙头股

一个股票开始上涨时，我们不知道它是不是龙头，等大家知道它是龙头时，已经有一定的涨幅了。这时散户往往不敢再跟进，而是买一个涨幅很小的跟风股，以为可以稳健获利，没想到这跟风股涨时慢涨，跌时却领跌，结果弄了半天，什么也没捞到。其实在强势时，越强的股票，跟风越多，上涨越是轻松，见顶后也会有相当时间的横盘，让你有足够的时间出局。当然，如果涨幅太大，自然不可贸然进场。

（5）喜欢预测大盘

除了极少数情况下次日大盘必涨外，短线大盘的走势其实是不可预测的。这也就说，平日里我们散户关注的机构测市等节目并没有多大意义。对于看大盘做个股的朋友来说，把大盘分为可操作段与不可操作段更有意义，至于具体区分方法有很多，比如说30日均线，MACD，或者是一些更敏感的指标。

（6）持股数目太多

这主要是因为没有自己选股的方法，炒股全靠别人推荐。今天听朋友说这个股票好，明天看电视说那个股也好，结果一下就拿了十多只股票，搞得自己手忙脚乱。也有人说，不是要把资金十等份吗？那是对大资金说的，小散户区区几万元资金也要十等份吗？一般认为，散户持股三只左右是比较合适的。

（7）对主力的操盘方法没有一个系统的认识

炒股就像盲人摸象，毫无章法，运气好时也能赢两把，运气不好了就一败涂地。所以散户总是唱"为什么受伤的总是我"的那个人。

（8）不愿放过每一个机会

看见大盘涨了一点就急忙杀入，根本不清楚自己能有几成胜算，结果一下又被套住了，其实这是由于水平低下，缺乏自信所致。如果你能有几套适用于不同环境市场的盈利模式，那么不管大盘涨、跌还是盘整，你都有稳健的获利办法，你就能从容不迫地等待上升趋势形成后再介入，把风险降到最低。

（9）不能区分牛市和熊市的操作方法

散户们总是抱有多头思维，总是想着第二天要涨，这种思维让大家在2001年后的大熊中吃够了苦头。其实在沪深股市，牛短熊长是不变的主旋律，机构喜欢唱多，那是因为只有散户做多，他们才有饭吃。对于我们散户来说，看紧你的钱袋才是最重要的。我们要做的就是像猎豹一样，时机不成熟决不动手，一旦出手，至少要有七成以上的胜算。在沪深股市，其实有一些胜率将近100%的必胜法，虽然出现的频率较低，但你若能抓住，平均每年也能给你带来十个点左右的收益。

然后，我们来谈谈散户如何分析公开的信息。在庄家坐庄的过程中，信息是十分重要的。凡是对坐庄有影响的信息，都在收集之列。由于信息量庞大，而且有些内容要求有较强的专业知识和良好的分析能力才能正确使用；有些内容需要广泛的社会关系才能获得；有些内容需要强大的资金实力支持才能去炮制。中小投资者是不具备这些条件的，这必然导致庄家相对于散户，客观上存在着信息不对称，这就是庄家的信息优势。庄家的信息优势可通过收集研究、内幕消息和炮制等几种途径建立。面对主力的信息优势，散户与之相比根本不在一个数量级上。那么，散户有没有办法弥补或缩小这种差距呢？惟一的途径是正确利用公开信息。根据《证券法》规定：证券交易活动中，涉及公司的经营、财务或者对该公司证券的市场价格有重大影响的尚未公开的信息，为内幕信息。并指出了属于内幕信息的八条具体内容，将凡是涉及公司的股权结构、管理层、资产、经营环境及债权债务等事项的重大变化均归入内幕信息，都属于上市公司在未公开之前严格保密的范畴。由于管理层对上市公司的信息披露监管日益严格，主力和散户在公开信息的获取时机的时间正在不断缩短，这样散户利用公开信息的有效性正在大幅提高。

归纳一下，利用公开信息无非有以下组合：一般情况下股价在高位时，利好和利空可视为卖出机会；股价在大底部区域时，利好和利空可视为买进信号。

13. 如何采用"等候破浪的办法"购买股票

有位成功的股票投资家所惯于采取的基本态度，是坚持采取"等候波浪"的手法。

"等候波浪的办法"大家只要想象冲浪者的身姿，立刻就会明白了。

冲浪者为了使自己乘上更大的海浪，会一直飘游到很远的外海，将在海浪与海浪之间的凹处，等候下一次可能涨高的海浪来临。股票就是海浪，当股票受到买卖双方压力的撞击，会鼓起或消灭。对于未来将乘上涌起的海浪，必须在海浪之间的凹处等候。

将股市的成交额视为海浪的动态时，成交额将表示推动海浪作用的能量数值。倘若数值小，则海浪仍处在凹处；数值大，则海浪涌起巨大。因此，购买股票可根据以下简单的道理：

①数值小时，乘之，不但易乘，也不会有任何危险。

②数值大时，海浪大，不易乘上，而且，崩溃的危险就在眼前。因此，不乘才是正确的抉择。

可见股票投资的必胜方式只有一个——首先要决定的是何时购买，而不是将要购买何种股票。因此，切记趁股价下跌时买进，上涨时卖出，这就是做股票生意的要领。

14. 如何选次日将涨停或大涨的短线黑马

一般来说：次日会涨停或大涨的短线个股有下面几种情况：

（1）次日大盘大涨

此种情况将会有很多个股涨停或大涨，其中流通盘小于 5 000 万股（盘小，一般抛压就轻）、日 K 线组合较好（最好符合一些经典的上攻或欲涨图形）、5 日、10 日、30 日均线呈多头排列或准多头排列、技术指标呈强势的个股就非常容易涨停；此种情况，需要对大盘的大利好政策能及早知道，并选择符合利好政策，并符合上面所说的个股进入，这样的个股涨幅大、持续上涨的时间长。

（2）某个股突然有特大利好并为较多的市场人士知道

股价还未上涨反映，这样的个股次日在市场强烈的抢买下往往很快就涨停！对这样的个股必须消息灵通。

（3）有灵通消息知道某股次日庄家要拉涨停或大拉

以上三种均需要灵通消息。

（4）符合下面条件的个股，次日容易涨停或大涨

这是一种从纯技术角度寻找次日将涨停或大涨的短线黑马的方法。

①流通盘小于 3 000 万股、股价低，即流通市值要小，但首先流通盘要小，其次才是股价要低。

流通市值小、流通盘小，抛压就轻，庄家易拉升，易抵挡大盘的不利，如：一个流通市值 1 ~ 5 亿元的个股，碰到大盘不好时，只要庄家手中有几亿元资金，若市场狂抛，最多就全吃掉；若是一个流通市值十几亿或几十亿元的个股，碰到大盘不好时，庄家往往只好让它跌，一般不敢接，若接进，万一市场狂抛，哪里有那么多钱去继续接？一般来说，庄家手中几亿元资金是有的，但十几亿或几十亿元则很难。

②日 K 线组合较好。

③5 日、10 日、30 日均线呈多头排列或准多头排列。

④技术指标呈强势，特别是日 MACD 即将出红柱，且 5 分钟、15 分钟、30 分钟 MACD 至少有两个即将或已出一两根红柱（此条件非常关键）。

　　一般来说：要选出好股，特别是选出次日将涨停或大涨的短线黑马是非常难的！但有一些诀窍：平时注意广泛、深入地收集个股的消息，对有消息的个股再进行深入、细致的调研（对公司出现的可能是重大的利好要想办法、及时地向有关部门了解，询问时要特别注意问话的技巧！讲话首先要有礼貌！否则，你可能问不到任何东西），再对有真实消息的个股中，再选出符合（4）中的①、②、③、④的个股来！经过这样挑选出来的个股，往往成为短线黑马，次日往往涨停或大涨！

第3章 职业操盘手如何根据 图表来定买卖点

1. 线形图

线形图是一种在分析股价的各种图形中最简单明了而用途广泛的股价走势图。

线形图的横轴表示交易的时间，纵轴分为上下两部分。上半部分表示股票的成交价格，下半部分表示股票的成交量，见图3-1。

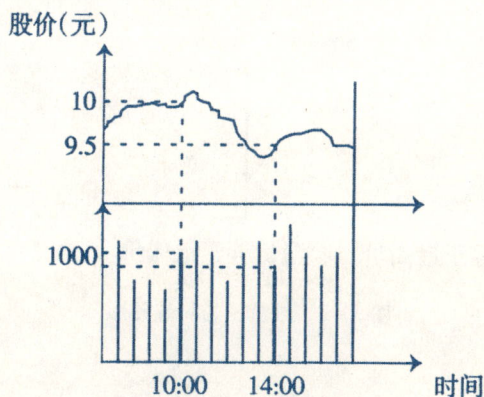

图3-1 线形图示意图

从图中可以看出，10点时的股票成交价为每股10元，共成交1 000股；14点时的股票成交价为每股9.5元，共成交900股。

2. 柱状图

柱状图又称棒形图或条形图。其横坐标表示时间，纵坐标表示股价。如果某股票 8 月 1 日的最高价是 25 元，最低价是 20 元，则将 8 月 1 日这两种股价在坐标系上的相应点连结起来，就成了一条垂直的线段。如果该股的收盘价为 22 元，则我们在坐标系相应点上（必在最高价、最低价所连成的线段上）向右划一短线，这样就形成了表示该股 8 月 1 日最高价、最低价和收盘价的一条柱状线，见图 3 − 2。

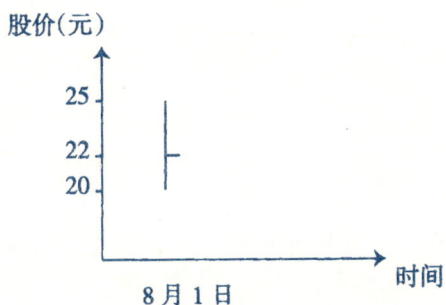

图 3 − 2　柱状图示意图

根据收盘价与最高价、最低价的关系，柱状图有如图 3 − 3 所示的三个特殊图形。

收盘价等于最高价　　收盘价等于最低价　　股价一直不变

图 3 − 3　柱状图的特殊图形

3. 点数图

点数图又称 OX 图。它以符号"O"表示股价的下跌，以符号"X"表示股价的上涨。

点数图是没有时间坐标的，它用方格记录股价的变化，每一栏代表一个趋势，只有当趋势反转时，再另画一栏。

在绘制点数图时，要先分析股价升跌的大致幅度，然后再确定基本的升降单位。当股价上升超过一个基本单位时就用"X"表示,当股价下降超过一个基本单位时就用"O"表示。基本升降单位的尾数可以忽略不计。当股价由下跌变成上涨或由上涨变成下跌时,必须在另一栏画上不同的符号。见图3-4。

12										
11					X					
10					X		X			
9					X	O	X	O	X	
8	X				X	O	X	O	9	O
7	X	O	X		X	O	X	O	X	O
6	X	O	X	O		O	X	O	X	
5		8	X	O		O	X	O	X	
4		O		O		O			X	
3		O							X	
2									X	
1									X	

图3-4 点数图示意图

该图方格中的数字表示月份,左边的数字表示股票的单位价格。

4. K 线图

K线图是股市中经常使用的一种图。画K线图时需要四个数据——开盘价、最高价、最低价和收盘价。它用一小短横线表示开盘价和收盘价,用两条竖线分别将左端和右端联结起来形成一个矩形实体,当开盘价低于收盘价时,实体部分以空白表示,我们称之为阳线。当开盘价高于收盘价时,实体部分以黑线表示,我们称之为阴线。在阳线中,当最高价与收盘价不同时,最高价与收盘价之间的连线称为上影线;当最低价与开盘价不同时,最低价与开盘价之间的连线称为下影线。在阴线中,当最高价与开盘价不同时,最高价与开盘价之间的连线称为上影线;当最低价与收盘价不同时,最低价与收盘价之间的连线称为下影线。见图3-5。

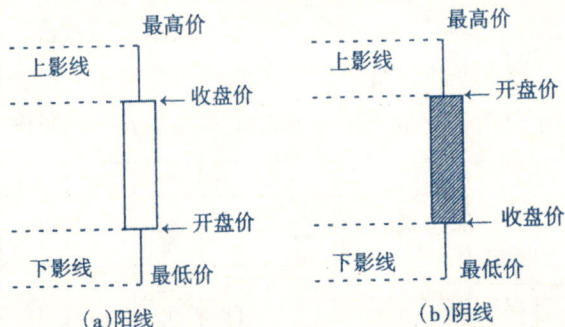

（a）阳线 （b）阴线

图 3 - 5 　阳线 K 线图和阴线 K 线图

K 线图按时间划分可分为：日线图、周线图、月线图。

日线图用当天的最高价、当天的最低价、当天的开盘价和当天的收盘价四个数据来画 K 线图。周线图用 1 周内的最高价、最低价、该周第一个交易日的开盘价和最后一个交易日的收盘价四个数据来画 K 线图。月线图则用 1 个月内的最高价、最低价、该月第一个交易日的开盘价和最后一个交易日的收盘价四个数据来画 K 线图。

5. 红三兵与黑三兵

（1）红三兵

红三兵是反映股价将出现上升可能的一种 K 线组合，它由三根连续创新高的小阳线组成，其基本图形及变化图形见图 3 - 6。图 3 - 7 是某股票出现红三兵后的 K 线图。

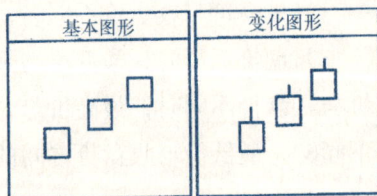

图 3 - 6 　红三兵

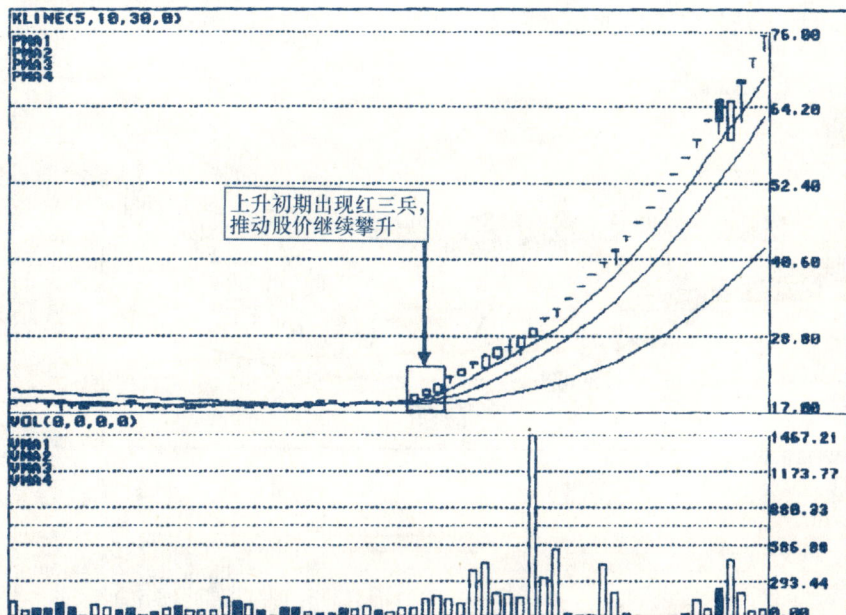

图 3 - 7　某股票 K 线图出现红三兵

说明：

①股价见底开始回升，或在横盘后出现红三兵，表明多方正在积蓄能量，准备发力上攻。

②红三兵出现后，股价上升时，成交量能同步放大，则升势更为可靠。

③投资者见此 K 线组合可以分批建仓。

（2）黑三兵

黑三兵的基本形态和变化图形见图 3 - 8。

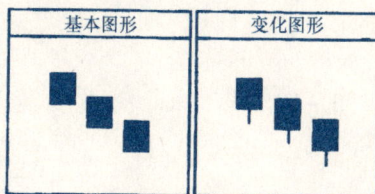

图 3 - 8　黑三兵

黑三兵是由三根小阴线组成，且最低一根比第一根低，既可在上涨趋势中出现，也可在下跌趋势中出现（见图 3 - 9）。

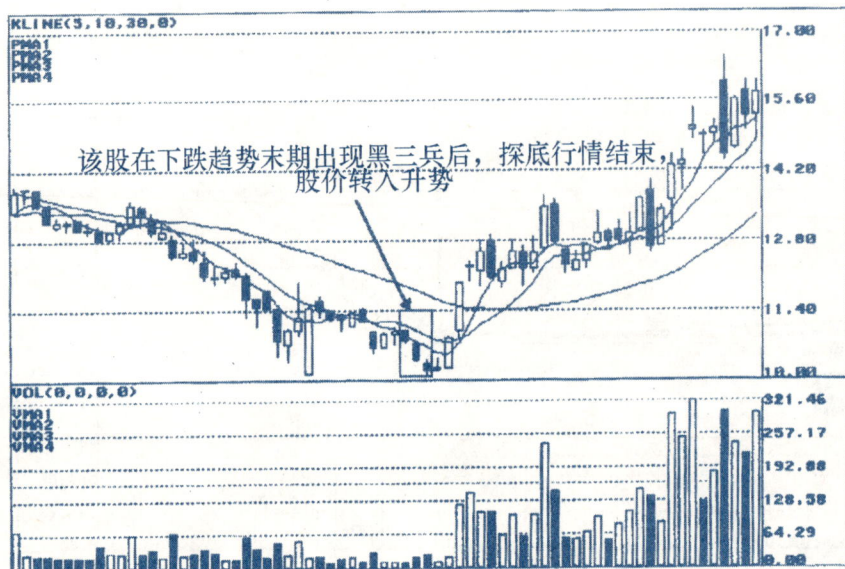

图 3 - 9　某股票 K 线图出现黑三兵

说明：

①它出现在股价有了较大升幅之后，行情发生反转的可能性很大；如果它出现在股价已有一段较大跌幅或连续急跌之后，则暗示着探底行情短期内即将结束，并有可能转为一轮升势。

②个股要分批减仓，并随时准备全部抛空。

6. 锤子线与吊颈线

（1）锤子线

锤子线的基本形态见图 3 - 10。

图 3 - 10　锤子线

锤子线出现在连续下跌或超卖下，代表行情即将转为多头，是买进信号。见图 3 - 11。

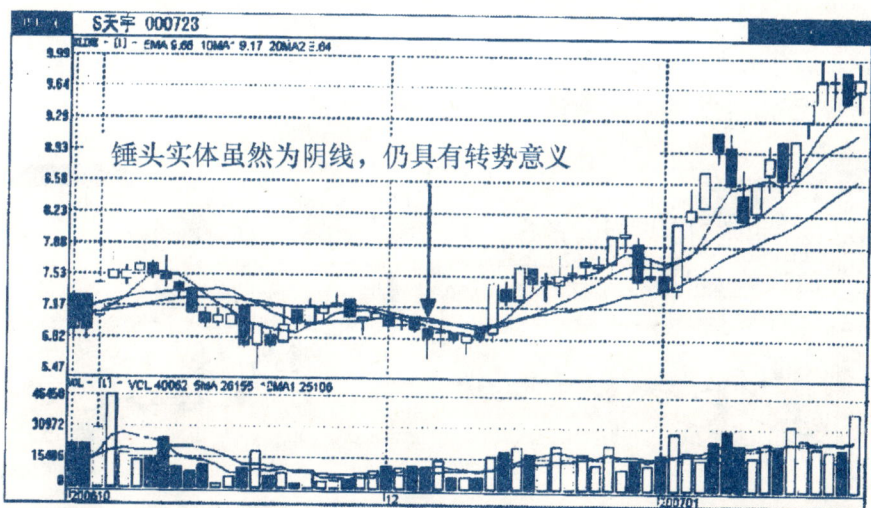

图 3 - 11　某股票 K 线图出现锤子线

说明：

①锤子线为买进信号。

②股价的趋势向下，时间越长，跌势越久，则行情容易确认反转。

③下影线很长，通常为实体的 3 倍，上影线很短或应该不存在。

④锤子线所发动的攻势可能遭遇反压，拉回再重新测试锤子的低点不破，底部更坚实，涨势更稳。

⑤次日，若跳空向上收盘长红，形成岛状反转，涨势更确立。

（2）吊颈线

吊颈线的基本形态见图 3 - 12。

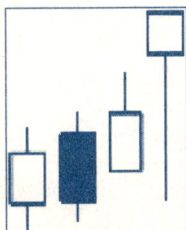

图 3 - 12　吊颈线

高档震荡出货的形态。好像具有上升能力，以为会强势上涨，实为有气无力，有形无势，就此买进就要套牢。见图 3 - 13。

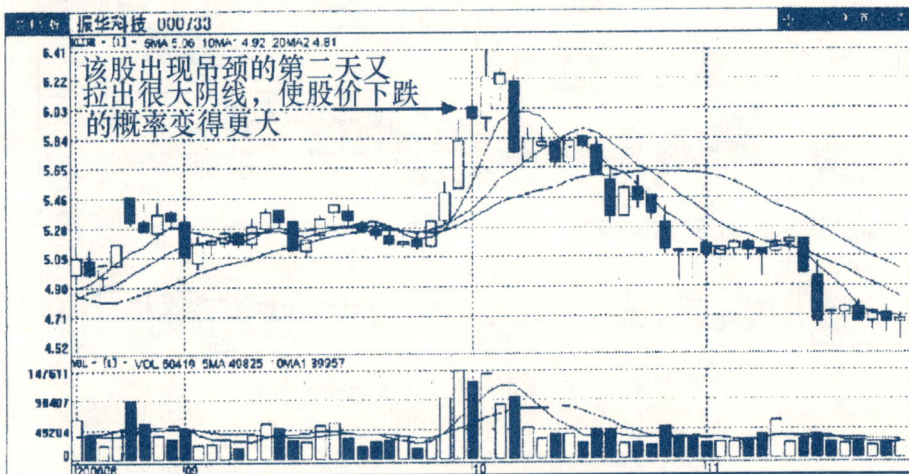

图 3 - 13　某股票 K 线图出现吊颈线

说明：

①吊颈线为上升趋势中出现头部的反转信号，为卖出信号。

②实体的部分很小，在价格的上端。

③下影线很长，为实体部分的 2~3 倍以上。

④隔天收盘价低于吊颈线的下方，则可确认空头反转走势。

⑤形成岛状头部反转。

⑥整个上升趋势被破坏，并产生快速下跌。

7. 塔形底

塔形底的基本形态见图 3－14。

塔形底是一种表示股价见底回升信号的 K 线组合，一般出现在股价下跌趋势中。

（1）在下跌行情中，股价先拉出一根长阴线，然后跌势开始减缓，随之又出现一系列的小阳线或小阴线，随着跌势一步步地减慢，最后窜出一根长阳线，阳线的收盘价超过或接近前面的大阴线的最高价。

（2）如果在股价下跌后期遇到塔形底出现，可抓住这样的好机会，适量跟进做多。

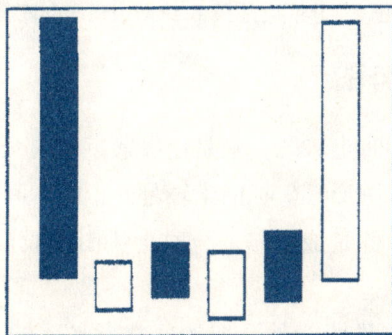

图 3－14　塔形底

说明：

①塔形底若出现在底部，代表趋势将被扭转，虽然后市不明，但空头宜暂且观望。

②在下跌趋势中，因深跌加上消息面的大利多，空头回补，形成利多长红，容易形成底部反弹或是 V 形反转。

③在空头的末跌段，可视为底部第一支脚，不可躁进，以免形成一日行情的骗线，可待隔日再进。

④隔日，若收盘价未能创新高，则代表攻击力度减弱（见图 3－15）。

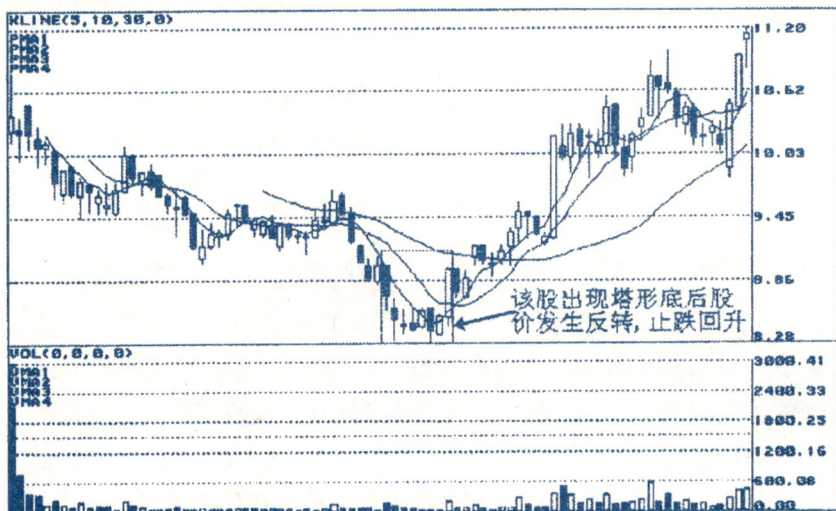

图 3 - 15　某股票 K 线图出现塔形底

8. 指数分时走势图

　　分时走势图也叫做即时走势图，它是把股票市场的交易信息实时地用曲线在坐标图上加以显示的技术图形。坐标的横轴是开市的时间，纵轴的上半部分是股价或指数，下半部分显示的是成交量。分时走势图是股市现场交易的即时资料。见图 3 - 16。

　　白色曲线表示上证交易所对外公布的通常意义下的大盘指数，也就是加权数。黄色曲线是不考虑上市股票发行数量的多少，将所有股票对上证指数的影响等同对待的不含加权数的大盘指数。

　　参考白色曲线和黄色曲线的相对位置关系，可以得到以下信息：

　　当指数上涨，黄色曲线在白色曲线走势之上时，表示发行数量少（盘小）的股票涨幅较大；而当黄色曲线在白色曲线走势之下，则表示发行数量多（盘大）的股票涨幅较大。

　　当指数下跌时，如果黄色曲线仍然在白色曲线之上，这表示小盘股的跌幅小于大盘股的跌幅；如果白色曲线反居黄色曲线之上，则说明小盘股的跌幅大于大盘股的跌幅。

　　红色、绿色的柱线反映当前大盘所有股票的买盘与卖盘的数量对比情况。红柱增长，表示买盘大于卖盘，指数将逐渐上涨；红柱缩短，表示卖盘大于买盘，指数将逐渐下跌。绿柱增长，指数下跌量增加；绿柱缩短，指数下跌量减小。

黄色柱线表示每分钟的成交量，单位为手（100 股/手）。

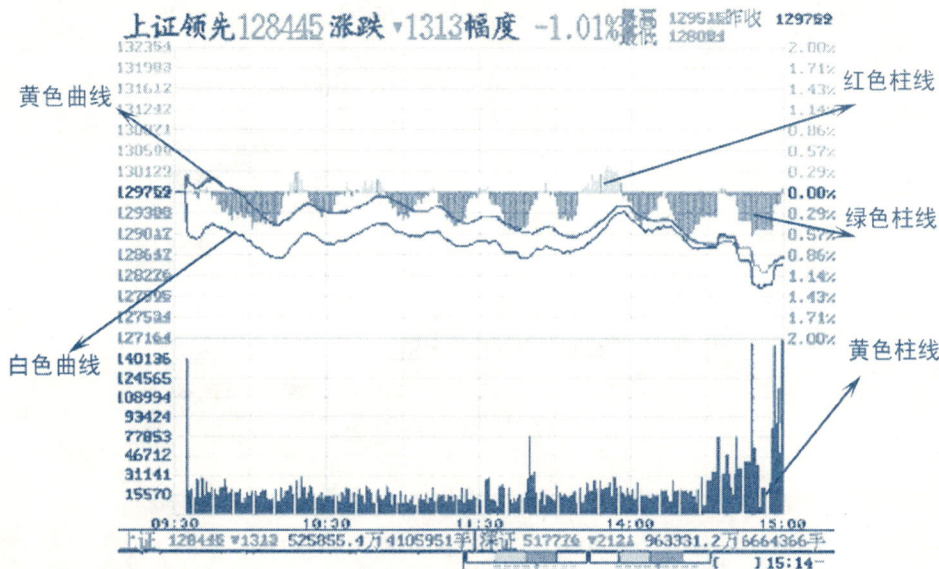

图 3－16　指数分时走势图

9. 个股分时走势图

在分时走势中，可以看到很多主力意图的表现，无论是多么娴熟的操作技巧，多么天衣无缝的事前策划。但是在看盘过程中，如果非常专注于分时走势，再加上自己先入为主的心理，很容易被一些细小的非主要因素误导。在思考和判断过程中，事实的真相就摆在我们面前，每一个人都是细心者，但如果将看盘的重点放在小的方面，就没有时间看清大方向，就洞察不到影响股价未来趋势的本质因素了。在股市里，一定要深入其中后适时和及时地站出来，粗中要有细，更重要的是还要细中要有粗，才不会模糊了大方向。下面为您介绍个股分时走势图的看法，见图 3－17。

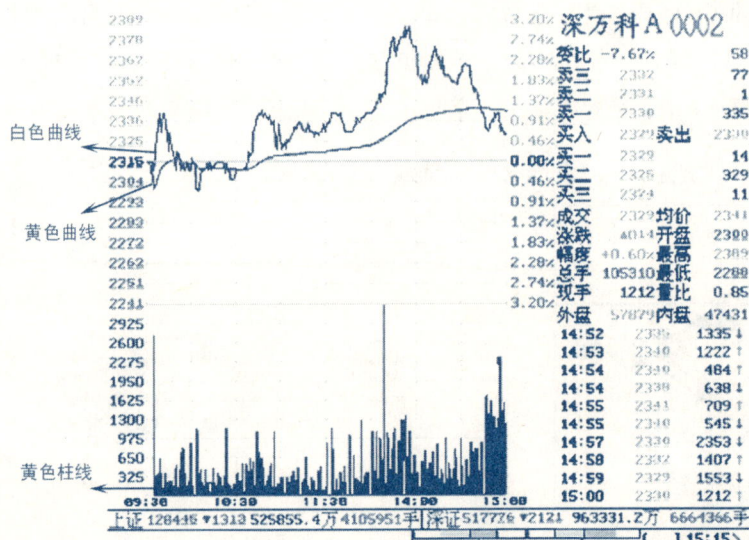

图 3 - 17　个股分时走势图

白色曲线表示该种股票的分时成交价格。黄色曲线表示该种股票的平均价格。黄色柱线表示每分钟的成交量，单位为手（100 股/手）。

分时走势图中经常出现的名词及含意：

（1）外盘：成交价是卖出价时成交的手数总和称为外盘。

（2）内盘：成交价是买入价时成交的手数总和称为内盘。当外盘累计数量比内盘累计数量大很多，而股价也在上涨时，表明很多人在抢盘买入股票。当内盘累计数量比外盘累计数量大很多，而股价下跌时，表示很多人在抛售股票。

（3）买一、买二、买三：为三种委托买入价格，其中买一为最高申买价格。

（4）卖一、卖二、卖三：为三种委托卖出价格，其中卖一为最低申卖价格。

（5）委买手数：是指买一、买二、买三所有委托买入手数相加的总和。

（6）委卖手数：是指卖一、卖二、卖三所有委托卖出手数相加的总和。

（7）委比：委买委卖手数之差与之和的比值。委比上边的数值为委买手数与委卖手数的差值。当委比为正值时，表示买方的力量比卖方强，股价上涨的几率大；当委比为负值的时候，表示卖方的力量比买方强，股价下跌的几率大。

（8）量比：当日总成交手数与近期平均成交手数的比值。如果量比数值大于1，表示这个时刻的成交总手量已经放大；若量比数值小于1，表示这个时刻成交总手量萎缩。

（9）现手：已经成交的最新一笔买卖的手数。在盘面的右下方为即时的每笔成交明细，红色向上的箭头表示以卖出价成交的每笔手数，绿色箭头表示以买入价成交的每笔手数。

第4章 职业操盘手如何看趋势图定买卖点

1. 早晨之星与黄昏之星

（1）早晨之星

早晨之星的基本形态和变化图形见图4－1。

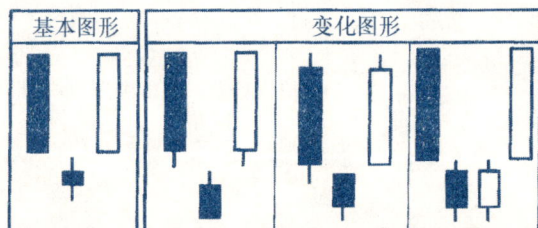

图4－1 早晨之星

早晨之星又称为"希望之星"，是一种股价见底回升信号，它由三根K线组合而成，见图4－2。

说明：

①出现在下跌过程中，先出现一根中阴线或大阴线，第二天出现了一根低开的小阳线或小阴线，随后市场行情转跌为升，第三天出现一根中阳线或大阳线。

②早晨之星出现在股价有了较大跌幅之后预示着跌势将尽，大盘或个股处于拉升的前夜，行情开始摆脱下跌的阴影，逐步走向光明。

③投资者见此信号，可考虑适量买进，另外要提醒大家，在实战中还应注意早晨之星的变化图形。

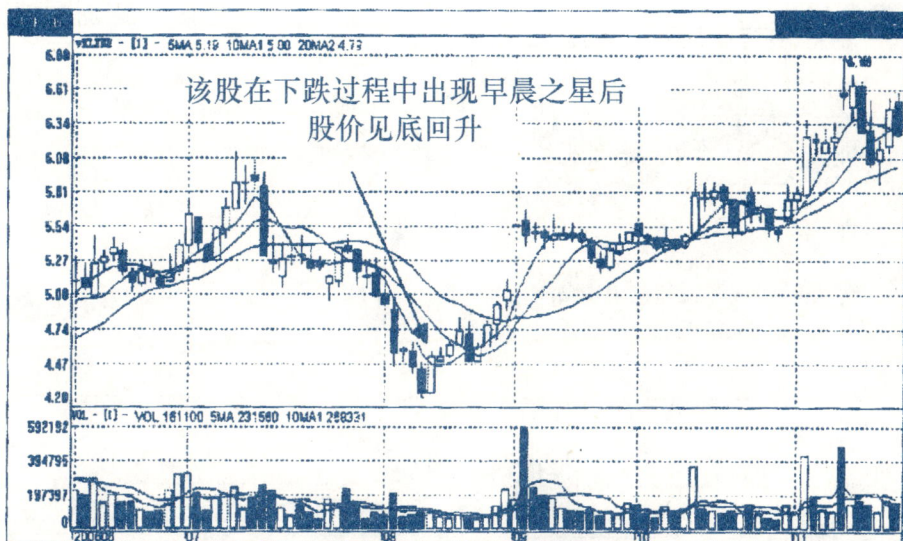

图 4-2 某股票 K 线图出现早晨之星

(2) 黄昏之星

黄昏之星的基本形态和变化图形见图 4-3。

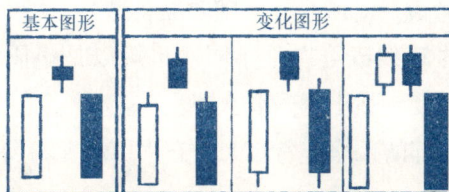

图 4-3 黄昏之星

黄昏之星是一种表示股价见顶回落的信号，它也有三根 K 线组合而成，见图
4-4。

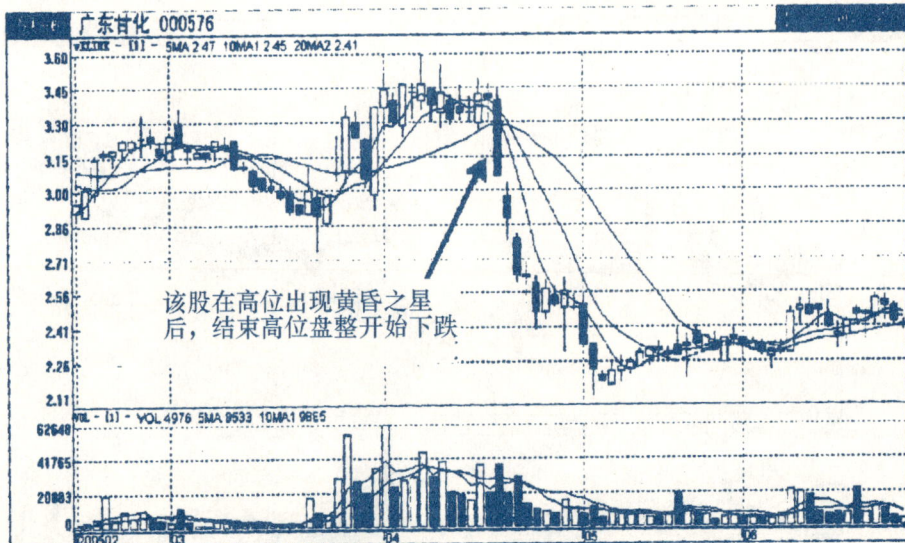

图 4-4　某股票 K 线图出现黄昏之星

说明：

①在股价有了较大涨幅后出现黄昏之星，后市下跌的概率极高，因此，投资者遇此 K 线组合，应考虑及时减仓，并随时准备抛空退场。

②黄昏之星中间的 K 线既可以是小阴线也可以是小阳线，二者市场意义相似，但小阴线的下跌力度要强于小阳线。

③黄昏之星充当顶部的几率非常之高，在牛市后期，要特别警惕这种反转信号。

2. 希望十字星

十字星的基本形态见图 4-5。

图 4-5　十字星

十字星就是当日的开盘价等于收盘价其线形就是十字，代表犹豫和不确定以

及趋势变化的一个重要信号。下面举例说明在高位出现十字星的操作方法，见图
4-6。

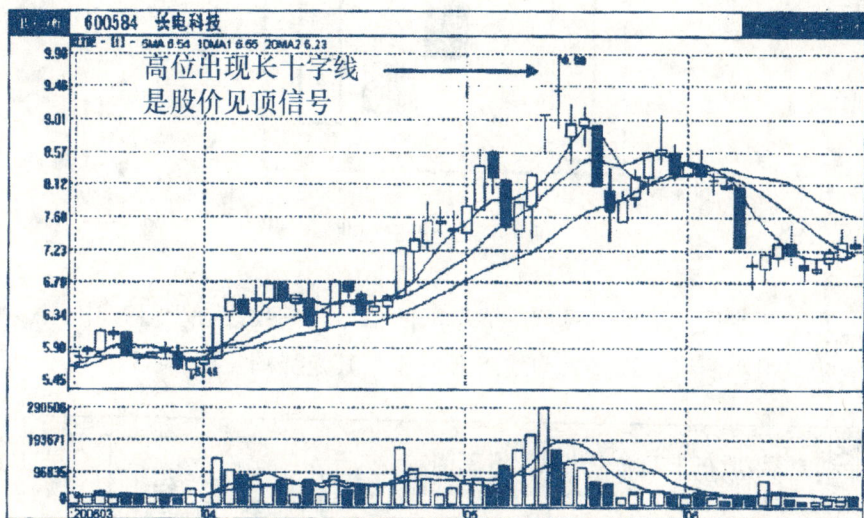

图4-6　某股票K线图出现十字星

说明：

①出现十字星是多空转折的前兆。

②在高价圈出现十字星就叫夜明星，在低价圈出现就叫启明星，代表形成头部和底部信号。

③属于一种变盘线。

④十字星应以整体趋势形态的关系来判断。

3. 上升三部曲与下跌三部曲

（1）上升三部曲

上升三部曲的基本形态见图4-7。

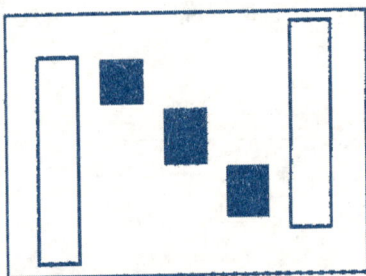

图4-7 上升三部曲

上升三部曲是一组反映股价持续上涨的信号，它出现在上升途中，由一根大阳线接三根小阴线，再接大阳线组合而成。其走势图见图4-8。

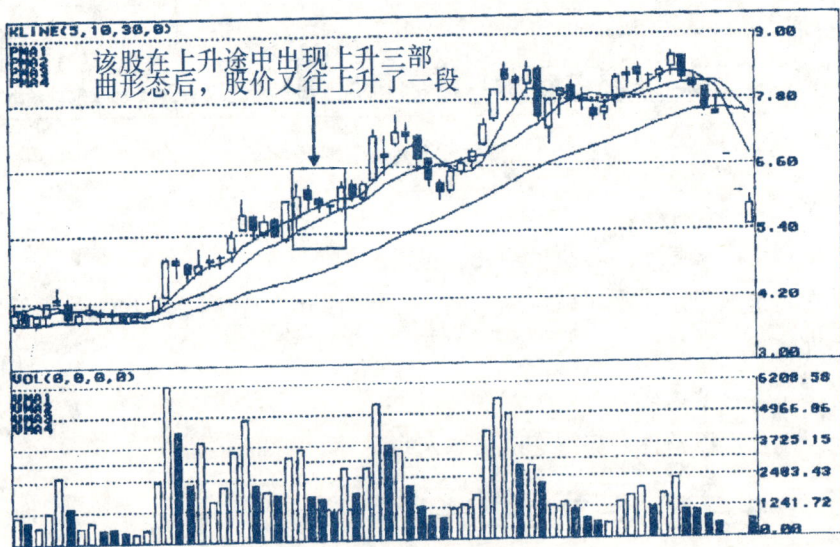

图4-8 股票走势图

说明：

①股价在上升途中，出现一条大阳线，随后连续出现三条下降的小阴线，但三条阴线的总跌幅未破前面大阳线价格范围，第四天，收出一条大阳线，拉回了前三天下调的价格。

②多方在上升途中，经过短暂的小憩，重新蓄积力量，继续上攻。

③上升三部曲是上升途中的一次买入良机，如果三条小阴线的总跌幅未超过前阳线的价格范围时，可在第四天上午开盘前集合竞价的时间内买入，将会买到较低的价格。

（2）下跌三部曲

下跌三部曲的基本形态见图4－9。

下跌三部曲是一种表示股价将继续下跌的信号，它出现在下跌趋势中，由五根大小不同的 K 线组成。其走势图见图4－10。

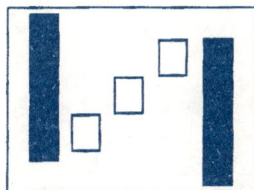

图4－9 下跌三部曲

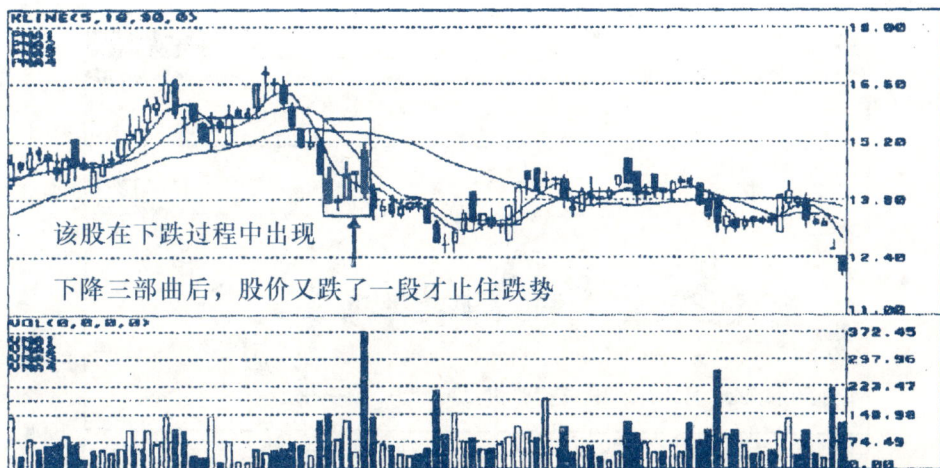

该股在下跌过程中出现

下降三部曲后，股价又跌了一段才止住跌势

图4－10 股票后继走势图

说明：

①下跌三部曲是继续下跌的信号，它是股价在下跌过程中，经过短暂的休整后，继续下跌的一种 K 线组合。

②投资者在下跌趋势中见到它出现时，首先应想到股价仍有下跌空间，千万不要轻易介入抢反弹。

4. 身怀六甲

身怀六甲的基本形态见图4－11。

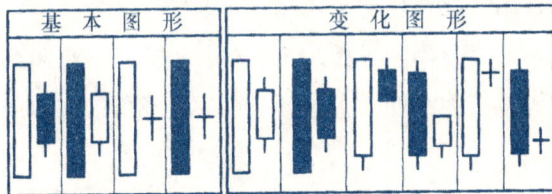

基本图形	变化图形

图4-11　流星线

身怀六甲在高位出现是见顶信号，股价有可能见顶回落；在下降途中出现，是续跌信号，股价还会继续下跌；若在低位出现，是见底信号，股价有可能见底回升；在上升途中出现，是续涨信号，股价仍会上升。图4-12表示见底回升的趋势。

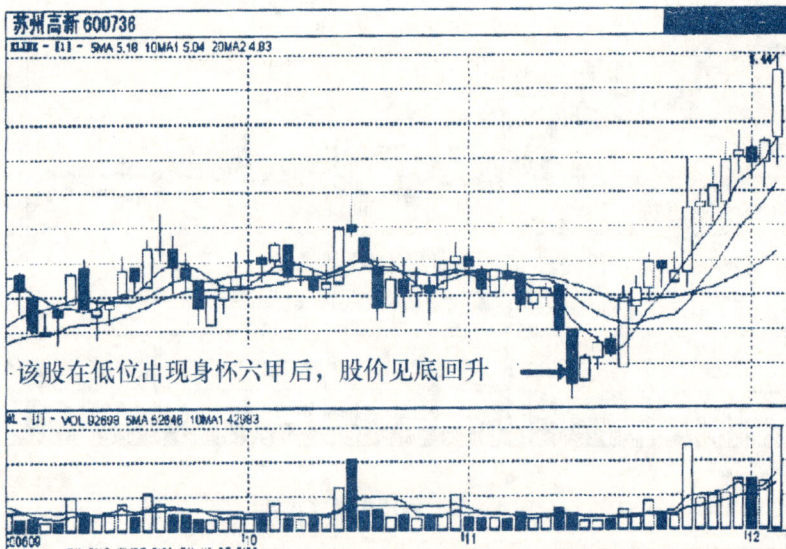

图4-12　某股票K线图出现流星线

说明：

①身怀六甲出现在股价下跌了较大幅度之后，因而具有见底意义。

②分析身怀六甲形态时应注意成交量的变化，在放量之后成交量突然大幅度萎缩，市场趋势改变的可能性甚大。

③投资者在出现见底信号时可适量介入做多。

5. 穿头破脚

穿头破脚的基本形态见图4－13。

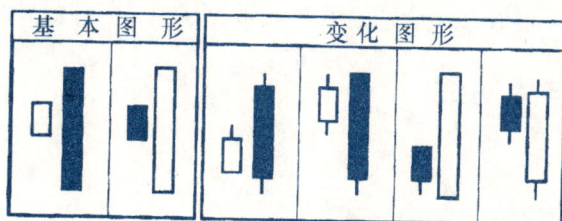

图4－13　穿头破脚

底部穿头破脚是股价止跌回升的信号；顶部穿头破脚是见顶回落信号。总之，穿头破脚是一种附加转势信号，即由原来的升势转为跌势，或由跌势转为升势。下面举例在股价高位出现穿透破脚的操作方法，见图4－14。

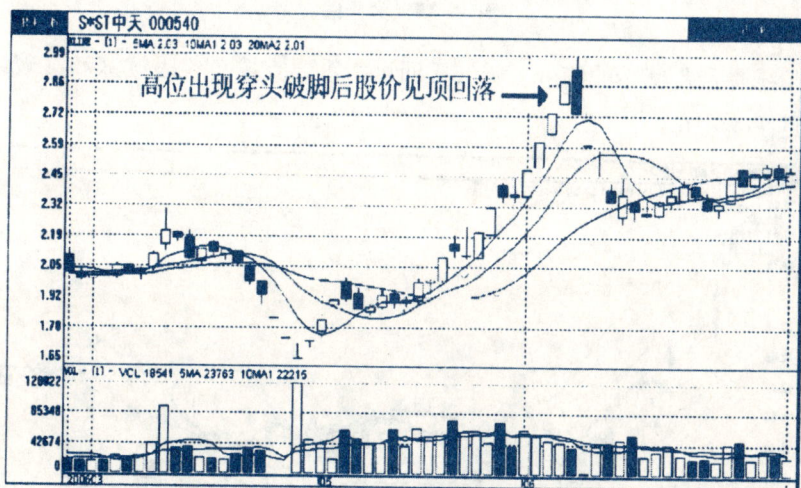

图4－14　某股票K线图出现穿头破脚

说明：

①穿头破脚分析股市大盘的可靠程度要高于个股。因为个股中出现这种形态不排除市场主力的刻意而为，并非市场逻辑的必然。

②形成穿头破脚形态必须在事先有明显的上升或下跌趋势。

③穿头破脚后一根 K 线的实体部分必须完全包容前一根 K 线的实体部分，而上下影线可以不考虑。

④穿头破脚后一根 K 线包含前面的 K 线数目越多，意味反转越强烈。

6. 大阳线与大阴线

（1）大阳线

大阳线的基本形态见图 4－15。

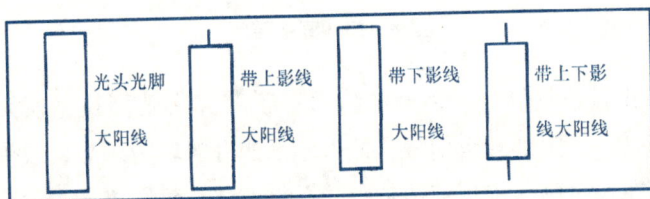

图 4－15　大阳线

大阳线是重要反转的信号。长红压回可为重要支撑，代表续涨和突破或轧空行情，见图 4－16。

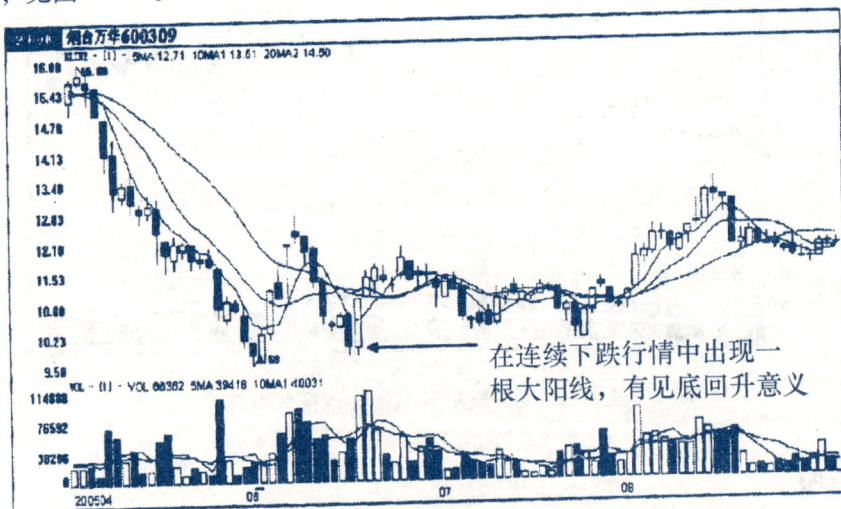

图 4－16　股票走势图

说明：

①大阳线的力度大小，与其实体长短成正比，即阳线实体越长则多方力量越强。

②图中的大阳线出现在股价有了很大跌幅之后，其见底回升的可能性很大。

③投资者可适量买入该股票。

（2）大阴线

大阴线的基本形态见图4－17。

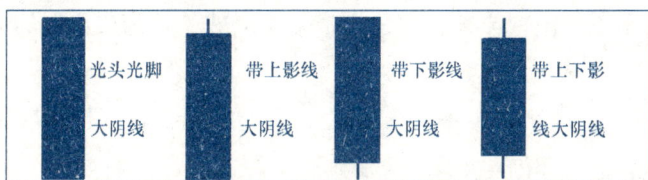

图4－17

大阴线是重要反转信号。长黑回升产生压力，代表行情结束或产生关键性扭转，见图4－18。

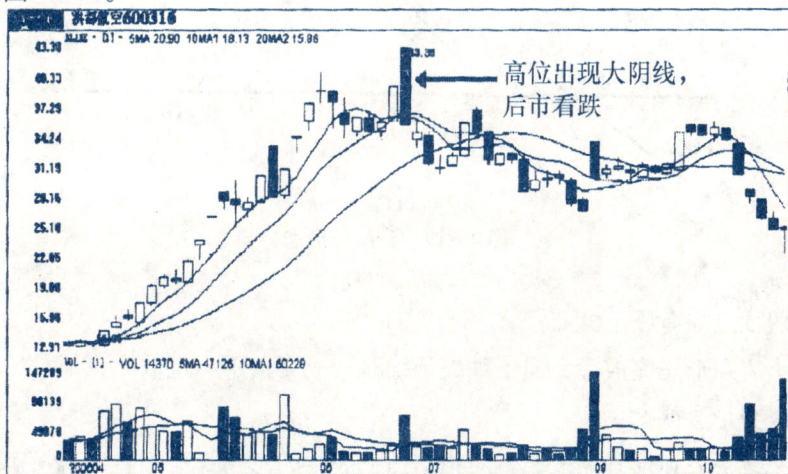

图4－18　股票走势图

说明：

①以长黑线确认上档反压。

107

②长黑跌破下档支撑，代表另一段跌势开始。

③往往在重要形态完成时的颈线或顶点产生，对行情有决定性的影响，扭转整个多空趋势。

④在恐慌下跌的赶底行情出现长黑容易形成空头陷阱，造成反弹或回升。

7. 头肩顶与头肩底

（1）头肩顶

股价呈现一个"山"字形，而成交量依次渐减，是构成肩形的标准特色见图4-19。

股价达到高峰以后，下一波受到阻力，未能续创新高点，而成交量也显然因投资人"居高思危"，依次减少，这是典型下跌的信号。特别是，若将两个低点（颈部）连成一条线（颈线），股价一旦向下跌破此线，而且反弹时无法穿越此线，代表此原为支撑之线已转变为阻力线，股价的跌势便可确认。

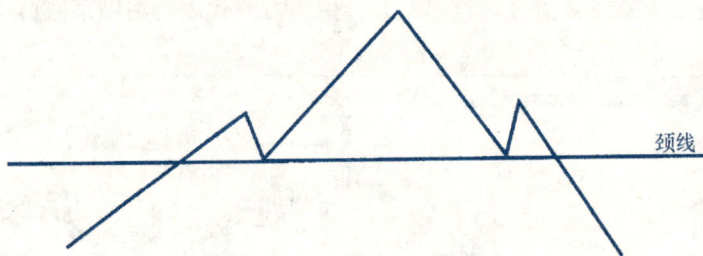

颈线

图 4-19　头肩顶形态

头肩顶主要有以下特点：

①头肩顶形态完成后，向下跌破颈线时，成交量不一定放大，但日后继续下跌时，成交量会放大。

②一旦头肩顶形态完成，就应相信图上表示的意义，而不管出现形态和不明真假消息或市场心理是否一致。

③若头肩顶形态确定，从图上头的顶端画一条垂直线到颈线，然后再从右肩完成后突破颈线的那一点开始向下量出同样的长度，则这段价格距离是股价将要下跌的最小程度。也就是说，至少股价要跌完所测量之差价方有再反转上升的可

能。

（2）头肩底

见图4-20，头肩底的形成主要是因为：

①股价经过长期下跌，成交量相对减少，接着出现反弹（初级上升），成交量与最后几天相比，没有显著增加，这是左肩。

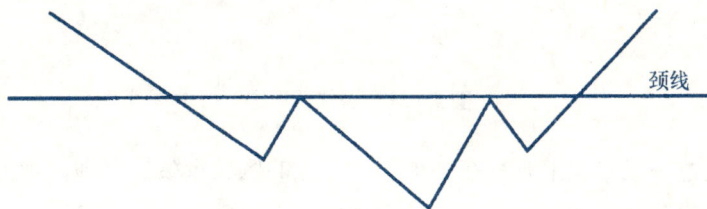

图4-20　头肩底形态

②另一个下跌，使得股价跌到比左肩还要低的地方，此时成交量和前面一个回升比起来有一点增加，但是通常比形成左肩下跌时的成交量还要少。接着发生的是超过左肩最低点的回升，而且成交量可能增加，但无论如何，它会比在左肩时的成交量要多，这是"头"。

③第三次下跌，成交很明显地小于左肩和头，当跌至头的最低价格水准以前即反弹上升，这是右肩。

④最后一个股价大幅的上升，穿过颈线，并且以距颈线为市价7%以上的价格收盘，而在穿过时的成交量特别多，这是"完成"或"突破"。

8. 潜伏顶与潜伏底

（1）潜伏顶

潜伏顶形态形成过程见图4-21。

图 4 – 21　潜伏顶形态

股价经过一段时间上升后在某个变动不大的区域极缓慢而细微地变动，随时间的延长几乎是一条水平的直线，之后突然向下突破，这即是潜伏顶。

理论意义要点：

①潜伏顶的成交量极少，突破时成交量放大。

②潜伏顶形态一般只有冷门股才出现。

（2）潜伏底

这种特殊的底部形态见图 4 – 22，只有在少数市场流通筹码不多的股票才会出现，但其常隐含日后大涨的信息，威力相当惊人，最值得投资人去寻找发掘。

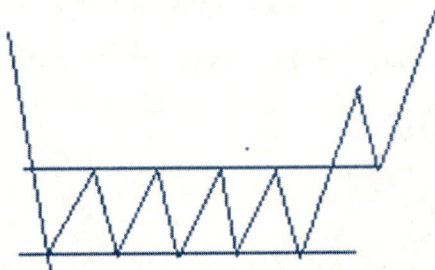

图 4 – 22　潜伏底形态

其特征是，即使在市场交易很热闹的时候，一天难得成交几千股，有时顶多成交一两笔，甚至不成交，在股价图上显现如水平线的"小斑点"。然而，这种潜伏盘底的状态，终有一天会出现一个突出的大成交量，而且引发股价大升，然后再慢慢小回几天，但接着而来的就是大涨行情的发动，正式展开拉升。

9. 对称三角形、直角三角形、反三角形

（1）对称三角形

对称三角形见图 4-23，是股价在盘整结束出现的主要形态之一，它是把盘整期间的某些高点（或低点）连线得到下斜顶线（或上倾底线），使股价只在下斜顶线之下和上倾底线之上构成的三角形内波动，并且下斜顶线和上倾底线的角度大约对称。但顶线和底线的长度不需要相等，又可称为锐角三角形。

对称三角形主要有以下特点：

①对称三角形也是经常出现的反转形态之一。不过在未突破之前我们无法知道股价究竟往哪个方向变动，必要时须衡量大势，参考其他股票在同时间的走势。

一般情况，对称三角形经常出现在中途整理形态，代表上升（或下跌）趋势暂停而准备下一步的大量同方向变动。若出现于原始趋势的反转，则底价反转的机会多于高价反转的机会。

②此形态大多出现于整理形态，反转形势之机会为 1/4。

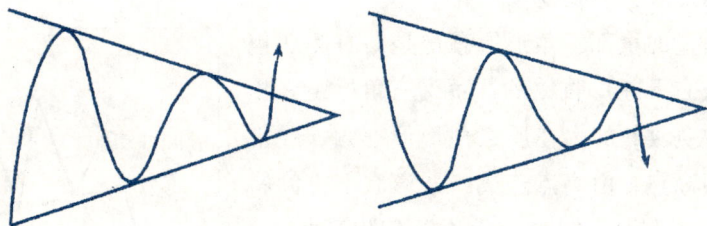

图 4-23　对称三角形形态

③股票图形出现反转对称三角形，多半为中级上升结束，次级下跌开始，借着盘局予以出货，然后再将行情打下去。

（2）直角三角形

形态如图4-24（1）所示称为上升三角形，形态如图4-24（2）所示称为下降三角形。上升三角形所显示的是上涨趋势，下降三角形代表的是下跌趋势。但上升的突破必须有大成交量配合，才能确认。否则往往可能是一种假突破，只在高价虚晃一下，即又退回整理，甚至反转而下。至于下跌的突破便不需显著的大成交量。其主要特征如下：

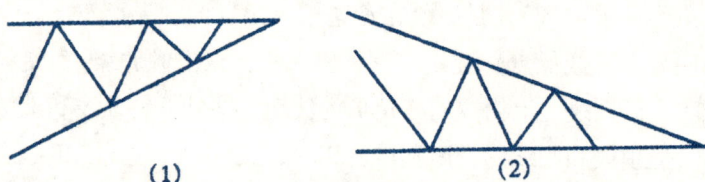

(1)   (2)

图4-24 直角三角形形态

①此形态是一条水平线与另一条斜线相交所形成的三角形；若顶线水平，表示各次级波动的高点均在某一价位附近，而底线从左向右上倾，表示次级波动的低点价位均较上次低点价位高，这是上升直角三角形。

②若顶线由左向右下斜，表示次级波动的高点价位均较上次高点价位低，底线水平，表示各次级波动的低点均停在某一价位附近，这是下降直角三角形。

（3）反三角形（喇叭形）

反三角形形态形成过程见图4-25。

前面讲过的全部三角形形态都是向右侧（包括右上方或右下方）收敛的，而反三角形正好相反，是向左侧收敛的。在反三角形形态内，股价不断创出新高点，由高点连成一条向右上方倾斜的直线，形成上边，同时股价不断创出新低点，由低点连成一条向右下方倾斜的直线，形成下边，上下边构成一个向右方发散的喇叭形，即反三角形形态。

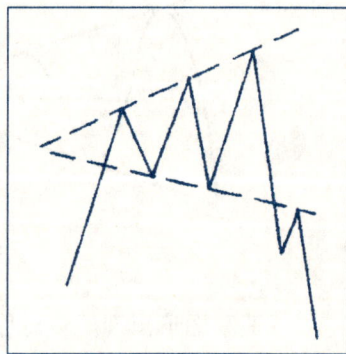

图4-25 反三角形形态

反三角形主要特点：

①反三角形是一种重要反转形态。可以出现在大、中、小行情的局部高点，

形成短期或长期顶部，图形大小决定其作用大小。

②反三角形一般伴随着市场情绪表示交易极度活跃且其形态较难辨认。

③投资者应以股价向下突破反三角形的下边时为最后出货时机。应避免过早行动，以防形态有变造成损失。

1993 年 4 ~ 5 月，上证指数日线图上出现了一个较难辨认的反三角形态。当时市场气氛仍然火暴，多数人认为能冲过 1 558 点，再创新高，可惜仅至 1 390 点附近即转头向下，之后在 1 140 点附近整理，这时形态已经形成，如能及时发现、及时出货则不仅能避免长期套牢之苦，手中握有资金就握有主动权。

10. 矩形

在股价变动图中，其价格涨跌的范围，被上下两条近似平行的趋势线所包围，该两条上下界限所构成的图形，称为"矩形"，见图 4 - 26。

矩形形成的原因及突破：

两个实力相当的多空集团（有时仅为投资大众的自然组合），多头希望在一定的价格附近买进坚守，而空头亦希望在某一特定的价格附近卖出做空，此种来来往往的争斗，使得股价在某一特定范围之内起伏。

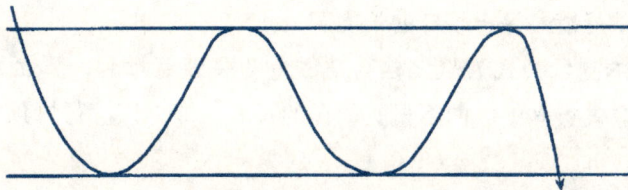

图 4 - 26　矩形形态

多空双方的争斗，最后一方因情势改变，而决定退却或失败之时，另一方即能乘胜追击，此即为行情的突破。

其特征及注意点如下：

（1）它出现于整理形态的情况要比反转形态时多，和对称三角形一样，其成交量大多会逐渐减少。

（2）突破时，亦与其他形态一样，需超过顶线或底线 7% 的幅度收盘，始能称为正式突破。

（3）矩形往上突破时，成交量需要配合增加，否则我们可以"假突破"视之，至于往下突破时则无此限制。

11. 旗形

股价变动小而紧密地靠近着，产生好像平行四边形一样的变动，从它的形状上看来，就好像一面迎着风在飘扬的旗帜，因此我们称它为旗形，见图4-27。

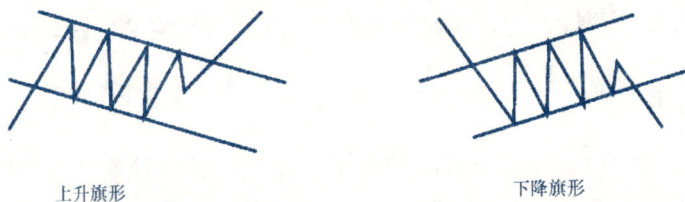

上升旗形　　　　　　　　　　下降旗形

图4-27　旗形形态

旗形特征及注意事项：

（1）旗形为比较常见的整理形态，多半在行情急速上升或下降之后发生。

（2）原先急速上升或下跌的幅度称为旗杆，通常在一个旗形完成以后，其所继续上升或下跌行情，等于旗杆的长度。

（3）旗形的测量公式为从该档行情的最初突破点量起，算至旗形高点的距离，再从旗形突破点向上或向下量其同样的长度，即为该段行情预测能力的最小涨跌幅。

（4）股价呈上升趋势时，旗状为下斜的，反之则上倾。

12. 尖旗形整理

尖旗形是由两种收敛的直线组成，其形状像一面细长的三角形。在股价上涨的尖旗形盘局中，其旗帜是下倾的，见图4-28，在股价下跌的尖旗形盘局中，其旗帜是上扬的。

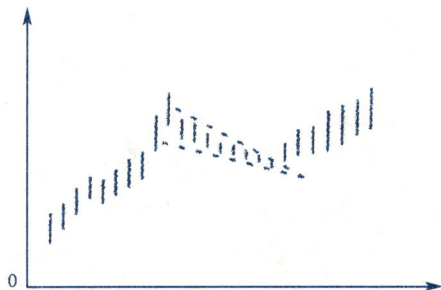

图 4 – 28　尖旗形形态

图 4 – 28 中的尖旗形表示：股价在整理期间的变化幅度日益缩小，这表示由于买卖双方犹豫而使成交量大幅度降低，但当股价突破界限后，成交量又会重新大幅度增加。

13. 扇形整理

扇形整理形态是连接圆形的上升和下降趋势而产生的，它可分为上升的扇形和下降的扇形两种，见图 4 – 29。

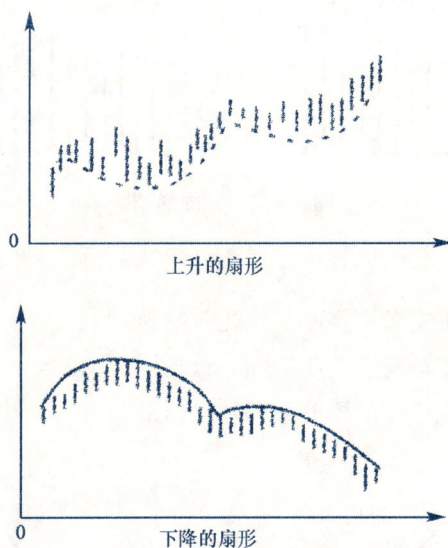

上升的扇形

下降的扇形

图 4 – 29　扇形整理形态

在上升的扇形中，当股价在每个圆形底部下跌时，交易量也降低。随着股价在每个圆形后期的上升，其交易量也随之上升。圆形中的股价上升价位通常要比原先开始下跌的价位高，成交量也会多。新的圆形的底价要比前一个圆形的底价要高。新的圆形的顶价也要比前一个圆形的顶价要高。于是股价在各个圆形的连接中，逐个往上递增，形成上涨的走势。

下降扇形是由两个或两个以上的圆形顶连接而成。其股价的总体趋势是下跌的。

14. 圆形

若一支股票其市场的筹码流通量很大，且经常都有大量成交，当该股在经过一段颇长的下跌之后，在到达谷底时，会以大的成交量而反转上升，若其反转上升的形态为一个圆弧形底部，那么当此形态完成后，常借假突破而拉回，反转下挫，这种股价所形成的趋势，好像一个圆弧，因此我们称其为"圆形"，见图4－30。

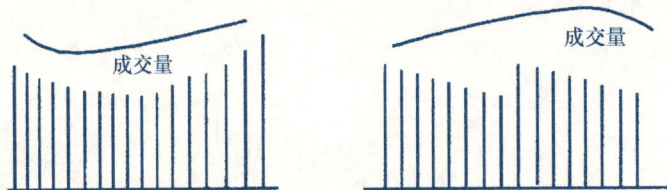

图4－30　圆形形态

其特征是：

（1）圆形底部之成交量不规则，且耗时颇长。

（2）其成交量的变动与股价趋势图大致相同。

（3）通常会先出现缓慢的剧升或剧降之情形。

15. 菱形

股价趋势的图形，我们可以在它的左右四边各画上一条趋势线，其形态犹如钻石形状，这就所谓的"菱形"，见图4－31。

其特点是：

（1）它好像复合形态的头肩形和许多双重头肩形态一样，亦可以在其左右四边，各画上一条趋势线，而视为菱形的形态。

（2）通常出现在即将产生下跌趋势的顶部附近，所以当确定此形态一出现时，便可考虑卖出。

（3）其构成要件为其右面两条趋势线，呈显著的收敛现象，成交量亦应逐渐减少。

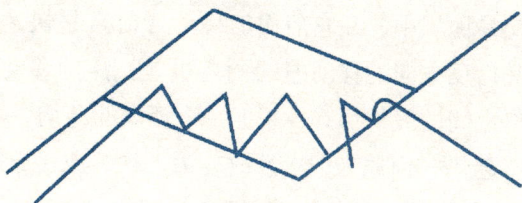

图 4 – 31　菱形形态

16. 楔形反转

楔形反转包括上升的楔形和下降的楔形，见图 4 – 32。

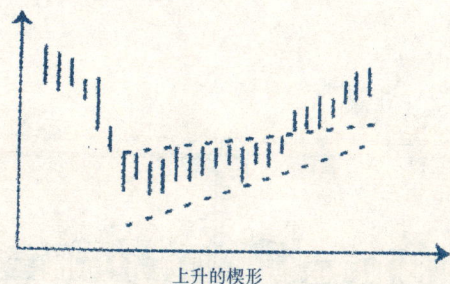

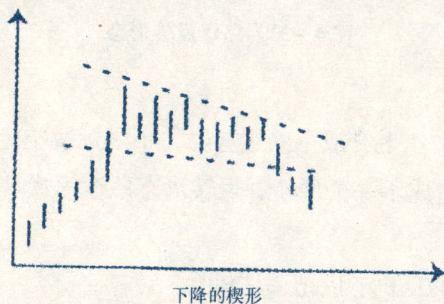

上升的楔形

下降的楔形

图 4 – 32　楔形反转形态

上升楔形的价格界限是两条上升的直线。其顶价连线的斜率小于底价连线的斜率，在楔形范围内，买卖双方价位呈现拉锯式的变化，一旦股价突破楔形的顶价连线，并伴随有较大的成交量，股价就会出现反转的局面。

下降楔形的形态形成与上升楔形类似。

17. 岛状反转

在一个密集的交易区域中，在它前面的移动（时常是快速的移动），经常形成一个衰竭缺口，其后反方向的移动中（同样也是快速的移动），亦形成一个突破缺口，该两个缺口之间的股价形态，正如一个孤悬的岛屿一般，此种形态时常改变股价移动的原有趋势（由原来的上涨改变为下跌，或由原来的下跌改变为上涨趋势），此种现象我们称之为"岛状反转"，见图4-33。

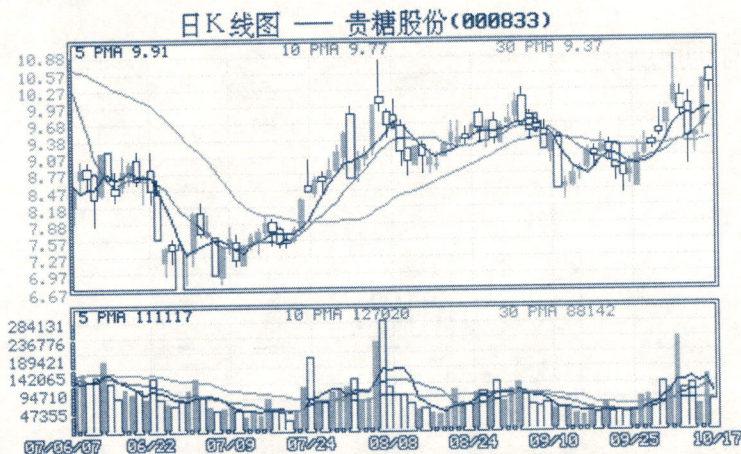

图4-33　岛状反转形态

岛状反转的特点是：

（1）当股价进入加速上升或下跌走势时，不断地跳空上升或下降，常伴随着一个衰竭缺口，之后造成了一个反转，反转形态急速完成，其反转的走势也是急剧的。

（2）为短期获利的良机，应把握住机会。

（3）除了短线交易之外，在岛状反转的阶段均很难获利，因此对于一般的新手来说，若不善于短线，最好还是退出观望为佳。

118

（4）其形态多隐藏于头肩顶及三角形、矩形等形态之中。

18. 双顶与双底

（1）双顶形态分析

双顶（Double Top）俗称 M 头图形，见图 4－34。双顶在图形中是一个主要的转势信号。当价格在某时段内连续两次上升至相约高度时而形成的价位走势图形。双顶的形态像两座山头相连，出现在价位的顶部，反映后市偏淡。当价格自第一顶回落后，成交量通常都会萎缩。再者，若价格跌破先前的支持线（颈线），便会较急速的滑落，支持线因此改变为阻力线。

根据图示，由 A 点到 B 点是一个上升趋势。当遇到阻力位时，市况随即回落。在低位停留 3 个多月后，市况再次上升到另一个高位 C 点。但后市迅速下滑而形成双顶图形。由此可见，趋势确实已经逆转，如果价格跌破 A 点价位则发出一个穿破支持位的信号。

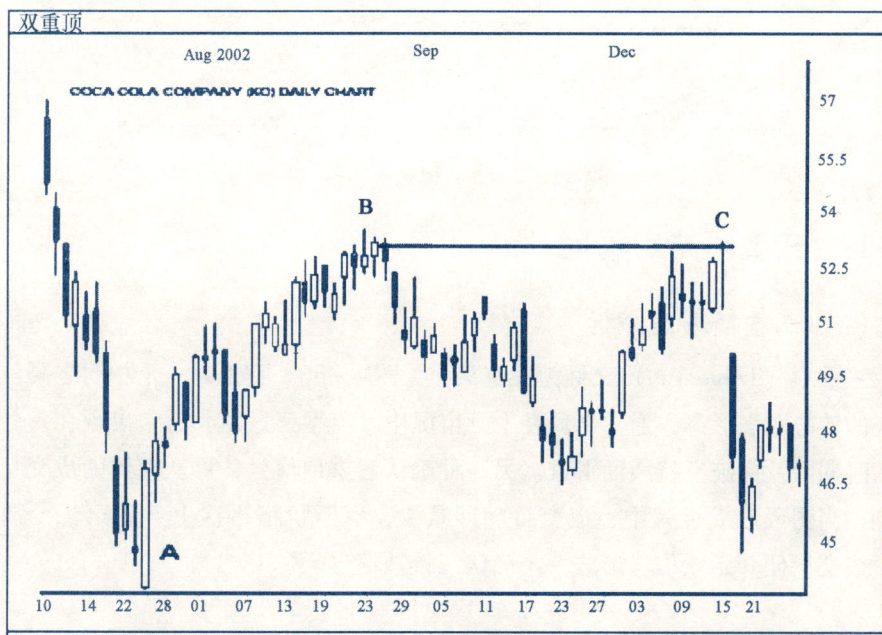

图 4－34　双顶形态分析

（2） 双底形态分析

双底（Double Bottoms）俗称 W 底。它是当价格在某时段内连续两次下跌至相约低点时而形成的走势图形，见图 4 – 35。当出现双重底时，通常是反映在向下移动的市况由熊市转为牛市。一旦形成双重底图形，必须注意图形是否肯定穿破阻力线，若穿破阻力线，示意有强烈的需求。成交量通常因回调而大幅增加。双重底亦可利用技术分析指标中的资金流向指数及成交量平衡指数（OBV）作分析买卖强势之用。若价格穿破阻力线，阻力线因此而变为支持线。

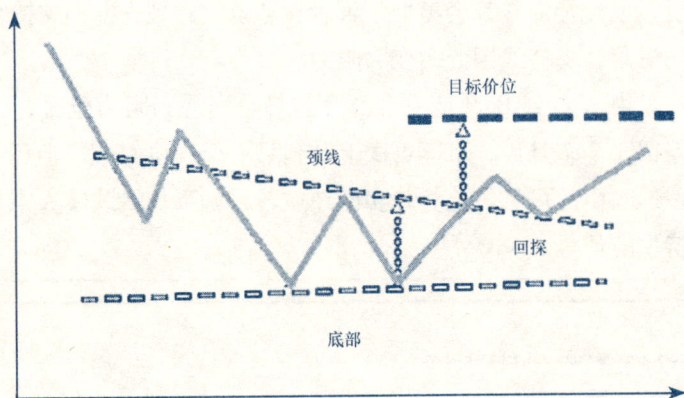

图 4 – 35 双底形态分析

19. 三重顶与三重底

（1） 三重顶形态分析

三重顶（Triple Top）又称为三尊头，见图 4 – 36。它是以三个相约之高位而形成的转势图表形态，通常出现在上升市况中。典型三重顶，通常出现在一个较短的时期内及穿破支持线而形成。另一种确认三重顶信号，可从整体的成交量中找到。当图形形成过程中，成交量随即减少，直至价格再次上升到第三个高位时，成交量便开始增加，形成一个确认三重顶信号。

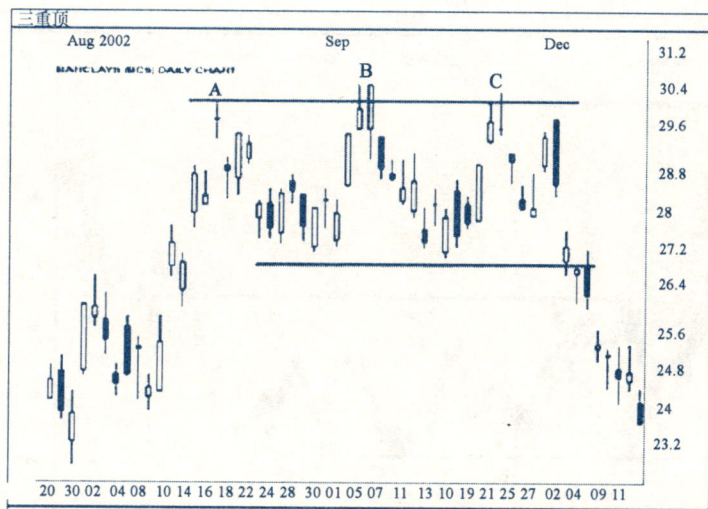

图 4-36　三重顶形态分析

最低点的形成，投资者通常以它作为主要支持线，当价格出现双顶后回落至接近颈线（支持位），然后再次反弹至原先双顶的位置，并遭遇阻力后回落。若价格跌破颈线，便会大幅滑落，三重顶图形已被确认。

图 4-36 所显示，当价格上升到 A 点，交易徘徊在这区域约一个多月后，仍未成功穿破 B 点与 C 点之阻力位。价格开始回落，而且跌破三重顶图形的支持位。

（2）三重底形态分析

三重底（Triple Bottom）是三重顶形态的倒影，在跌市中以三点相约之低点而形成，如图 4-37 示。在价格向上摆动时，发出重大转向信号。与三重顶相比，三重底图形通常拖延数月时间及穿破阻力线才被确认为三重底图形。另一种确认三重底信号，可从成交量中找到。反映在图形过程中，成交量会减少，直至价格再次上升到第三个低位时，成交量便开始增加，形成一个确认三重底信号。

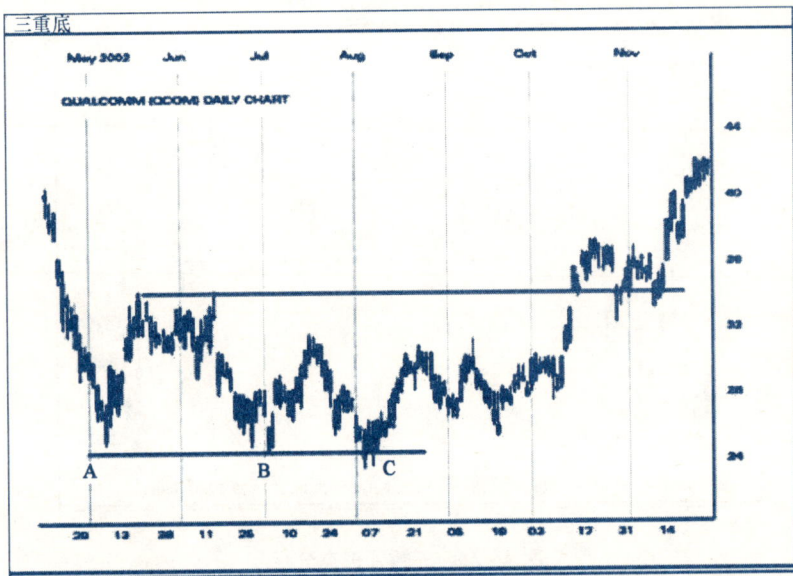

图 4 - 37　三重底形态分析图

　　最高点的形成，投资者通常以它作为主要阻力线，价格出现双底后回升至接近颈线，重遇阻力回落至双底水平的支持位。价格未能跌破此支持位，尔后成交量骤减，并开始反弹，成交量随即大增。当价格升越颈线时，成交量激增。在价格向上突破颈线后，三重底图形已被确认。

　　如图 4 - 37 所示，当价位下降至 A 点，交易随即徘徊在这区域约 4 个月，但未能穿破 B 点和 C 点的支持位。此后，价格开始上升至前市的某些高位，即三重底的阻力位（即图 4 - 37 的高线），以及再升破阻力位。三重底形态因而确认。随后又再次回调到一个新的支持位（即前市的阻力位），但未能转为牛市，这更能增强三重底图形的力量。

第5章　职业操盘手如何根据
技术指标定买卖点

1. MACD 指标的运用

　　MACD 是根据移动平均线较易掌握趋势变动的方向这个优点所发展出来的，它是利用二条不同速度（一条变动的速率快——短期的移动平均线，另一条较慢——长期的移动平均线）的指数平滑移动平均线来计算二者之间的差离状况（DIF）。作为研判行情的基础，然后再求取其 DIF 之 9 日平滑移动平均线，即MACD 线。MACD 实际就是运用快速与慢速移动平均线聚合与分离的征兆，来研判买进与卖出的时机和讯号。在软件中 MACD 指标的图形如图 5－1 所示。

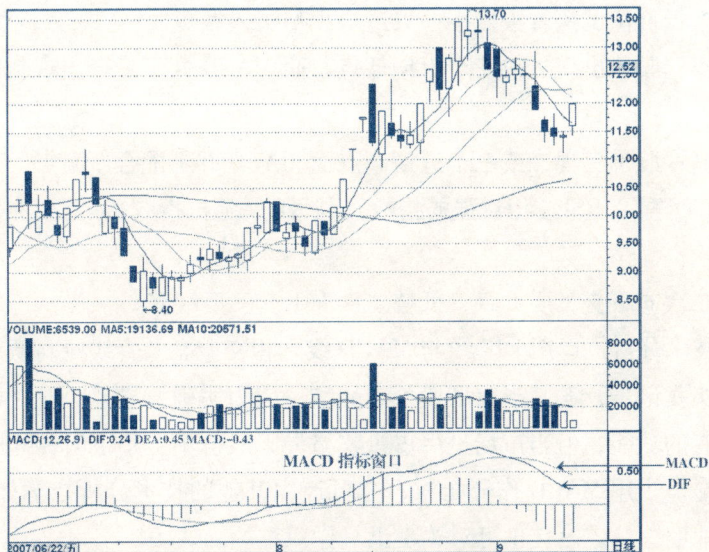

图 5－1　MACD 指标界面

MACD 在应用上，是以 12 日为快速移动平均线（12 日 EMA），而以 26 日为慢速移动平均线（26 日 EMA），首先计算出此两条移动平均线数值，再计算出两者数值间的差离值，即差离值（DIF）= 12 日 EMA – 26 日 EMA。然后根据此差离值，计算 9 日 EMA 值（即为 MACD 值）；将 DIF 与 MACD 值分别绘出线条，然后依"交错分析法"分析，当 DIF 线向上突破 MACD 平滑线即为涨势确认之点，也就是买入讯号。反之，当 DIF 线向下跌破 MACD 平滑线时，即为跌势确认之点，也就是卖出讯号。

MACD 理论除了用以确认中期涨势或跌势之外，同时也可用来判别短期反转点。在图形中，可观察 DIF 与 MACD 两条线之间垂直距离的直线柱状体（其直线棒的算法很简单，只要将 DIF 线减去 MACD 线即得）。当直线棒由大开始变小，即为卖出讯号，当直线棒由最小（负数的最大）开始变大，即为买进讯号。因此我们可依据直线棒研判短期的反转点。

①DIF 与 MACD 在 0 以上，大势属多头市场。DIF 向上突破 MACD 可作点交叉向下，只能看作行情的回档，不能看成空头市场的开始。

②反之，DIF 与 MACD 在 0 以下，大势属空头市场。DIF 向下跌破 MACD，可作卖出信号，若 DIF 向上突破 MACD，是高价位抛售者的回补现象，也可看作少数投资者在低价位试探着去接手，只适合少量买入做短线。

③牛差离：股价出现二或三个近期低点，而 MACD 并不配合出现新低点，可作买。

④熊差高：股价出现二或三个近期高点而 MACD 并不配合新高点，可作卖。

⑤MACD 可配合 RSI（相对强弱指数）与 KD（随机指数），互相弥补各自的缺点。

⑥高档二次向下交叉要大跌，低档二次向上交叉要大涨。

MACD 技术分析，运用 DIF 线与 MACD 线之相交型态及直线棒高低点与背离现象，作为买卖讯号，尤其当市场股价走势呈一较为明确波段趋势时，MACD 则可发挥其应有的功能，但当市场呈牛皮盘整格局，股价不上不下时，MACD 买卖讯号较不明显。当用 MACD 作分析时，亦可运用其他的技术分析指标如短期 K、D 图形作为辅助工具，而且也可对买卖讯号作双重的确认。

2. RSI 指标的运用

RSI（相对强弱指数）是通过比较一段时期内的平均收盘涨数和平均收盘跌数来分析市场买卖盘的意向和实力，从而判断出未来市场的走势。在软件里相对强弱指标的图形如图 5－2 所示。

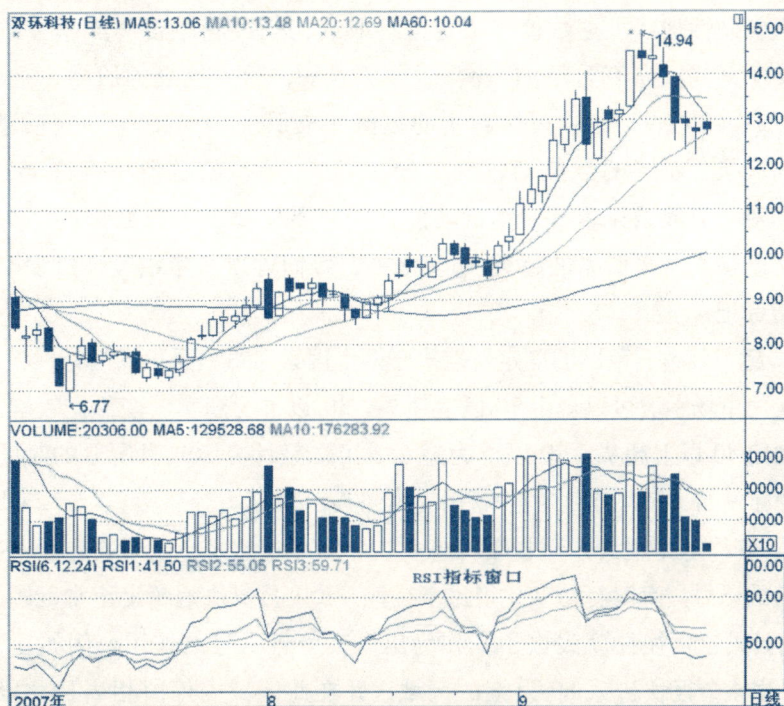

图 5－2　RSI 指标的界面

（1）受计算公式的限制，不论价位如何变动，强弱指标的值均在 0～100 之间。

（2）强弱指标保持高于 50 表示为强势市场，反之低于 50 表示为弱势市场。

（3）强弱指标多在 70～30 之间波动。当 6 日指标上升到达 80 时，表示股市已有超买现象，如果一旦继续上升，超过 90 以上时，则表示已到严重超买的警戒区，股价已形成头部，极可能在短期内反转回转。

（4）当6日强弱指标下降至20时，表示股市有超卖现象，如果一旦继续下降至10以下时则表示已到严重超卖区域，股价极可能有止跌回升的机会。

（5）每种类型股票的超卖超买值是不同的。

在牛市时，通常蓝筹股的强弱指数若是80，便属超买，若是30便属超卖，至于二三线股，强弱指数若是85～90，便属超买，若是20～25，便属超卖。但我们不能硬性地以上述数值，拟定蓝筹股或二三线股是否属于超买或超卖，主要是由于某些股票有自己的一套超买/卖水平，股价反复的股票，通常超买的数值较高（90～95），而视作超卖的数值亦较低（10～15）。至于那些表现较稳定的股票，超买的数值则较低（65～70），超卖的数值较高（35～40）。因此我们对一只股票采取买/卖行动前，一定要先找出该只股票的超买/超卖水平。至于衡量一只股票的超买/超卖水平，我们可以参考该股票过去12个月之强弱指标记录。

（6）超买及超卖范围的确定还取决于两个因素。第一是市场的特性，起伏不大的稳定的市场一般可以规定70以上超买，30以下为超卖。变化比较剧烈的市场可以规定80以上超买，20以下为超卖。第二是计算RSI时所取的时间参数。例如，对于9日RSI，可以规定80以上为超买，20以下为超卖。对于24日RSI，可以规定70以上为超买，30以下为超卖。应当注意的是，超买或超卖本身并不构成入市的讯号。有时行情变化得过于迅速，RSI会很快地超出正常范围，这时RSI的超买或超卖往往就失去了其作为出入市警告讯号的作用。例如在牛市初期，RSI往往会很快进入80以上的区域，并在此区域内停留相当长一段时间，但这并不表示上升行情将要结束。恰恰相反，它是一种强势的表现。只有在牛市末期或熊市当中，超买才是比较可靠的入市讯号。基于这个原因，一般不宜在RSI一旦进入非正常区域就采取买卖行动。最好是价格本身也发出转向信号时再进行交易。这样就可以避免类似于上面提到的RSI进入超买区但并不立即回到正常区域那样的"陷阱"。在很多情况中，很好的买卖讯号是：RSI进入超买超卖区，然后又穿过超买或超卖的界线回到正常区域。不过这里仍然要得到价格方面的确认，才能采取实际的行动。这种确认可以是：

①趋势线的突破。

②移动平均线的突破。

③某种价格型态的完成。

（7）强弱指标与股价或指数比较时，常会产生先行显示未来行情走势的特性，亦即股价或指数未涨而强弱指标先上升，股价或指数未跌而强弱指标先下降，其特性在股价的高峰与谷底反应最明显。

（8）当强弱指标上升而股价反而下跌，或是强弱指标下降而股价反趋上涨，这种情况称之为"背驰"。当 RSI 在 70～80 上时，价位破顶而 RSI 不能破顶，这就形成了"顶背驰"，而当 RSI 在 30～20 下时，价位破底而 RSI 不能破底就形成了"底背驰"。这种强弱指标与股价变动，产生的背离现象，通常是被认为市场即将发生重大反转的讯号。

和超买及超卖一样，背驰并不构成实际的卖出讯号，它只是说明市场处于弱势。实际的投资决定应当在价格本身也确认转向之后才作出。虽然在行情确实发生反转的情况下，这个确认过程会使投资者损失一部分利润，可是却可以避免在后来并未发生反转的情况下投资者可能做出的错误的卖出决定。相对地说，这种错误会对投资者造成更大的损失，因为有时候行情会暂时失去动量然后又重新获得动量，而这时价格并不发生大规模的转向。

但在使用 RSI 指标时仍需注意以下事项：

（1）相对强弱指数能显示市场超卖和超买，预期价格将见顶回软或见底回升等，但 RSI 只能作为一个警告讯号，并不意味着市势必然朝这个方向发展，尤其在市场剧烈震荡时，更须参考其他指标综合分析，不能单独依赖 RSI 的讯号而作出买卖决定。

（2）背离走势的讯号通常都是事后历史，而且有背离走势发生之后，行情并无反转的现象。有时背离一、二次才真正反转，因此这方面研判须不断分析历史资料以提高经验。

（3）在牛皮行情时 RSI 徘徊于 40～60 之间，虽有时突破阻力线和压力线，但价位无实际变化。

3. WR 指标的运用

威廉指数（WR）是利用摆动点来量度股市的超买超卖现象，可以预测循环期内的高点或低点，从而提出有效率的投资讯号。在软件中 WR 指标的图形如图

5 - 3 所示。

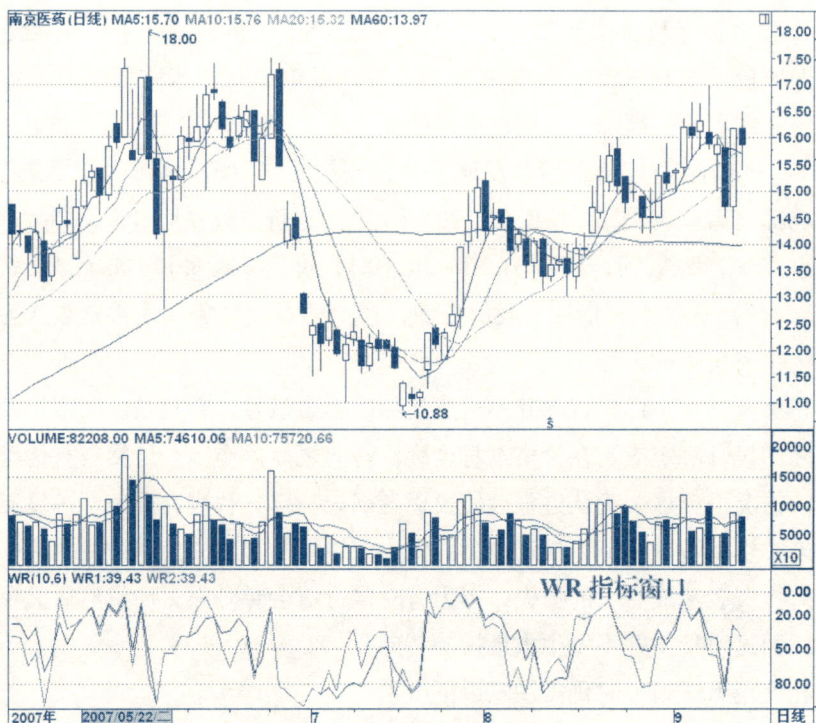

图 5 - 3   WR 指标的界面

威廉指数计算公式与强弱指数、随机指数一样，计算出的指数值在 0 ~ 100 之间波动，不同的是，威廉指数的值越小，市场的买气越重，反之，其值越大，市场卖气越浓。应用威廉指数时，一般采用以下几点基本法则：

①当 WR 线达到 80 时，市场处于超卖状况，股价走势随时可能见底。因此，80 的横线一般称为买进线，投资者在此可以伺机买入；相反，当 WR 线达到 20 时，市场处于超买状况，走势可能即将见顶，20 的横线被称为卖出线。

②当 WR 从超卖区向上爬升时，表示行情趋势可能转向，一般情况下，当 WR 突破 50 中轴线时，市场由弱市转为强市，是买进的讯号；相反，当 WR 从超买区向下跌落，跌破 50 中轴线后，可确认强市转弱，是卖出的讯号。

③由于股市气势的变化，超买后还可再超买，超卖后亦可再超卖，因此，当 WR 进入超买或超卖区，行情并非一定立刻转势。只有确认 WR 线明显转向，跌

破卖出线或突破买进线，方为正确的买卖讯号。

④在使用威廉指数对行情进行研判时，最好能够同时使用强弱指数配合验证。同时，当 WR 线突破或跌穿 50 中轴线时，亦可用以确认强弱指数的讯号是否正确。因此，使用者如能正确应用威廉指数，发挥其与强弱指数在研究强弱市及超买超卖现象的互补功能，可得出对大势走向较明确的判断。

威廉指数属于研究股价波幅的技术指标，在公式设计上，它与随机指数的原理比较近似，两者均为从研究股价波幅出发，通过分析一段时间内高、低价位与收市价之间的关系，反映市场的强弱及买卖气势。不同的是，随机指数采样天数较短，计算结果更具随机性，而威廉指数的采样天数较长，容易错过大行情，亦不容易在高档套牢。但由于该指标敏感性较强，在操作过程中，如完全按其信号出入市，未免过于频繁。因此，在使用过程中，最好能结合强弱指数、动向指数等较为平衡的技术指标一起研究，由此可对行情趋势得出较准确的判断。

4. SAR 指标的运用

（1）指标的介绍

SAR 指标又叫抛物线指标或停损转向操作点指标，是一种简单易学、比较准确的中短期技术分析工具。SAR 有两层含义。一是"stop"，即停损、止损之意，这就要求投资者在买卖某个股票之前，先要设定一个止损价位，以减少投资风险。而这个止损价位也不是一直不变的，它是随着股价的波动止损位也要不断地随之调整。如何既可以有效地控制住潜在的风险，又不会错失赚取更大收益的机会，是每个投资者所追求的目标。但是股市情况变幻莫测，而且不同的股票不同时期的走势又各不相同，如果止损位设得过高，就可能出现股票在其调整回落时卖出，而卖出的股票却从此展开一轮新的升势，错失了赚取更大利润的机会。反之，止损位定得过低，就根本起不到控制风险的作用。因此，如何准确地设定止损位是各种技术分析理论和指标所阐述的目的，而 SAR 指标在这方面有其独到的功能。第二层含义是"Reverse"，即反转、反向操作之意，这要求投资者在决定投资股票前先设定止损位，当价格达到止损价位时，投资者不仅要对前期买入的股票进行平仓，而且在平仓的同时可以进行反向操作，以谋求收益的最大化。在软件中 SAR 的图形如图 5 - 4 所示。

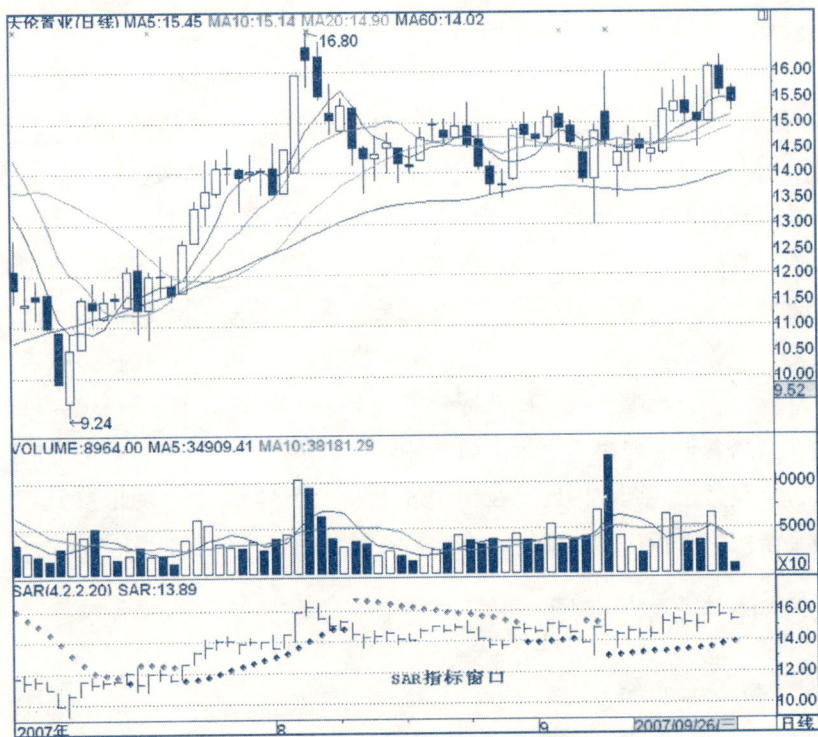

图 5 - 4　SAR 指标的界面

（2）指标的运用

①SAR 指标的一般研判标准。

• 当股票股价从 SAR 曲线下方开始向上突破 SAR 曲线时，为买入信号，预示着股价一轮上升行情可能展开，投资者应迅速及时地买进股票。

• 当股票股价向上突破 SAR 曲线后继续向上运动，而 SAR 曲线也同时向上运动时，表明股价的上涨趋势已经形成，SAR 曲线对股价构成强劲的支撑，投资者应坚决持股待涨或逢低加码买进股票。

• 当股票股价从 SAR 曲线上方开始向下突破 SAR 曲线时，为卖出信号，预示着股价一轮下跌行情可能展开，投资者应迅速及时地卖出股票。

• 当股票股价向下突破 SAR 曲线后继续向下运动，而 SAR 曲线也同时向下运动，表明股价的下跌趋势已经形成，SAR 曲线对股价构成巨大的压力，投资者应坚决持币观望或逢高减磅。

②SAR 指标的特殊研判标准。

● 持币观望。当一个股票的股价被 SAR 指标压制在其下方并一直向下运动时，投资者可一路持币观望，直到股价向上突破 SAR 指标的压力并发出明确的买入信号时，才可考虑是否买入股票。

● 持股待涨。当一个股票的股价在 SAR 指标上方并依托 SAR 指标一直向上运动时，投资者可一路持股待涨，直到股价向下突破 SAR 指标的支撑并发出明确的卖出信号时，才去考虑是否卖出股票。

● 明确止损。SAR 指标具有极为明确的止损功能，其止损又分为买入止损和卖出止损。卖出止损是指当 SAR 发出明确的买入信号时，不管投资者以前是在什么价位卖出的股票，是否亏损，投资者都应及时买入股票，持股待涨。买入止损是指当 SAR 指标发出明确的卖出信号时，不管投资者以前是在什么价位买入股票，是否赢利，投资者都应及时卖出股票，持币观望。

5. CCI 指标的运用

（1）指标介绍

CCI 指标又叫顺势指标，一种超买超卖指标。所谓超买超卖指标，顾名思义，"超买"，就是已经超出买方的能力，买进股票的人数超过了一定比例，那么，这时候应该反向卖出股票。"超卖"则代表卖方卖股票卖过了头，卖股票的人数超过一定比例时，反而应该买进股票。这是在一般常态行情，但是，如果行情是超乎寻常的强势，则超买、超卖指标会突然间失去方向，行情不停地持续前进，群众似乎失去了控制，对于股价的这种脱序行为，CCI 指标提供了不同的看法。这样就有利于投资者更好地研判行情，特别是那些短期内暴涨暴跌的非常态行情。在软件中 CCI 的图形如图 5 – 5 所示。

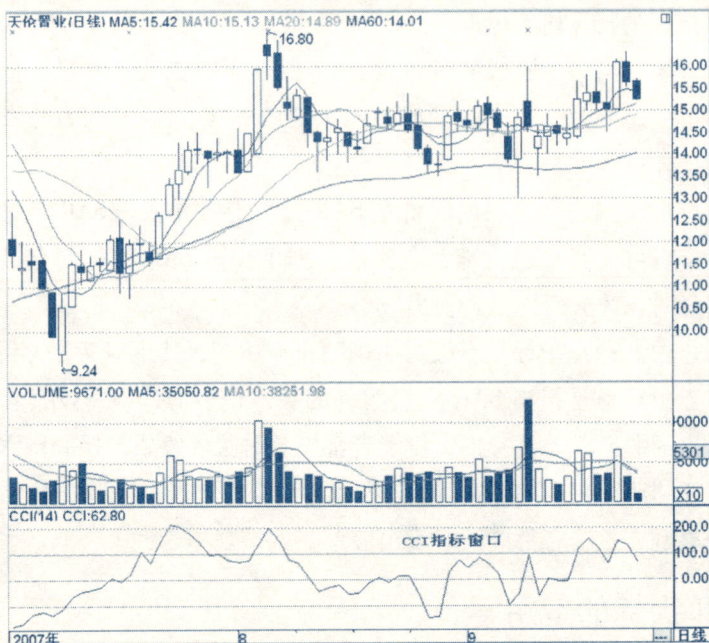

图 5 - 5　CCI 指标的界面

（2）指标运用

在常用的技术分析指标当中，CCI（顺势指标）是最为奇特的一种。CCI 指标没有运行区域的限制，在正无穷和负无穷之间变化，但是，和所有其它没有运行区域限制的指标不一样的是，它有一个相对的技术参照区域：+ 100 和 - 100。按照指标分析的常用思路，CCI 指标的运行区间也分为三类：+ 100 以上为超买区，- 100 以下为超卖区，+ 100 到 - 100 之间为震荡区，但是该指标在这三个区域当中的运行所包含的技术含义与其它技术指标的超买与超卖的定义是不同的。首先在 + 100 到 - 100 之间的震荡区，该指标基本上没有意义，不能够对大盘及个股的操作提供多少明确的建议，因此它在正常情况下是无效的。这也反映了该指标的特点——CCI 指标就是专门针对极端情况设计的，也就是说，在一般常态行情下，CCI 指标不会发生作用，当 CCI 扫描到异常股价波动时，立求速战速决，胜负瞬间立即分晓，赌输了也必须立刻了结。

①CCI 指标区间的判断。

● 当 CCI 指标从下向上突破 +100 线而进入非常态区间时，表明股价脱离常态而进入异常波动阶段，中短线应及时买入，如果有较大的成交量配合，买入信号则更为可靠。

● 当 CCI 指标从上向下突破 -100 线而进入另一个非常态区间时，表明股价的盘整阶段已经结束，将进入一个比较长的寻底过程，投资者应以持币观望为主。

● 当 CCI 指标从上向下突破 +100 线而重新进入常态区间时，表明股价的上涨阶段可能结束，将进入一个时间比较长的盘整阶段，投资者应及时逢高沽出。

● 当 CCI 指标从下向上突破 -100 线而重新进入常态区间时，表明股价的探底阶段可能结束，又将进入一个盘整阶段，投资者可以逢低少量买入股票。

● 当 CCI 指标在 +100 线 ~ -100 线的常态区间里运行时，投资者则可以用 KDJ、WR 等其它超买超卖指标进行研判。

②CCI 指标的背离。

CCI 指标的背离是指 CCI 指标的曲线的走势和股价 K 线图的走势方向正好相反。CCI 指标的背离分为顶背离和底背离两种。

● 当 CCI 曲线处于远离 +100 线的高位，但它在创出近期新高后，CCI 曲线反而形成一峰比一峰低的走势，而此时 K 线图上的股价却再次创出新高，形成一峰比一峰高的走势，这就是顶背离。顶背离现象一般是股价在高位即将反转的信号，表明股价短期内即将下跌，是卖出信号。在实际走势中，CCI 指标出现顶背离是指股价在进入拉升过程中，先创出一个高点，CCI 指标也相应在 +100 线以上创出新的高点，之后，股价出现一定幅度的回落调整，CCI 曲线也随着股价回落走势出现调整。但是，如果股价再度向上并超越前期高点创出新的高点时，而 CCI 曲线随着股价上扬也反身向上，但没有冲过前期高点就开始回落，这就形成 CCI 指标的顶背离。CCI 指标出现顶背离后，股价见顶回落的可能性较大，是比较强烈的卖出信号。

● CCI 的底背离一般是出现在远离 -100 线以下的低位区。当 K 线图上的股价一路下跌，形成一波比一波低的走势，而 CCI 曲线在低位却率先止跌企稳，并形成一底比一底高的走势，这就是底背离。底背离现象一般预示着股价短期内可能将反弹，是短线买入信号。与 MACD、KDJ 等指标的背离现象研判一样，在

CCI 指标的背离中，顶背离的研判准确性要高于底背离。当股价在高位，CCI 在远离 +100 线以上出现顶背离时，可以认为股价即将反转向下，投资者可以及时卖出股票；而股价在低位，CCI 也在远离 -100 线以下低位区出现底背离时，一般要反复出现几次底背离才能确认，并且投资者只能做战略建仓或做短期投资。

③CCI 曲线的走势。

• 当 CCI 曲线向上突破 +100 线而进入非常态区间时，表明股价开始进入强势状态，投资者应及时买入股票。

• 当 CCI 曲线向上突破 +100 线而进入非常态区间后，只要 CCI 曲线一直朝上运行，就表明股价强势依旧，投资者可以一路持股待涨。

• 当 CCI 曲线在 +100 线以上的非常态区间，在远离 +100 线的地方开始掉头向下时，表明股价的强势状态将难以维持，是比较强的转势信号。如果前期的短期涨幅过高时更可确认。此时投资者应及时逢高卖出股票。

• 当 CCI 曲线在 +100 线以上的非常态区间，在远离 +100 线的地方处于一路下跌时，表明股价的强势状态已经结束，投资者应以逢高卖出股票为主。

• 当 CCI 曲线向下突破 -100 线而进入另一个非常态区间时，表明股价的弱势状态已经形成，投资者应以持币观望为主。

• 当 CCI 曲线向下突破 -100 线而进入另一个非常态区间后，只要 CCI 曲线一路朝下运行，就表明股价弱势依旧，投资者可以一路观望。

• 当 CCI 曲线向下突破 -100 线而进入另一个非常态区间，如果 CCI 曲线在超卖区运行了相当长的一段时间后开始掉头向上，表明股价的短期底部初步找到，投资者可以少量建仓。CCI 曲线在超卖区运行的时间越长，越可以确认短期的底部。

④CCI 曲线的形状。

• 当 CCI 曲线在远离 +100 线上方的高位时，如果 CCI 曲线的走势形成 M 头或三重顶等顶部反转形态，可能预示着股价由强势转为弱势，股价即将大跌，应及时卖出股票。如果股价的曲线也出现同样形态则更可以确认，其跌幅可以用 M 头或三重顶等形态理论来研判。

• 当 CCI 曲线在远离 -100 线下方的低位时，如果 CCI 曲线的走势出现 W 底或三重底等底部反转形态，可能预示着股价由弱势转为强势，股价即将反弹向上，可以逢低少量吸纳股票。如果股价曲线也出现同样形态更可以确认，其涨幅可以用 W 底或三重底形态理论来研判。

- CCI 曲线的形态中 M 头和三重顶的准确性要大于 W 底和三重底。

6. DMI 指标的运用

动向指数又叫移动方向指数或趋向指数。是属于趋势判断的技术性指标，其基本原理是通过分析股票价格在上升及下跌过程中供需关系的均衡点，即供需关系受价格变动之影响而发生由均衡到失衡的循环过程，从而提供对趋势判断的依据。

动向的指数有三条线：上升指标线、下降指标线和平均动向指数线。三条线均可设定天数，一般为 14 天。在软件中动向指标如图 5－6 所示。

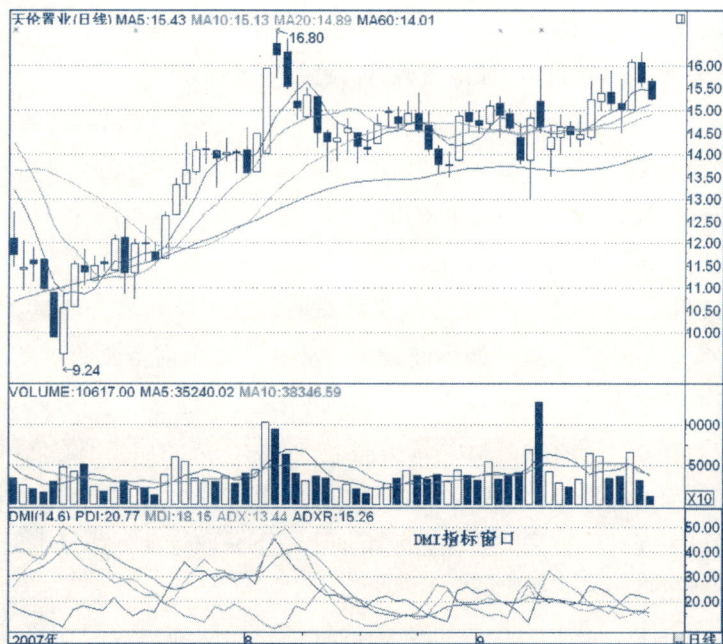

图 5－6　DMI 指标的界面

动向指数在应用时，主要是分析上升指标 + DI、下降指标 - DI 和平均动向指数 ADX 三条曲线的关系，其中 + DI 和 - DI 两条曲线的走势关系是判断出入市的讯号，ADX 则是对行情趋势的判断讯号。

①上升指标 + DI 和下降指标 - DI 的应用法则。

• 走势在有创新高的价格时，+DI上升，−DI下降。因此，当图形上+DT$_{14}$从下向上递增突破−DT$_{14}$时，显示市场内部有新的多头买家进场，愿意以较高的价格买进，因此为买进讯号。

• 相反，当−DI$_{14}$从下向上递增突破+DI$_{14}$时，显示市场内部有新的空头卖家出货，愿意以较低价格沽售，因此为卖出讯号。

• 当走势维持某种趋势时，+DI$_{14}$和−DI$_{14}$的交叉突破讯号相当准确，但走势出现牛皮盘档时，+DI$_{14}$和−DI$_{14}$发出的买卖讯号视为无效。

②平均动向指标ADX的应用法则。

• 趋势判断。当行情走势朝向单一方向发展时，无论是涨势或跌势，ADX值都会不断递增。因此，当ADX值高于上日时，可以断定当前市场行情仍在维持原有趋势，即股价会继续上涨，或继续下跌。特别是当+DI$_{14}$与ADX同向上升，或−DI与ADX同向上升时，表示当前趋势十分强劲。

• 牛皮市判断。当走势呈牛皮状态，股价新高及新低频繁出现，+DI和−DI愈走愈近，反复交叉，ADX将会出现递减。当ADX值降低至20以下，且出现横向移动时，可以断定市场为牛皮市。此时趋势无一定动向。投资者应持币观望，不可依据±DI$_{14}$发出的讯号入市。

• 转势判断。当ADX值从上涨高点转跌时，显示原有趋势即将反转，如当前处于涨势，表示跌势临近，如当前处于跌势，则表示涨势临近。此时±DI有逐渐靠拢或交叉之表现。ADX在高点反转的数值无一定标准，一般以高度在50以上转跌较为有效。观察时，ADX调头向下，即为大势到顶或到底之讯号。

在使用动向指标操盘的投资者还应注意以下几点：

①不需要主观判断，只需要在有效市场讯号下采取行动。而且上升指标与下降指标的交错讯号容易理解。

②在动向指数中增添ADXR指标，能够扩充动向的指数的功能。ADXR是ADX的"评估数值"，其计算方法是将当日的ADX值与14日前的ADX值相加后除以2得出。ADXR的波动一般较ADX平缓，当±DI相交，发出买卖讯号后，ADXR又与ADX相交，则是最后的出入市机会，随后而来的行情较急，因此应立即采取行动。

ADXR还是市场的评估指标，当ADXR处于高位时，显示行情波动较大，当

ADXR 处于低档，则表明行情为牛皮行情。

7. BOLL 指标的运用

（1）指标简介

BOLL 指标又叫布林线指标，是研判股价运动趋势的一种中长期技术分析工具。在众多技术分析指标中，BOLL 指标属于比较特殊的一类指标。绝大多数技术分析指标都是通过数量的方法构造出来的，它们本身不依赖趋势分析和形态分析，而 BOLL 指标却与股价的形态和趋势有着密不可分的联系。BOLL 指标中的"股价通道"概念正是股价趋势理论的直观表现形式。BOLL 是利用"股价通道"来显示股价的各种价位，当股价波动很小，处于盘整时，股价通道就会变窄，这可能预示着股价的波动处于暂时的平静期；当股价波动超出狭窄的股价通道的上轨时，预示着股价的异常激烈的向上波动即将开始；当股价波动超出狭窄的股价通道的下轨时，同样也预示着股价的异常激烈的向下波动将开始。在软件中 BOLL 指标的图形如图 5-7 所示。

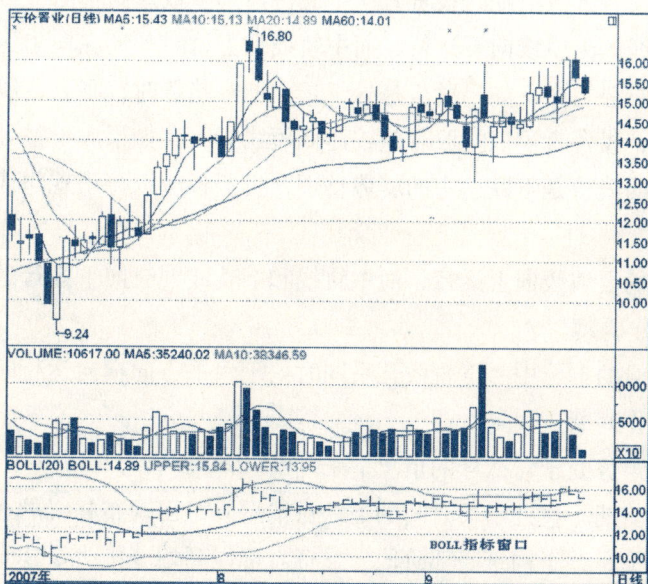

图 5-7　BOLL 指标的界面

（2）指标的运用

①BOLL 指标中的上、中、下轨线的意义。

● BOLL 指标中的上、中、下轨线所形成的股价通道的移动范围是不确定的，通道的上下限随着股价的上下波动而变化。在正常情况下，股价应始终处于股价通道内运行。如果股价脱离股价通道运行，则意味着行情处于极端的状态下。

● 在 BOLL 指标中，股价通道的上下轨是显示股价安全运行的最高价位和最低价位。上轨线、中轨线和下轨线都可以对股价的运行起到支撑作用，而上轨线和中轨线有时则会对股价的运行起到压力作用。

● 一般而言，当股价在布林线的中轨线上方运行时，表明股价处于强势趋势；当股价在布林线的中轨线下方运行时，表明股价处于弱势趋势。

②BOLL 指标中的上、中、下轨线之间的关系。

● 当布林线的上、中、下轨线同时向上运行时，表明股价强势特征非常明显，股价短期内将继续上涨，投资者应坚决持股待涨或逢低买入。

● 当布林线的上、中、下轨线同时向下运行时，表明股价的弱势特征非常明显，股价短期内将继续下跌，投资者应坚决持币观望或逢高卖出。

● 当布林线的上轨线向下运行，而中轨线和下轨线却还在向上运行时，表明股价处于整理态势之中。如果股价是处于长期上升趋势时，则表明股价是上涨途中的强势整理，投资者可以持股观望或逢低短线买入；如果股价是处于长期下跌趋势时，则表明股价是下跌途中的弱势整理，投资者应以持币观望或逢高减仓为主。

● 布林线的上轨线向上运行，而中轨线和下轨线同时向下运行的可能性非常小，这里就不作研判。

● 当布林线的上、中、下轨线几乎同时处于水平方向横向运行时，则要看股价高低，然后作判断。

③目前的走势处于什么样的情况下来判断。

● 当股价前期一直处于长时间的下跌行情后开始出现布林线的三条线横向移动时，表明股价是处于构筑底部阶段，投资者可以开始分批少量建仓。一旦三条线向上发散则可加大买入力度。

● 当股价前期是处于小幅的上涨行情，开始出现布林线的三条线横向移动，表明股价是处于上升阶段的整理行情，投资者可以持股待涨或逢低短线吸纳，一旦三条线向上发散则可短线加码买入。

● 当股价刚刚经历一轮大跌行情时开始出现布林线的三条线横向移动，表明股价是处于下跌阶段的整理行情，投资者应以持币观望和逢高减仓为主，一旦三条线向下发散则坚决清仓离场。

（3）风险规避

投资者在使用布林线的过程中常常会遇到两种最常见的交易陷阱，一是买低陷阱，投资者在所谓的低位买进之后，股价不仅没有止跌，反而不断下跌；二是卖高陷阱，在所谓的高点卖出股票后，股价却一路上涨。布林线特别运用了爱因斯坦的相对论，认为各类市场间都是互动的，市场间的各种变化都是相对性的，股价的高低是相对的，股价在上轨线以上或在下轨线以下只反映该股股价相对较高或较低，投资者作出投资判断前还须综合参考其他技术指标，包括价量配合、心理类指标、类比类指标、市场间的关联数据等。

总之，BOLL 指标中的股价通道对预测未来行情的走势起着重要的参考作用，它也是布林线指标所特有的分析手段。

8. ROC 指标的运用

ROC 指标又叫变动率指标，是以当日的收盘价和 N 天前的收盘价比较，通过计算股价某一段时间内收盘价变动的比例，应用价格的移动比较来测量价位动量，达到事先探测股票买卖供需力量的强弱，进而分析股价的趋势及其是否有转势的意愿，属于反趋向的指标之一。N 的参数一般采用 12 天及 25 天做为间隔周期，计算 ROC 的 M 日移动平均线 MAROC 时，M 的参数一般采用 6 天。在软件中 ROC 指标的图形如图 5 – 8 所示。

（1）ROC 的多空力量对比的强弱

① ROC 向上突破零线，进入强势区域，表示多方力量强盛，是买入信号。

② ROC 向下跌破零线，进入弱势区域，表示空方做空动力强大，是卖出信号。

缺点：ROC 指标过于敏感，不仅如此，连 MAROC 有时都会在零线附近像心

图 5-8　ROC 指标的界面

电图般地跳动。

（2）ROC 的超买超卖研判技巧

① ROC 上升到极高位置时，指标达到超买水平，产生卖出信号。

② ROC 下降到极低位置时，指标达到超卖水平，产生买入信号。

（3）ROC 与股价同步研判技巧

① 股价与 ROC 从低位同步上升，表示短期有望触底反弹或短期股价会有继续上涨趋势。

② 股价与 ROC 从高位同时下降，表示短期警惕做头回落或短期股价会有继续下跌趋势。

缺点：不适宜对长期走势的预测。

（4）ROC 与股价背离研判技巧

① 当股价创新高时，ROC 未配合上升，不能创新高，出现背离，表示上涨动能减弱，头部正在形成。

② 当股价创新低时，ROC 未配合下降，不能创新低，出现背离，显示下跌动能减弱，底部正在形成。

如果投资者选用 ROC 指标进行操盘，还需注意以下几点：

（1）个股的股价波动特性不同，其超买超卖的极限值也各有不同。

（2）操作周期的不同决定了确认超买超卖的极限值也各有不同。

（3）行情属于短线脉冲行情，还是属于较大的波段行情，对于 ROC 超买超卖的极限值的设定也各有不同。

9. KDJ 指标的运用

随机指标 KDJ 是以最高价、最低价及收盘价为基本数据进行计算，得出的 K 值、D 值和 J 值分别在指标的坐标上形成的一个点，连接无数个这样的点，就形成一个完整的、能反映价格波动趋势的 KDJ 指标。它主要是利用价格波动的真实波幅来反映价格走势的强弱和超买超卖现象，在价格尚未上升或下降之前发出买卖信号的一种技术工具。在软件中 KDJ 的图形如图 5－9 所示。

KDJ 随机指标反应比较敏感快速，是一种进行短中长期趋势分析研判的较佳的技术指标。对做大资金大波段的人来说，一般当月 KDJ 值在低位时应逐步进场吸纳；主力平时运作时偏重周 KDJ 所处的位置，对中线波段的循环高低点作出研判结果，所以往往出现单边式行情，造成日 KDJ 的屡屡钝化现象；日 KDJ 对股价变化方向反应极为敏感，是日常买卖进出的重要研判指标；对于做小波段的短线客来说，30 分钟和 60 分钟 KDJ 是重要的参考指标；对于已确定买卖计划即刻下单的投资者，5 分钟和 15 分钟 KDJ 可以提供最佳的进出时间。KDJ 指标实战研判的要则主要有以下四点：

① K 线是快速确认线——数值在 90 以上为超买，数值在 10 以下为超卖；D 线是慢速主干线——数值在 80 以上为超买，数值在 20 以下为超卖；J 线为方向敏感线，当 J 值大于 100，特别是连续 5 天以上，股价至少会形成短期头部，反之 J 值小于 0 时，特别是连续数天以上，股价至少会形成短期底部。

图 5-9　KDJ 指标的界面

②当 K 值由较小逐渐大于 D 值，在图形上显示 K 线从下方上穿 D 线，显示目前趋势是向上的，所以在图形上 K 线向上突破 D 线时，即为买进的讯号。实战时当 K、D 线在 20 以下交叉向上，此时的短期买入的信号较为准确；如果 K 值在 50 以下，由下往上接连两次上穿 D 值，形成右底比左底高的"W 底"形态时，后市股价可能会有相当的涨幅。

③当 K 值由较大逐渐小于 D 值，在图形上显示 K 线从上方下穿 D 线，显示目前趋势是向下的，所以在图形上 K 线向下突破 D 线时，即为卖出的讯号。实战时当 K、D 线在 80 以上交叉向下，此时的短期卖出的信号较为准确；如果 K 值在 50 以上，由上往下接连两次下穿 D 值，形成右头比左头低的"M 头"形态时，后市股价可能会有相当的跌幅。

④通过 KDJ 与股价背离的走势，判断股价顶底也是颇为实用的方法：

• 股价创新高，而 KD 值没有创新高，为顶背离，应卖出。

- 股价创新低，而 KD 值没有创新低，为底背离，应买入。
- 股价没有创新高，而 KD 值创新高，为顶背离，应卖出。
- 股价没有创新低，而 KD 值创新低，为底背离，应买入。

如果投资者想利用 KDJ 指标进行操盘，还应注意以下几点：

① 在实际操作中，一些做短平快的短线客常用分钟指标来判断后市，决定买卖时机，在 T＋0 时代常用 15 分钟和 30 分钟 KDJ 指标，在 T＋1 时代多用 30 分钟和 60 分钟 KDJ 来指导进出，几条经验规律总结如下：

- 如果 30 分钟 KDJ 在 20 以下盘整较长时间，60 分钟 KDJ 也是如此，则一旦 30 分钟 K 值上穿 D 值并越过 20，可能引发一轮持续在 2 天以上的反弹行情；若日线 KDJ 指标也在低位发生金叉，则可能是一轮中级行情。但需注意 K 值与 D 值金叉后只有 K 值大于 D 值 20% 以上，这种交叉才有效。

- 如果 30 分钟 KDJ 在 80 以上向下掉头，K 值下穿 D 值并跌破 80，而 60 分钟 KDJ 才刚刚越过 20 不到 50，则说明行情会出现回档，30 分钟 KDJ 探底后，可能继续向上。

- 如果 30 分钟和 60 分钟 KDJ 在 80 以上，盘整较长时间后 K 值同时向下死叉 D 值，则表明要开始至少 2 天的下跌调整行情。

- 如果 30 分钟 KDJ 跌至 20 以下掉头向上，而 60 分钟 KDJ 还在 50 以上，则要观察 60 分钟 K 值是否会有效穿过 D 值（K 值大于 D 值 20%），若有效表明将开始一轮新的上攻；若无效则表明仅是下跌过程中的反弹，反弹过后仍要继续下跌。

- 如果 30 分钟 KDJ 在 50 之前止跌，而 60 分钟 KDJ 才刚刚向上交叉，说明行情可能会再持续向上，目前仅属于回档。

- 30 分钟或 60 分钟 KDJ 出现背离现象，也可作为研判大市顶底的依据，详见前面日线背离的论述。

- 在超强市场中，30 分钟 KDJ 可以达到 90 以上，而且在高位屡次发生无效交叉，此时重点看 60 分钟 KDJ，当 60 分钟 KDJ 出现向下交叉时，可能引发短线较深的回档。

- 在暴跌过程中 30 分钟 KDJ 可以接近 0 值，而大势依然跌势不止，此时也应看 60 分钟 KDJ，当 60 分钟 KDJ 向上发生有效交叉时，会引发极强的反弹。

② 当行情处在极强极弱单边市场中，日 KDJ 出现屡屡钝化，应改用 MACD 等中长指标；当股价短期波动剧烈，日 KDJ 反应滞后，应改用 CCI、ROC 等指标，或是使用 SLOWKD 慢速指标。

③ 周 KDJ 指标对见底和见顶有明显的提示作用，据此波段操作可以免去许多辛劳，争取利润最大化。需提示的是一般周 J 值在超卖区 V 形单底上升，说明只是反弹行情，形成双底才为可靠的中级行情；但 J 值在超买区单顶也会有大幅下跌的可能性，所以应该提高警惕，此时应结合其他指标综合研判；但当股市处在牛市时，J 值在超买区盘整一段时间后，股价仍会大幅上升。

中 篇

好时机就在一瞬间

第6章　职业操盘手
如何判断最佳买入点

1. 底背离可能反弹，短期买入

底背离一般出现在股价的低位区。当K线图显示股价还在下跌，而MACD指标图形上由绿柱构成的图形的走势是：一底比一底高。

底背离现象一般是预示股价在低位可能反转向上的信号，表明股价短期内可能反弹向上，是短期买入股票的信号。例如：浦发银行（600000）2005年3月到6月走势呈底背离形态，见图6-1。

图6-1　浦发银行在触底6.41后上升之前的形态就是底背离

2. 六线四托，快速买入

将日价格平均线参数设为：5、10、20、60、120和240日，出现了5日价格平均线、10 日价格平均线、20 日价格平均线、60 日价格平均线、120 日价格平均线和 240 日价格平均线。简称"六线"。见图 6－2。

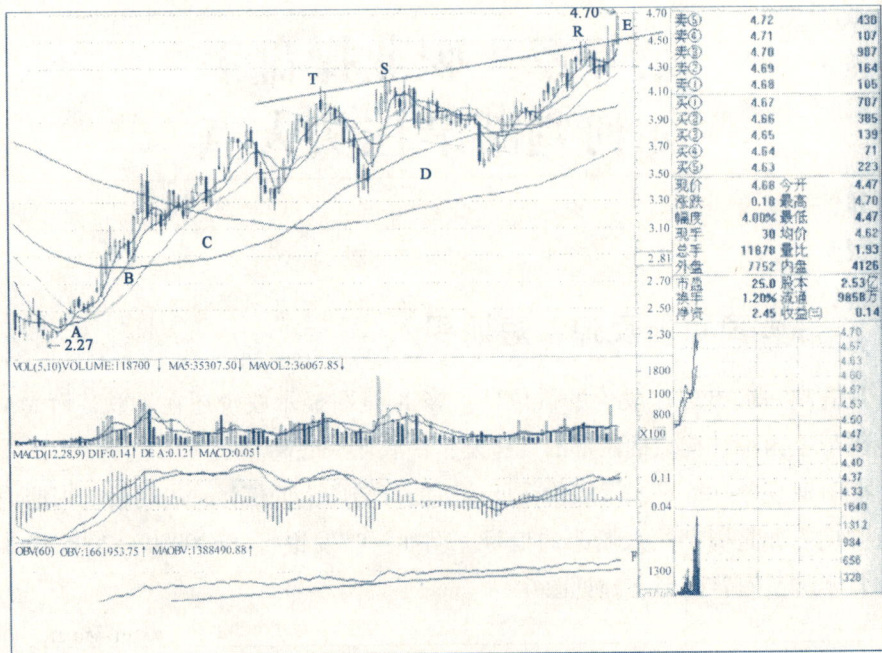

图 6－2　某股票日 K 线图

当 5 日线上穿 10 日、20 日线，10 日线上穿 20 日线，称"月托"，见图中 A。

当 10 日线上穿 20 日、60 日线，20 日线上穿 60 日线，称"季托"，见图中 B。

当 20 日线上穿 60 日、120 日线，60 日线上穿 120 日线，称"半年托"，见图中 C。

当 60 日线上穿 120 日、240 日线，120 日线上穿 240 日线，称"年托"，见图中 D。

以上四个"托"，简称"四托"。

在漫长的股价运行中，有时会出现"六线四托"形态，这是很难得的买入机会。如图 3－2 中，A、B、C、D 是"四托"，日 K 线在其上方，有依托地爬高。

把各股价高点 R、S、T 用直线连接成颈线，目前该股票 K 线正在冲过颈线（见图中 E 处），现在买入，收益大、风险小。

3. 低价缩量涨停，追最牛股

天山纺织（000813）是一支非常活跃的股票，2004 年 8 月该股以超低的价格快速实现翻倍，给投资者非常大的震撼力。在超跌股行情当中，该股的成交量配合完美，启动就是"一阳吃两阴"火速涨停的方法。使用轧空的手法快速涨停，大单封死涨停板，由于股价处于低位，没有什么抛压，轻松地以 1.78% 的换手率封住第一个涨停。凡是大牛股都会连续跳空攻击涨停。该股连续走出三个涨停板，成为当时市场的风向标，人气非常充足，攻击年线时成交量才释放出来，经过 12 个交易日的横向整理，消化获利盘之后，再次以闪电的速度拔地而起，锁住涨停，突破横盘格局，展开第二轮攻击。

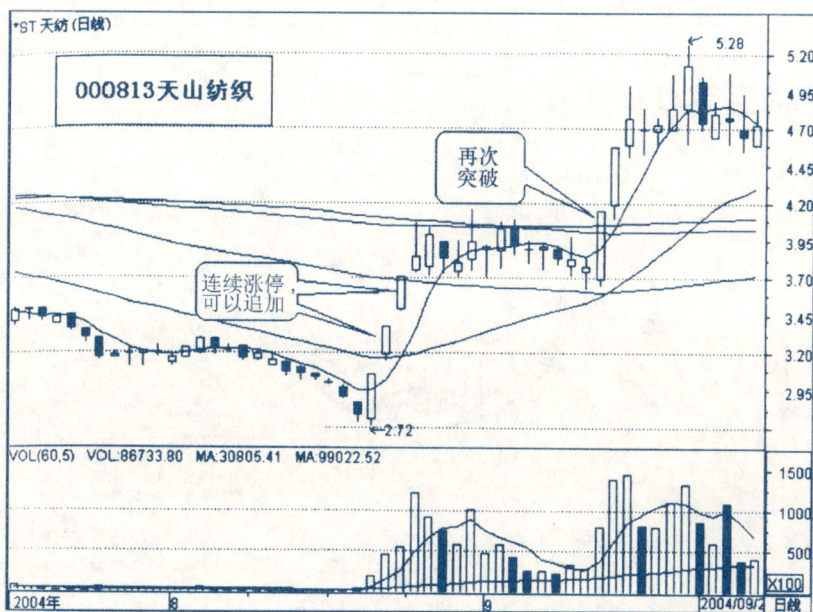

图 6－3

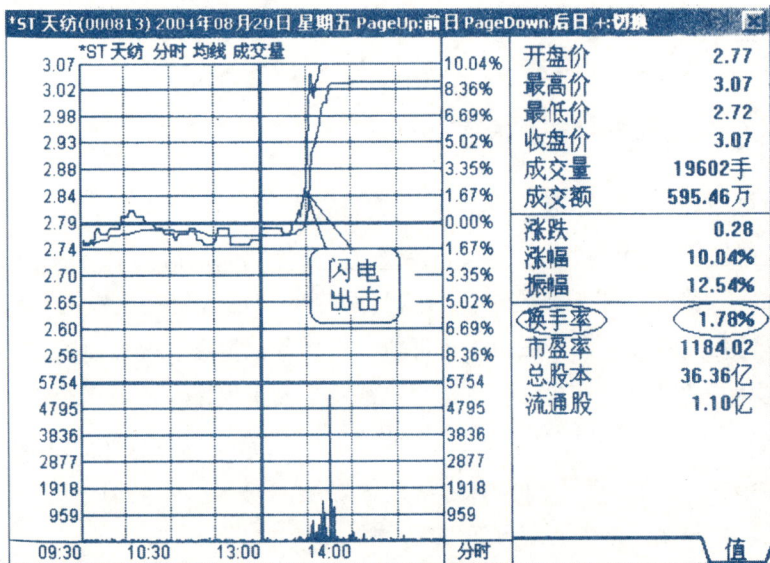

图 6－4

4. 锅底可以捡芝麻

"锅底拣芝麻"的操作要领，见图 6－5。

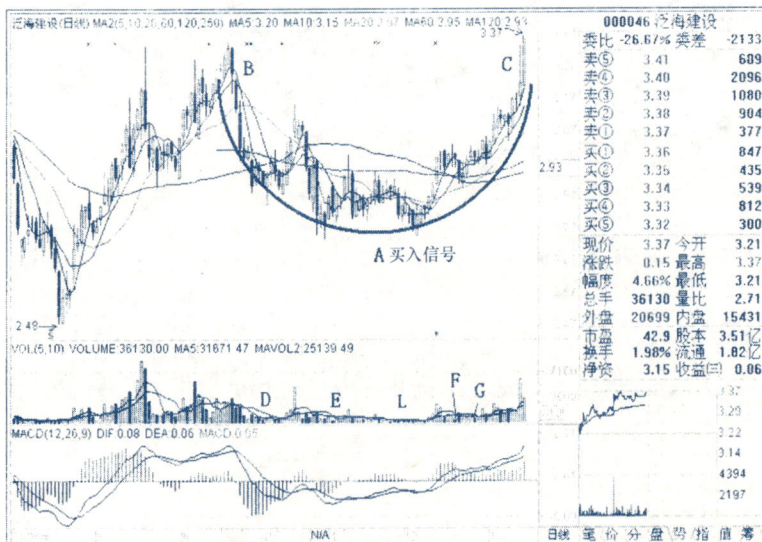

图 6－5

图中 A 点是锅底，B、C 是锅边，从 B 下跌到 A，大致经过三波杀跌。每次杀跌到成交量相当萎缩，见图中的 D、E 和 L 处，然后拉高股价，制造反弹。庄家杀跌，是看有没有恐慌盘跟着杀出。如果有恐慌盘，特别是大户的大笔杀跌盘跟出，说明盘中还有敌方"潜伏部队"，随后将是更加凶猛的杀跌，就像人们拍打麻袋中的盐巴一样，拍几下，见掉出来的盐挺多，紧跟着就更重地拍打。D 点的成交量很小，说明浮动筹码基本杀出，E 点的成交量更小，说明暗藏的浮动筹码进一步肃清。这时庄家并不会罢手，庄家习惯性地会再重甩一下，最坚定的持股者终于卖出。L 处的成交量最小，小到像芝麻点那样。L 点处的微小成交量会持续几天，几分钟才出现 1 手或几手成交量，等到实在没什么杀跌盘了，庄家的洗盘任务完成了。

A 处是股价的最低点，出现锅底图形。D、E、L 的成交量逐步减小，出现了"芝麻点"，这是明显的底部信号，这时买入股票，就叫"锅底拣芝麻"。

"锅底拣芝麻"的位置如选在 D 处，就会出现 E、L 的更低点，显然不妥。正确的方法有两种：第一种是分批买入，在 E 处试探性买入，在 L 处再试探性买入，在 F、G 处加码买入。第二种是不创新低买入法，即在 F 处和 G 处，见股价不创新低了，一次性买入。

从一波大行情的角度看，D、E、L、F 和 G 处都是芝麻，都是底部成交量，都可以买入。

5. 高位空中转折，考虑买入

高位空中转折是指：周线 KDJ 高位死叉后，周 K 线下行到 50 附近重新勾头上行与 D 线将要金叉（周五收市仍未金叉）或刚金叉，从而走出另一波上升行情。此方法要满足的条件是：

（1）周线 KDJ 高位第一次死叉后，周 K 线下行到 50 附近勾头上行与 D 线将要金叉（未金叉）或刚金叉。

（2）股价在 20 周均线上方的强势区域运行。

（3）在此周内，日线 KDJ 金叉上行。

例一：沪市大盘情况，沪市股指在 2006 年 7 月 7 日至 11 日这一周，上升行情在 1750 点附近回落调整，周线 KDJ 在高位第三次死叉；9 月 8 日至 1 2 日这一周，周线 KDJ 的 K 线在 50 附近勾头上行与 D 线金叉。此时，股指正好在 20 周均线上方运行。自此，沪市从 1600 点开始，展开了一波稳步的上升行情，迭创新高，见图 6 - 6。

例二：天威保变（600550），在第一轮涨幅逼近 200% 之后，周线 KDJ 形成了死叉，但之后 KDJ 在 50 附近两度形成金叉，而且还有 20 日均线的支撑，再度引发一轮翻番走势，见图 6 - 7。

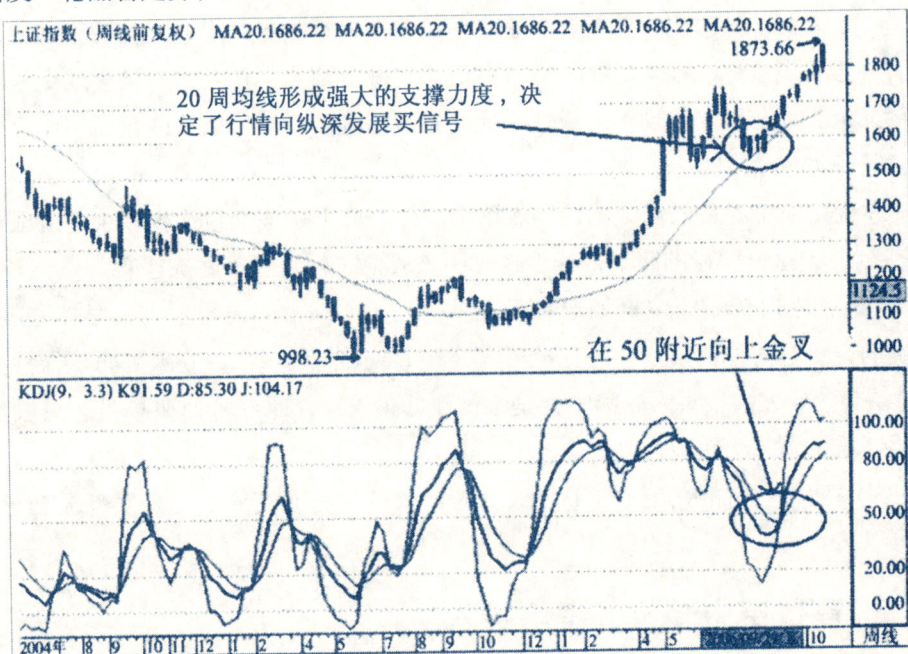

图 6 - 6　沪市周线 KDJ

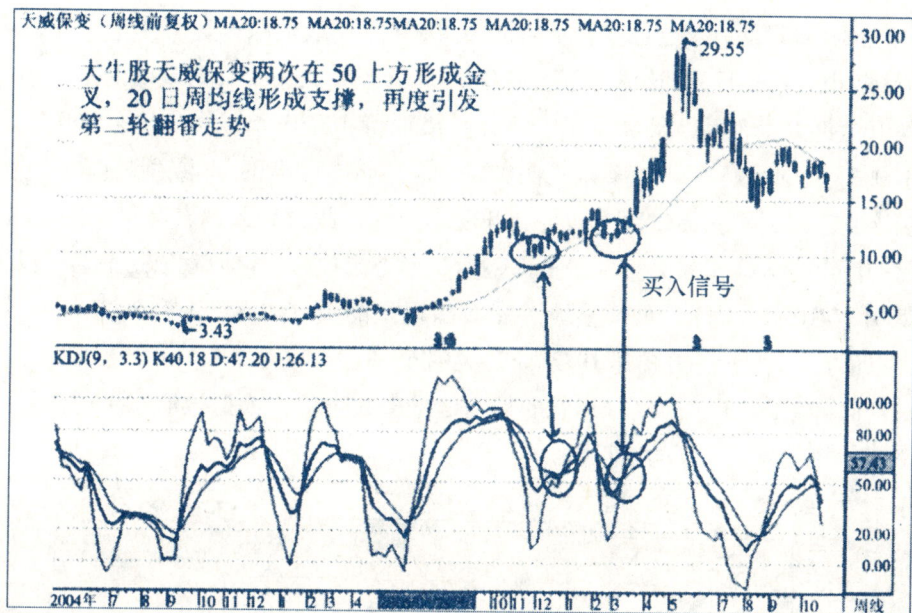

图6-7 天威保变日均线

6. 黄金金叉出现，可靠的买入信号

股价经过较长时间的下跌后，在低位出现了一条大阴线，紧接着出现一条向下跳空开盘，并留有跳空缺口（实体之间的缺口也可）的星形小图线（不分阴阳），就称为"重锤坠地"。也就是说，该图线必须是在低价位出现，而且最后的两条K线必须是由一条大阴线和一条留有缺口的小星形线组成，因为小星形线形似一个带柄的铁锤，故名"重锤坠地"。该形态之所以显示见底信号，是因为股价经过长期下跌后，又出现一次急跌的走势，做空能量得到了充分的释放，获利盘几乎涤荡殆尽，套牢盘该跑的早已跑了，没有出逃的，已成"铁杆多头"，不会轻易割肉斩仓。"重锤坠地"中的星形线，是卖压减轻、股价见底的迹象，先知先觉者，往往利用这一形态，暗中收集廉价筹码，等到后市出现戏剧性的上涨行情、后知后觉者踊跃进场时，先知先觉者已获利颇丰，就可"落袋为安"了。

广济药业（000952）2001年7月27日到2001年11月19日的日线走势图，见图6-8。图中显示，该股经过近一年的下跌后，于2001年10月15日到2001

年 10 月 19 日期间，又连收 5 条下降的阴线，5 条阴线的跌幅达 7.07%，第二天
（2001 年 10 月 22 日），该股向下跳空 0.36 元开盘，收一带有上影线的星形小阳
线（开盘价 10.55 元，最高价 10.85 元，最低价 10.30 元，收盘价 10.60 元），
留下 0.31 元的跳空缺口（实体之间的缺口），形成标准的"重锤坠地"形态，
表明该股已跌到了底部，后市即将展开反弹行情，此时介入，会有可观的收益。
该股的后市走势确实如此。自"重锤坠地"形态出现后，该股就强劲上扬，股价
由 2001 年 10 月 22 日"重锤坠地"图线出现日的 10.60 元，上升到 2001 年 10
月 24 日的 12.65 元，升幅达 19.34%，见图 6-8。

由此可见，"重锤坠地"形态的见底信号多么可信，依据该形态买进该股的
投资者，都获得了丰厚的回报。

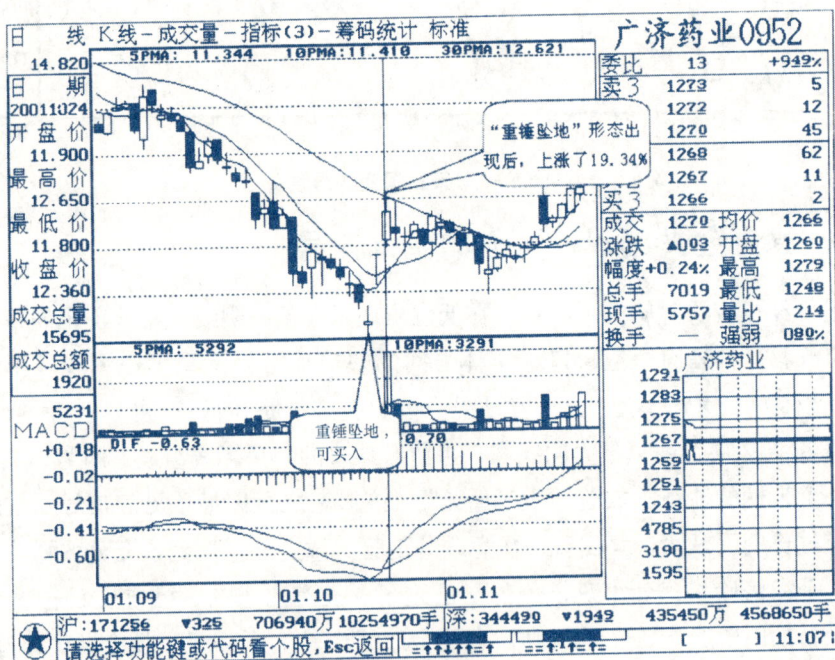

图 6-8

7. 突破十字星转折平台，买入

道博股份（600136）是非常理想的短炒品种，该股具有非常明显的资金运作
迹象，而且是比较大气的运作，谁都可以跟上赚到钱，只有那些没有胆量和魄力

的人在这个股票上亏钱。

见图6-9，底部涨停非常猛烈，同时涨停前出现连续底部十字星转折信号，这就是股票的真正拐点。当出现这样的信号，加上放量向上突破这些十字星所构成的平台时就出现了涨停，这个时候，突破平台的那一瞬间就是买入的启动点。第二天出现了大幅度的回档，相关专家认为行情总是这样的，每次都给你很多选择的机会，使你不敢明确自己的选择是否正确。在回调5日均线后再次向上收阳。均线就非常漂亮了，股价将沿着5日均线继续向上推升，这个时候就是加速上涨的阶段，可以大胆买入等着收获。股票价格在连续大幅上涨之后出现高位涨停，然后收出一根带长上影线的K线，这是"避雷针"见顶信号，在收盘前一定要卖掉股票，这样可以回避股票短线见顶后的大幅下跌。

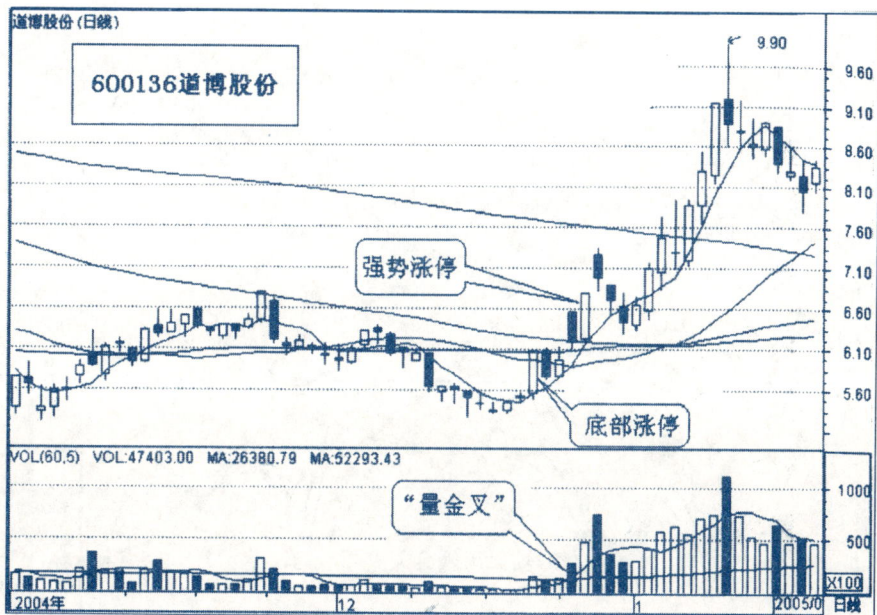

图6-9

8. 出现周线 KDJ 金叉，可以买入

由于日线 KDJ 变化快，随机性强，经常发生虚假的买、卖信号，而周 KDJ 指标考察的时间较长，运用周线 KDJ 与日线 KDJ "共振"选股法，就可以过滤

掉虚假的买入信号。

当周线 KDJ 金叉时，日线 KDJ 已提前金叉几天，股价也上升了一段，买入成本已抬高，这时候激进型的投资者可提前买入，也就是在日线 KDJ 发出金叉时买入，但这时候买入具有一定的风险，所以同时也要满足一些其他的条件：周线是阳线，周线 K、J 两线勾头上行将要金叉（但还没有金叉），这时日线 KDJ 在这一周内出现金叉，当日收放量阳线（若日线 KDJ 金叉当天，当天成交量大于 5 日均量更好）。如招商银行（600036），在 2006 年 8 月 11 – 15 日这一周收出周阳线。周线 K、J 两线在超卖区勾头上行将要金叉。日线 KDJ 在 8 月 8 日金叉。当天收出放量阳线。满足打提前量买入法的条件。当天以收盘价 7.36 元买入，不仅短线连续上涨 3 周，而且中线连续涨幅达到 50%，见图 6 – 10，图 6 – 11。

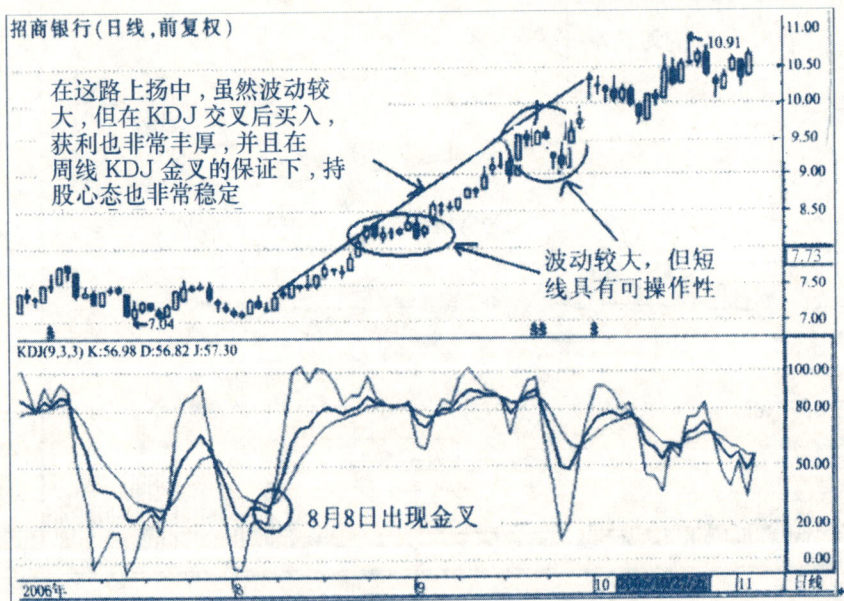

图 6 – 10　招商银行 2006 年 8 月日线图

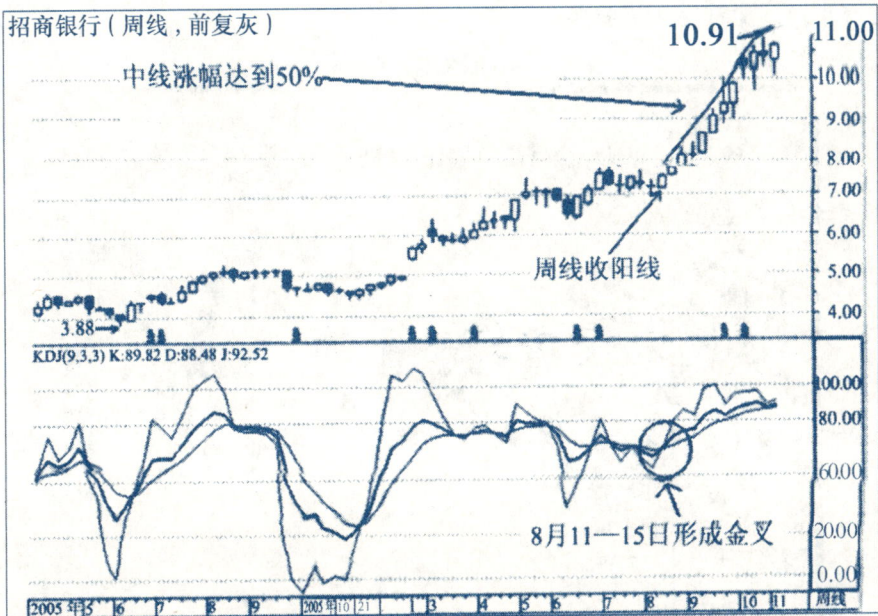

图6-11 招商银行2006年8月周线图

9. 高收益率者,可买

股票收益率是衡量基本面的首要指标。一般来讲,我们对低收益率的股票看跌,而对高收益率的股票看涨。但是,对于某一特定股票来讲,什么才算得上是低收益率?最好的方法是考察这只股票10~20年的历史数据。你会很快发现,几乎毫无例外地,股价高点一般都与低收益率同时出现,且与所有高点对应的低收益率数值几乎相等。

同理,所有的股价低点一般都与高收益率同时出现,且与所有低点对应的高收益率数值几乎相等。因此,根据某一股票的历史数据,就可以得出这只股票收益率的高估水平或低估水平。

如图6-12所示,可以看出所有的股价高点对应的低收益率水平都为3.3%。

对于股价低点来讲也是如此。所有的低点都伴随着高收益率的出现,也都具有相同的低估水平和高收益率水平。

因此,当股票收益率达到历史低点时,应选择卖出股票;当股票收益率达到历史高点时，应选择买进股票。

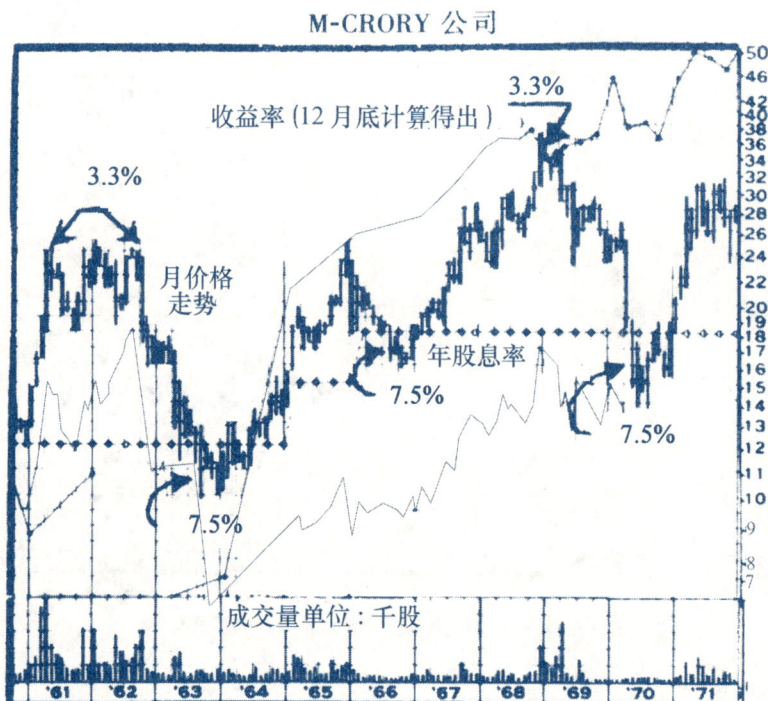

M-CRORY 公司

图 6－12

必须牢记的一点是，对于某一股票（如 IBM）的高收益率水平或低收益率水平，并不适用于其他股票。也就是说，股票的收益率高低只与自身的历史数据有关，而与其他股票无关。

10. 股价跌至支撑点，买入信号

当股价下跌，跌至支撑点所在时，股价有可能反弹回升，为买进时机。

所谓支撑，就是维持股价稳定，使其止跌的力量。当股价自高档下跌至支撑点时，由于技术上的种种原因，会有许多买盘在支撑点附近介入买进，促使股价止跌回稳，甚至反转上升。因此，在股价下跌，跌至支撑点所在时，为买进时机。

一般而言，构成股价支撑点的因素，大致有以下几种：

（1）移动平均线。

（2）上升趋势线。

（3）密集成交地带。

（4）股价前波上涨的起涨点。

（5）过去股价波动的最低价，或前波低价。

（6）股价大幅上涨后，下跌至前波涨幅的50%处（1/3处或2/3处也可能有支撑）。

（7）头肩顶与双重顶的颈线。

（8）多重底。

如图6－13所示，东北高速2005年7月见底2.91元后开始上涨，底部不断抬高。其后股价回调时调整至上升趋势线处均获得支撑并再度上行，而成为短线的买入时机，止损点可设在跌破支撑线之时，见图6－13。

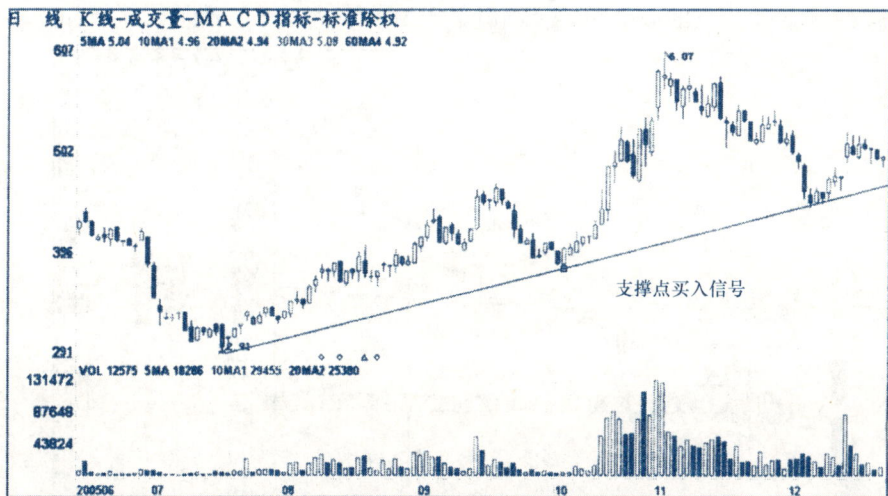

图6－13

支撑与阻力，其实是相对的概念，在技术操作上也是这样。当股价下跌至支撑处，无法发生支撑的作用而跌破后，该支撑点反而就变成往后股价上涨时的阻力点，这是投资者在运用支撑与阻力概念时，所必须注意之处。

11. 零下金叉，反弹买进点

图6－14C点处，出现MACD金叉，但是是零轴线之下的金叉。按照相关技

术分析理论，零下金叉都是弱市中的反弹买进点，买入后能涨多少就很难说了，多数是亏损的。因此，有句话叫"水下金叉易受潮"，就是劝投资者少买水下金叉。有人问，在 MACD 走到"零上红色"① 区间前，总有最后一个"水下金叉"，但并不是说在最底部了便买入。

MACD 零下做空，零上做多，零上红金叉坚决做多，二次零上红金叉更坚决做多，R 点后，股价进入 2＋3 区间，MACD 进入零上红区间，这时可以买股票了。然而，像航天晨光这样的个股，买进后，涨得很慢；S 点后，MACD 出现第一个"零上红金叉"，就是"零上红"区间第一个金叉的意思；然后股价上升速度加快，持股时间不长，涨得不少。由此可见，买股票买在"零上红金叉"是划得来的买卖。B 点出现第二个"零上红金叉"，这是更好的买入点，一旦股价创新高，就又有一段涨势。特别要注意把握的关键技术细节是：B 点要比 A 点的位置高，T 点要比 S 点的股价高，否则就是 MACD 背离，未来涨势大打折扣。

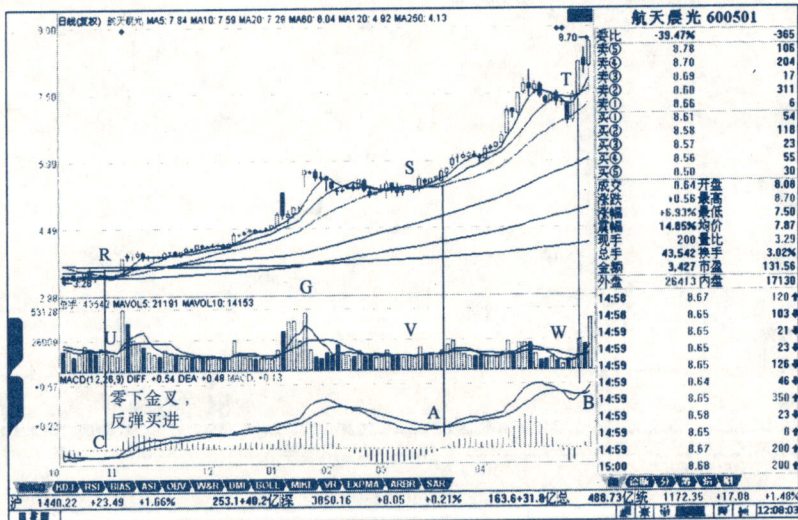

图6-14　航天晨光（600501）日K线图

---

① 图中零以上阳线密集部分为"零上红"区域。

第 7 章　职业操盘手如何判断最佳卖出点

1. 高位出现避雷针，快速出手

浪潮软件（600756）是非常突出的庄股投机黑马。2004 年 11 月 5 日该股出现了底部"十字星"信号。2004 年 11 月 8 就出现缩量涨停，盘中还出现了"开闸放水"的形态，在均价线受到支撑，快速反攻涨停，大单封死。一连串流畅的操作，所有短线投资者都会记住那一刻的走势，并且有胆量的投资者都可以把握得到。后面连续两天开盘就涨停，龙头的气势没有人能抵挡，第四个涨停过后调整不过三天，在 5 日线的推动下再次涨停拔起，连续涨停，快速达到 18.05 元的翻倍里程。从 2004 年 11 月 2 日的最低 9.01 元到 2004 年 11 月 19 日实现翻倍，真正的拉高只用了 9 天，这个就是投资者所要的资金推动型 7 个涨停就翻倍的赚钱效应。没有人会拒绝这样的机会的。在股票市场，这样的机会一年都有十次左右。很多投资者说股票不好炒作，其实，有些机会是非常公平的，个股不是都跟大盘的趋势，在股票已经超跌到严重偏离其内在价值时，短线具有非常巨大的表现机会，释放反弹能量是短线高手必须寻找的攻击点。不管大盘涨跌，几乎每天都有涨停，每天都有赚钱的机会，关键是你是否掌握这种缩量涨停的龙头战法。但是，在高位出现"避雷针"的形态时，就要果断离场，才能避免被套牢。见图 7－1、7－2。

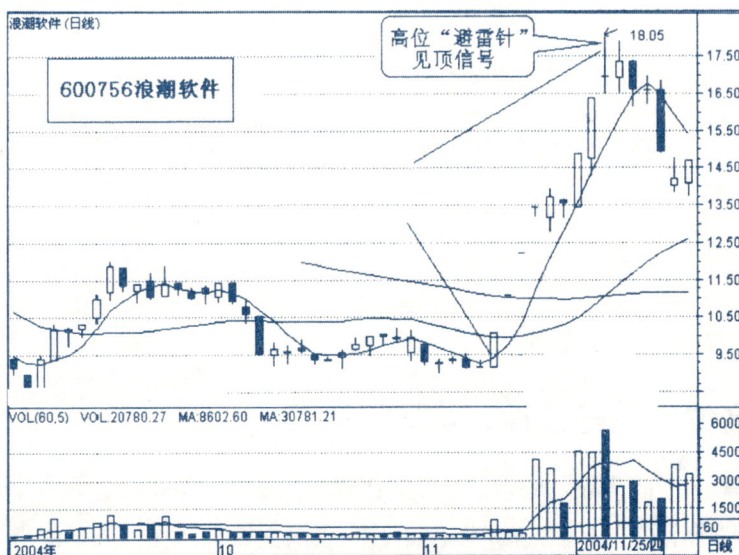

图 7-1

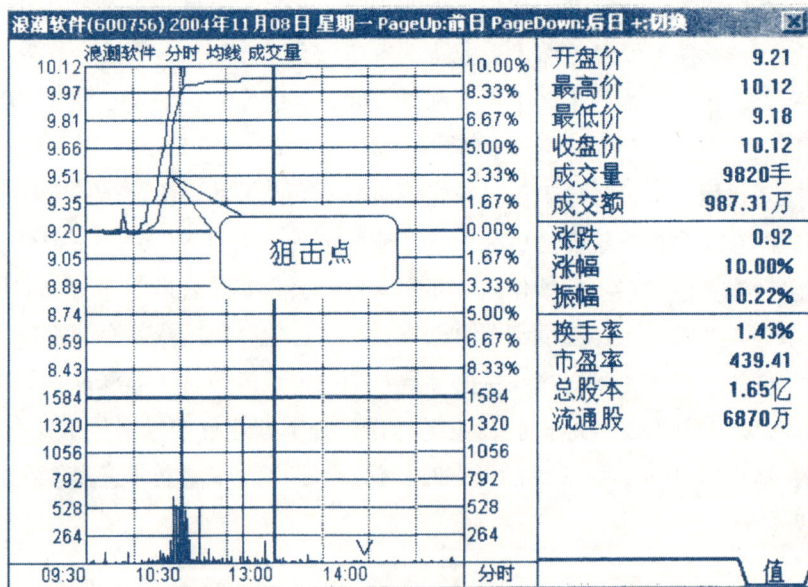

图 7-2

2. 看乖离率，卖出回避风险

在使用均线的过程中，股价与平均线偏离的程度也是很好的一个指标，由于平均线实质上反映的是一段时间以来的平均持股成本，因此股价与平均线的偏离程度可以反映出市场上获利或套牢的投资者情况。这个指标称为乖离率，其主要的功能是通过测算价格在波动过程中与移动平均线的偏移百分比，从而得出股价在剧烈波动时因偏离平均成本太远而可能造成的回档或反弹，以及价格在正常波动范围内移动而继续原趋势的可信程度。

如沪指在本轮牛市上升趋势中，出现了很明显的两次中期调整，震荡幅度加大，大阴线经常出现，与此同时，很多个股也跟随大幅下跌跳水，投资者如果没有提前判断，将损失很多到手的利润，而这时乖离率就为我们提供了很好的建议。沪指在 2006 年 5 月中旬，在 2007 年 1 月下旬，30 日乖离率都超过了 10%，尤其是在 2007 年 1 月，30 日乖离率甚至达到了 20%，这本身就预示着风险的来临，见图 7 - 3。

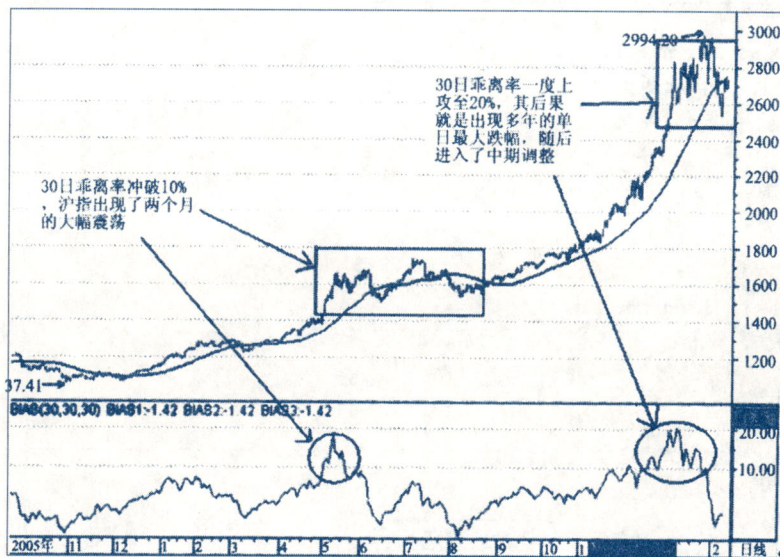

图 7 - 3　沪指日线乖离率走势图

3. 高位出现天量，主力对倒出货

　　如图 7-4 所示，望春花（600645）股价在 3.73 元出现一个小阳线，这根阳线是对前面 2004 年 8 月 19 日"单针探底"形态的一次确认，形成双底，回升之后连续出现很多个窄幅波动的底部"转折星星"，在 2004 年 9 月 9 日出现回抽三重底之后，以 9 月 10 日平底阳启动，9 月 13 日，很多投资者还没有反应过来就已经攻击到涨停了。流畅的分时图三波上涨攻击到涨停价格，再打开涨停以弱势封不住的感觉引诱不坚定分子卖出筹码，在涨幅 7% 附近震荡横盘两个小时后没有跌破均价，在下午 14 点大单通吃大小抛单直封涨停，然后，以大单封死涨停价格 4.46 元直到收盘，形成均线系统 5 日上穿 24 日"生命线"的金叉买入信号。次日温和放量再次跳空高开，三波上攻，下午封死涨停，下午 14 点之后抛单减少，再次成为涨停英雄。第三天再次跳空高开，上午锁住涨停板，连续三个涨停表现出来的气魄非常宏伟，成交量有所放大，得到了市场人士的认同，随后连续两天带上影的长阳 K 线过度上涨途中，再来了一次涨停，使这只股票在所有

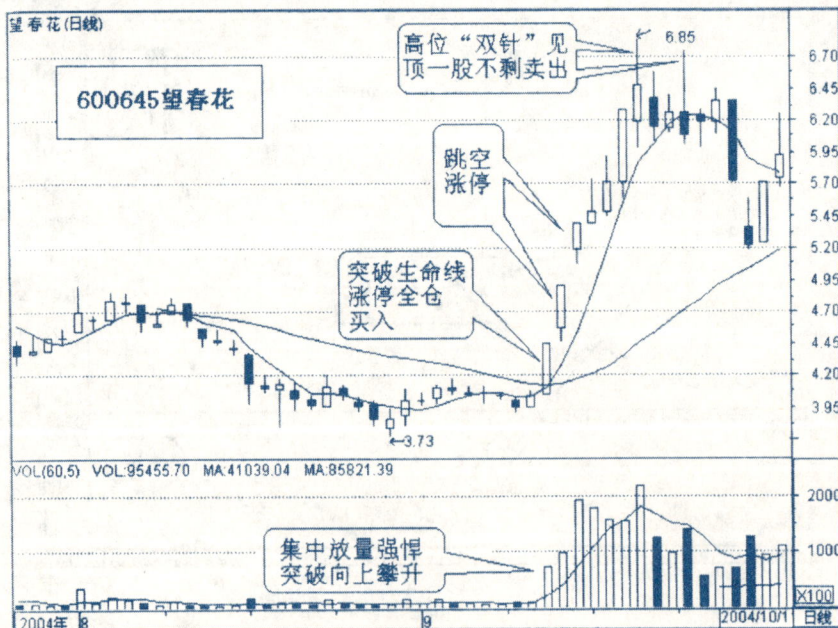

图 7-4

人心中留下了深刻的印象。连续拉出八根阳线之后，出现了投资者所熟悉的"避雷针"信号，而且还给了两次这样的机会给专业投资者轻松走货的机会。这样干脆利落的大家风范给投资者看得到、买得到、赚得到的完美操作过程。8 天大涨73% 的巨大涨幅，给买入者实现了不错的利润。

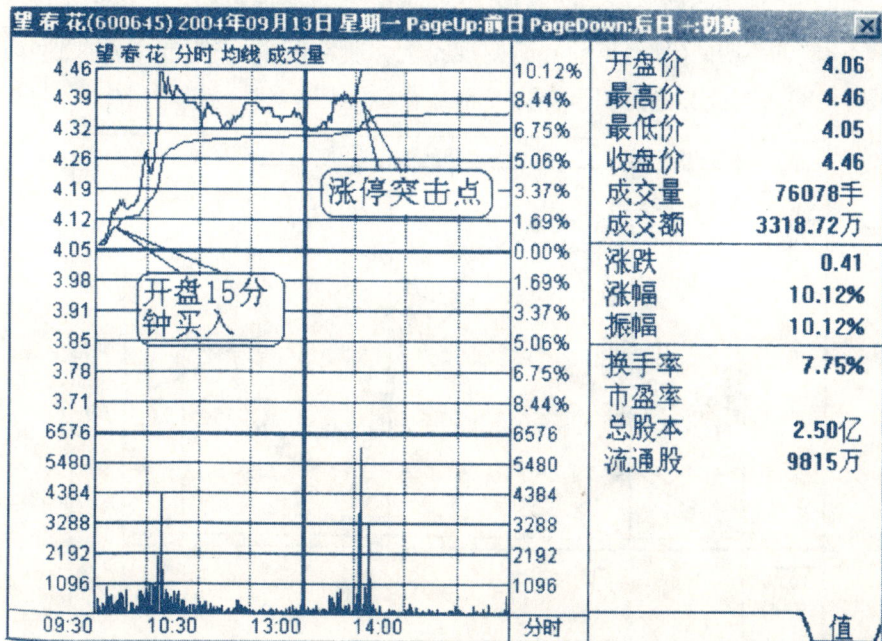

图 7-5

4. 看 6Y 值，决定卖出时机

6Y 是 6 日乖离率，乖离率是指股价偏离移动平均线的百分比。在强势市场中，沪股 6Y 值处于 +14% ~ +18%，而深股 6Y 值则于 ±7% ~ +10% 左右，为卖出时机。

翻开深沪股市的历史图表，我们发现每年都有一至两次较大的上涨行情，不管这种行情升势多么强劲，中间总有回落，若能把握好回落时机，既能伺机适时换股，又能采用"调节法"高卖低买获取更大的利润。那么在总体上升趋势中如何把握短期高位或回档点呢?

在强势市场中,沪股6Y值可于 +14% ~ +18% 卖出(见图7-6),而深股6Y值则于 +7% ~ +10% 左右卖出(见图7-7)。将突发性的利好消息排除,一般情况下深沪股市6Y值只要进入上述区域,回档调整的概率较大,即便在大牛市中,也会出现小幅回落或平合整理,至少能给您换股的机会。在牛皮市中,移动平均线趋向不明,6Y偏离轴心的幅度不大,通常仅在 +3% 或 -3% 之间波动(见图7-8),若成交量无明显变化,此时最好的策略就是观望。

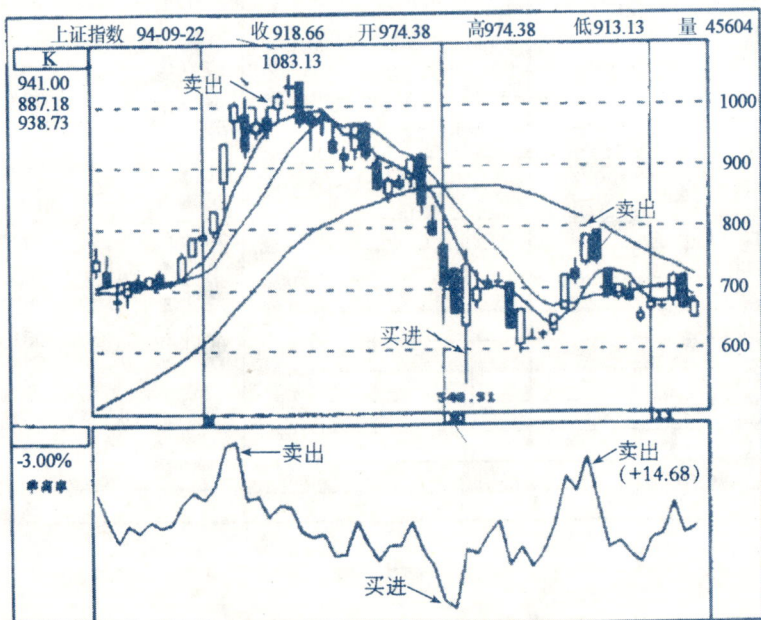

图7-6

有些职业炒手不甘寂寞,利用6Y出现的小幅偏离状态炒作短线,低买高卖博取蝇头小利,但常常出现股价波动过窄赔进手续费,这种做法非但劳神费脑,即便有获利也极为寥寥,易形成过于频繁操作之恶习。这种窄幅波动通常只可借机换股,而不应多思赢利,即6Y值在 +3% 附近抛出手中不理想的股票,待有回落再买进所需股票,能赚回手续费亦该满足了。

回顾一下深沪股市几年来的走势,我们发现其重要的特点之一就是上升行情总是短暂的,而下跌行情则是痛苦而漫长的。也就是说学会运用6Y在弱势市场

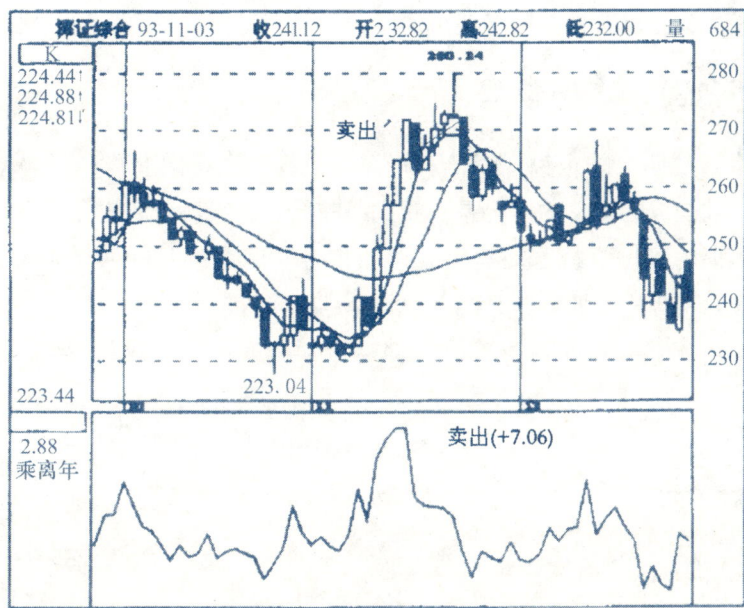

图 7 – 7

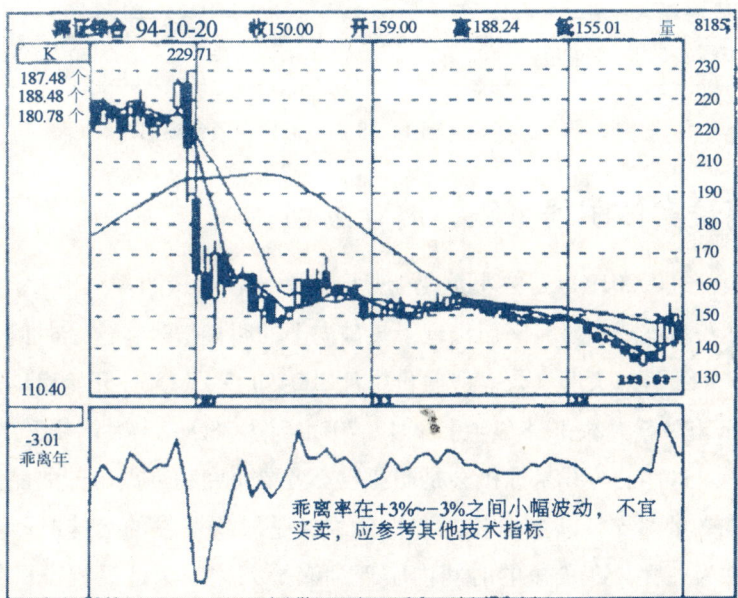

图 7 – 8

中的实战操作，可以有效地回避股市风险，还能获得次数较多的盈利机会。

5. 顶背离，卖出信号

当股价 K 线图上的走势一峰比一峰高，股价一直在向上涨，而 MACD 指标图形上由红柱构成的图形的走势是一峰比一峰低，这叫顶背离现象。顶背离现象表明股价短期内即将下跌，是卖出股票的信号。例如：万科 A（000002）2003年 1 月到 5 月走势呈顶背离，见图 7 - 9。

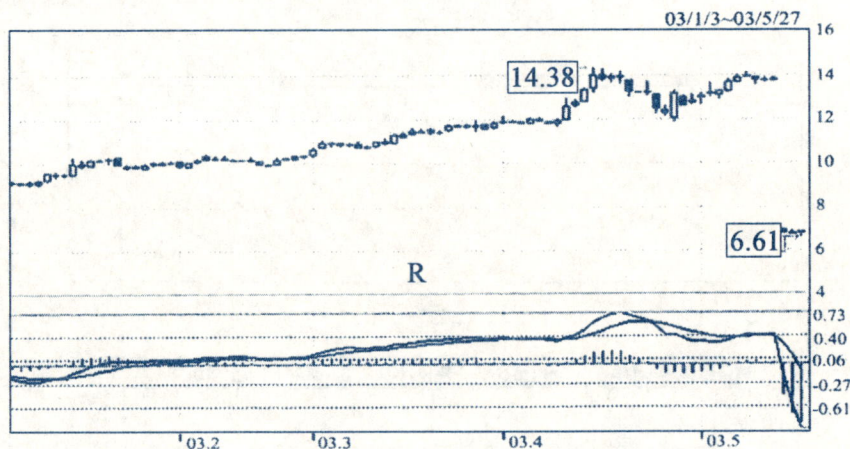

图 7 - 9　万科在达到 14.38 高点后出现顶背离形态

6. 高位实体阴线下跌，清仓离场

鑫富股份（002019）是中小企业板股票当中比较活跃的一只牛股，见图 7 - 10。该股在横盘整理一段时间后出现了突破向上的明显信号，这个时候是最好的买入时机，短线可以大胆介入。股票价格从 2004 年 9 月 15 日开始启动，在短短 13 个交易日当中就大涨 50% 以上。从 17.70 元到达 28.91 元大幅飙升 11 元，可谓牛气冲天。这样的短线暴涨机会是职业投资者要研究和重点出击的品种。在技术指标和成交量都支持股票价格向上的时候，是股票爆发的最佳时间。赚取差价，积小胜为大胜，在最短的时间内实现利润最大化，这是短线投机的最大原则。股票出现连续攻击涨停的超强势飙升行情，不要害怕，坚定持有，只要不破 5 日均线就可以了。当股票的趋势出现变化，发生逆转的时候，股票一旦跌破 5

日移动平均线收盘，就意味着短线空头已经有占据优势的苗头，获利卖出是最恰当的选择。

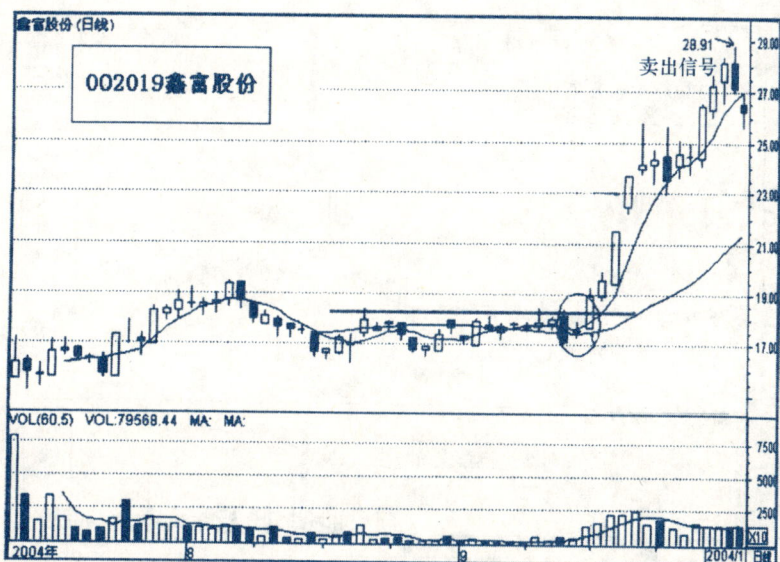

图 7 – 10

7. 跌破 24 日生命线，果断空仓

2005 年，东方宝龙（600988）有一个非常典型的出货形态，见图 7 – 11、图 7 – 12。该股在连续三个涨停过后跳空攻击第四个涨停的假象迷惑了一些赌性很足的短线客，追高的人全部被这种"断头直杀"的走势狠狠地钉在了跌停板上，次日再次跌停。主力借助市场的冲动快速地暴跌出货，这种跌停套现使股票多头受到很大的打击，通常很长时间都不会有表现了，剩下的是散户，没有庄家，一路盘跌。没有资金推动的股票是不会上涨的。如果没有连续的强力的资金推动，股票价格只会逐波下跌。这种高位连续巨量跌停出货的杀伤力是非常强的。当出现这种分时形态的时候，一定要当天内快速杀跌卖出，以免招致更大的损失。当你知道股票的价格要暴跌的时候，你只能做一件事，就是赶快以最快的速度把股票卖出。保住你的本金，是回避风险最重要的方法。停止操作，放弃等反弹的错误想法，要顺势而为。空头占据优势的时候，我们要避开其锋芒，等到空头释放过后进入衰竭的时候，多头就会重新占据主动。这个时候采取进攻是比较容易获

169

得成功的。买卖股票跟打仗是一样的，市场就是这么残酷和现实。没有半点人情味，只有孤独和专注思考的操盘手才可能领会其中的奥秘。

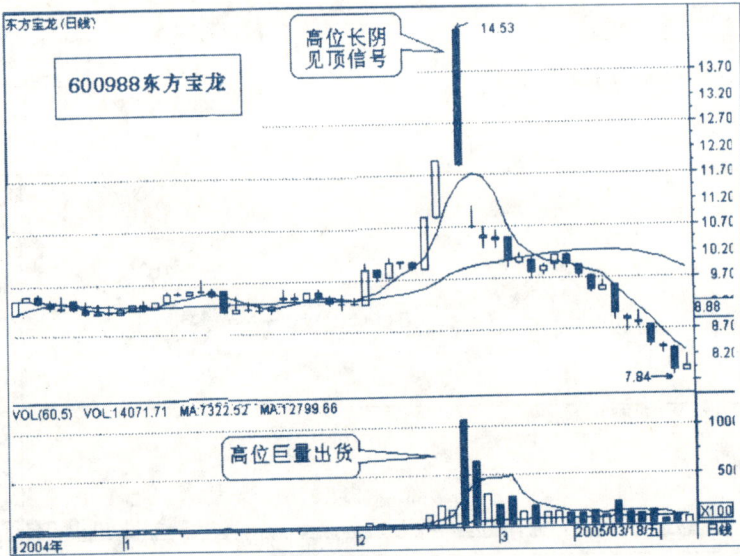

图 7－11

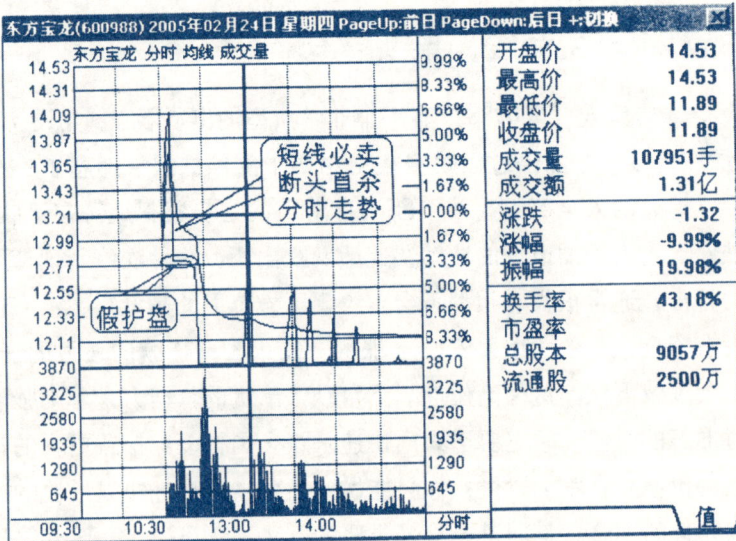

图 7－12

8. 看%K值，决定卖出时机

%K 值在 85 以上,%D 值在 80 以上可视为超买，在此区域%K 线向下穿破%D线应视为卖出时机。如 2004 年 3 月 22 日，上证指数升至 1 755 点，其时%K 值为 89.35,%D 值为 83.38，随后%K 线下穿%D 线，见图 7 - 13，大势没多久急转直下，若投资者根据 KD 线之变化果断出货，则可非常成功地在高位获利了结，同时回避了市场风险。

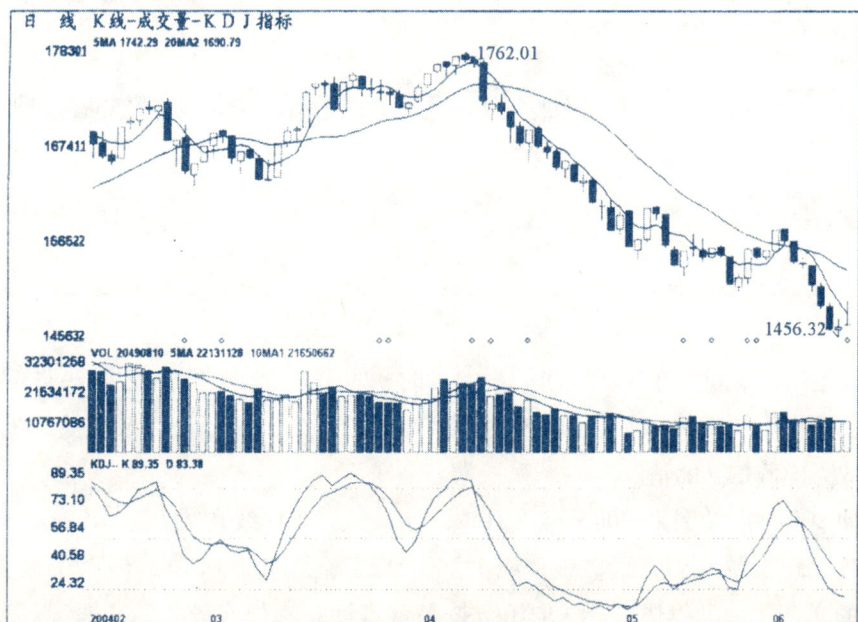

图 7 - 13

再如 2005 年 2 月下旬，深指一直在 3 000 点之上振荡，但 KD 线已发出卖出信号（见图 7 - 14）。其时该指标一方面提示应出货离场，另一方面我们看到当 KD 线发出卖出信号时大势尚未暴跌，移动平均线也未发出"死叉"的卖出讯号，显示了该指数的敏感超前性，可使我们在大跌势到来之前从容出货。

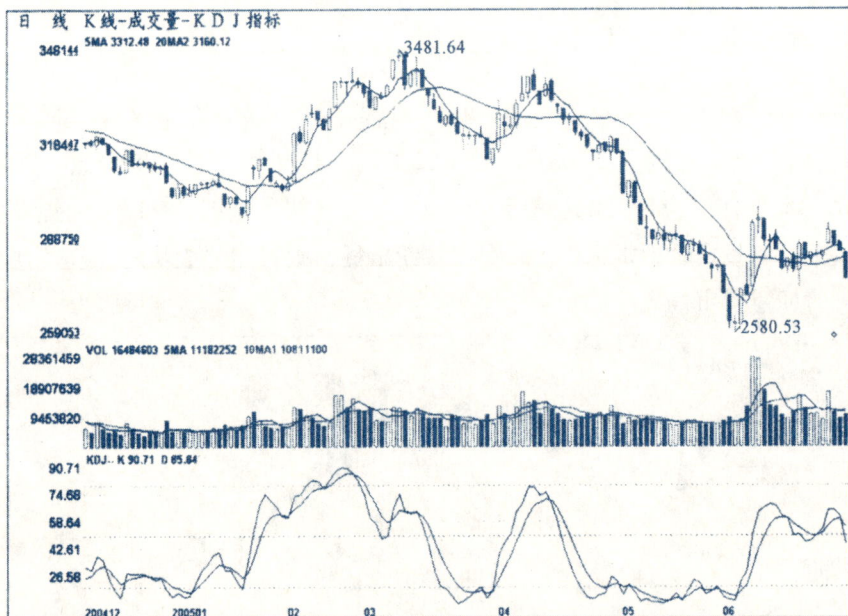

图 7 – 14

　　在运用％Ｋ线上穿％Ｄ线选择买卖点时，需有成交量的配合才是买进信号。为什么呢？因为实践中常常出现％Ｋ线上穿％Ｄ线时，由于缺乏成交量的配合，往往成为虚假信号的情况。

　　如 2004 年 12 月和 2005 年 1 月、2 月，其时 KD 线均发出"买进信号"，随后曾出现小幅反弹，形成％Ｋ线上穿％Ｄ线（见图 7 – 15），但由于缺少成交量的配合，大盘很快又调头向下，按最低点计算，仍有较大的跌幅，可见价量之配合对根据 KD 线选择买进点的重要性。有时 KD 线进入超卖后一直在超卖区运行，此时成交清淡，走势仍无转强迹象，通常应考虑准备进场，但不急于入货，因为从大盘和 KD 线的关系而言，KD 线虽已超卖，但大盘仍有不可小看的下跌空间（见图 7 – 16）。所以，根据 KD 线选择买进点时需有耐心，并将价量关系结合起来进行综合研判。但 KD 线在超买状态下发出卖出信号一般不需看成交量，即只要％Ｋ线在超买区域下穿％Ｄ线，即可考虑卖出。

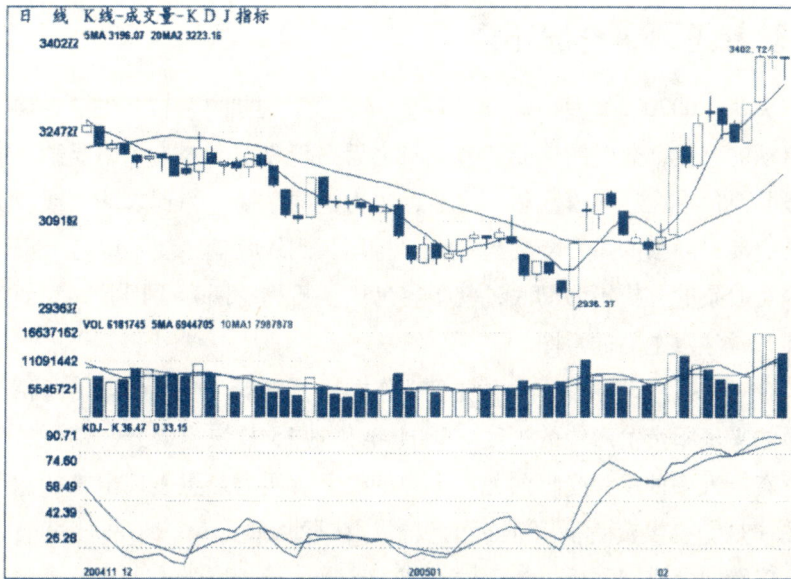

图 7 - 15

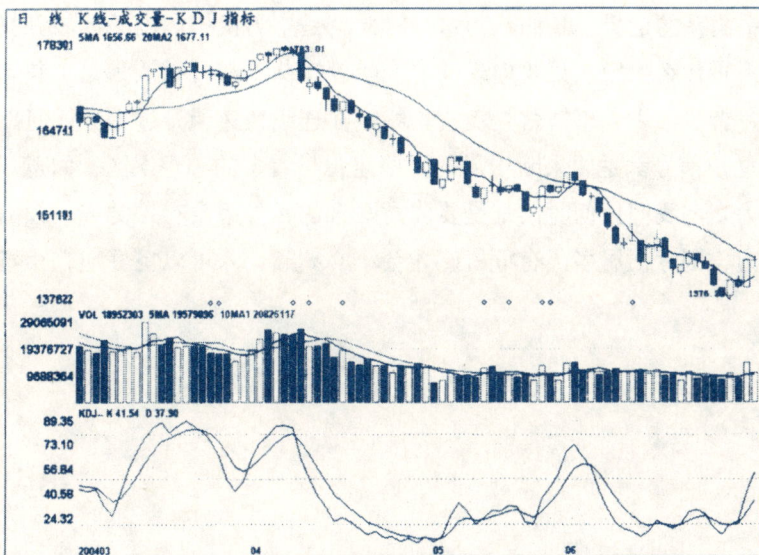

图 7 - 16

9. 双针见顶，一股不剩

江苏琼花（002002）是波动非常巨大的股票，见图 7 – 17、图 7 – 18，第一个涨停启动的时候，分时图连续三波上涨之后出现攻击涨停，我们要第一时间介入。一般股票价格在一段横盘整理之后，主力机构进场吸筹到末端，或者大盘行情已经要启动，凶狠的主力会使出一招，打压长阴线收盘，使不坚定分子全部卖出。如果对股票的分析不够彻底，就很容易中了机构的圈套。因此，我们对盘势的运作要非常注意主力的意图。

在 2004 年 9 月 13 日最后一次洗盘动作之后，出现了向上的攻击行情。经过了洗盘后的平底阳带上影线的过度。2004 年 9 月 15 日快速飙升，锁住涨停。这个过度形态给人一种反弹受阻的无量无力的假象。主力最想表现出来的意图越是隐蔽，往往是专业投资者展开捕捉的信号。该股从底部第一个涨停突破向上之后，马不停蹄向上跳空涨停，快速脱离成本区域，给人以强大无比的感觉，认定是大机构、大手笔操作，给后面顺利出货埋下伏笔。大涨 60% 之后，股价在高位出现宽幅震荡的走势，我们认为这个时候就是主力机构卖出的区域和操作的手法。通常不管什么牛股，只要出现高位大幅度震荡，都可以认为是出货行为。作为个人投资者，第一件事情就是卖货。特别在连续快速飙升过后，任何出现"避雷针"的见顶信号都是要果断出局的。回避盲目看多的心理误区，回避风险，把利润入袋为安。我们任何时候都是要注意套现的，如果没有警觉或者没有控制风险的执行力，则亏损居多。有危机感才会小心翼翼，才可以更好地在市场生存下来。

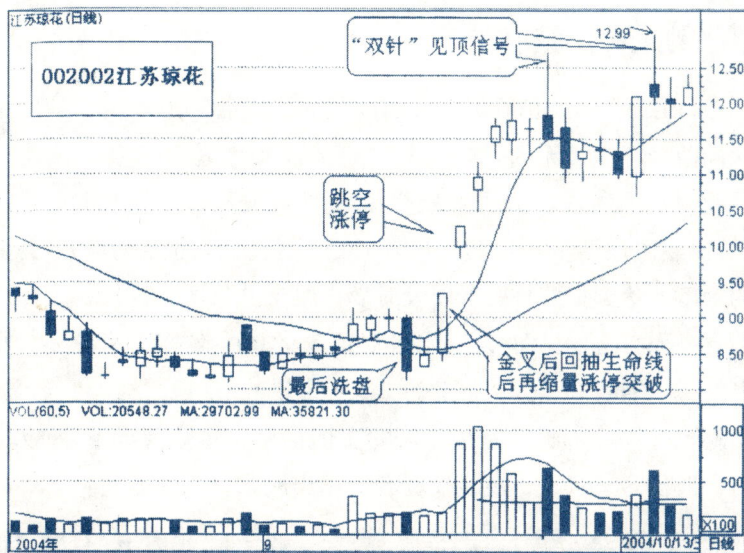

图 7-17

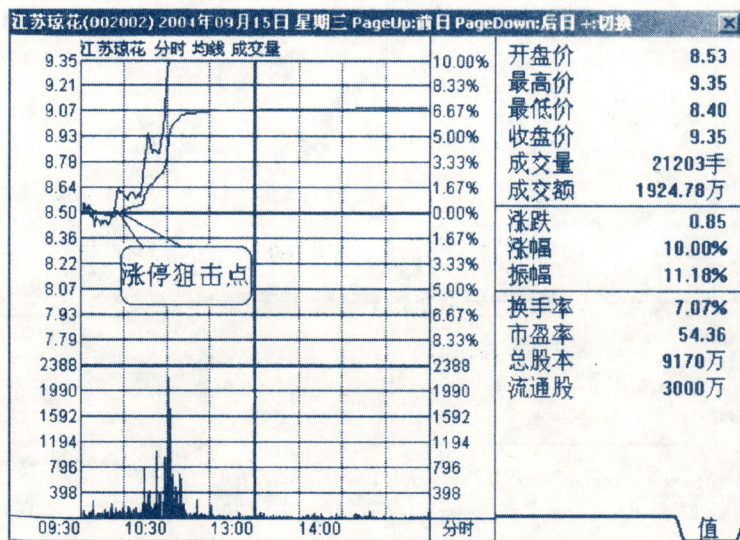

图 7-18

10. 双峰顶天，跌在眼前

所谓"双峰顶天"，就是股价上升到高位后，先后形成了两个高度大致相等的顶部，如同两个耸立云天的山峰，此种走势，就称之为"双峰顶天"。其实，该形态就是业内人士通常称谓的"M 头"或"双顶"。这里把 M 头或双顶编成"双峰顶天，跌在眼前"的顺口溜，是为了便于股民朋友加深对双顶形态的记忆，又在一定的程度上达到提醒投资者要及时卖出股票的目的，这样，就比仅标明图线形态，不含操作方法的"M 头"或"双顶"的单一名称实用得多，非常适合散户投资者的操作需要。

"双峰顶天，跌在眼前"，是很可信的卖出信号，多数情况下，"双峰顶天"形态形成后，股价多有一跌，短线投资者应抛出股票，保住盈利。

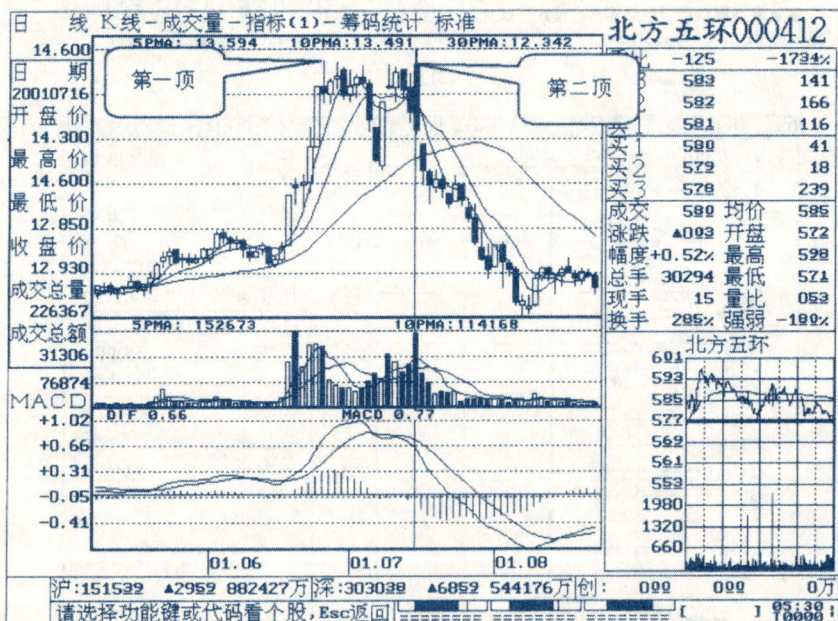

图 7－19

图 7－19 是北方五环（000412）2001 年 3 月 28 日到 2001 年 7 月 19 日的日线走势图，图中显示，该股在 2001 年 6 月下旬到 7 月中旬的这段时间里，走出了一个很典型的"双顶触天"形态。该形态的第一顶出现在 2001 年 6 月 28 日，

显示峰顶高点的图线是一条长上影的星形小阴线，峰顶高点为14.38元。第二顶出现在 2001 年 7 月 16 日，显示峰顶高点的图线是一条特大的阴线（开盘价14.30元，最高价 14.60 元，最低价 12.85 元，收盘价 12.93 元），峰顶高点为14.60 元。第二顶略高于第一顶，大体处在同一水平线上，是非常符合要求的"双峰顶天"形态，显示强烈的见顶信号，应卖出股票。该股的后市走势有力地印证了这一分析，自"双峰顶天"形态出现后，股价就由 2001 年 7 月 16 日第二顶高点出现日的 12.93 元，下跌到 2001 年 10 月 22 日的 6.55 元，下跌了49.34%。

11. 涨不上去就跌，快卖出

2006 年从 5 月 15 日以来的 14 个交易日，上证指数进入宽幅振荡，高点 1 684 点，低点 1 562 点，振幅 7.83%。几上几下的走势，确实令人晕头转向，那么有没有一种方法来认识这种振荡行情呢？

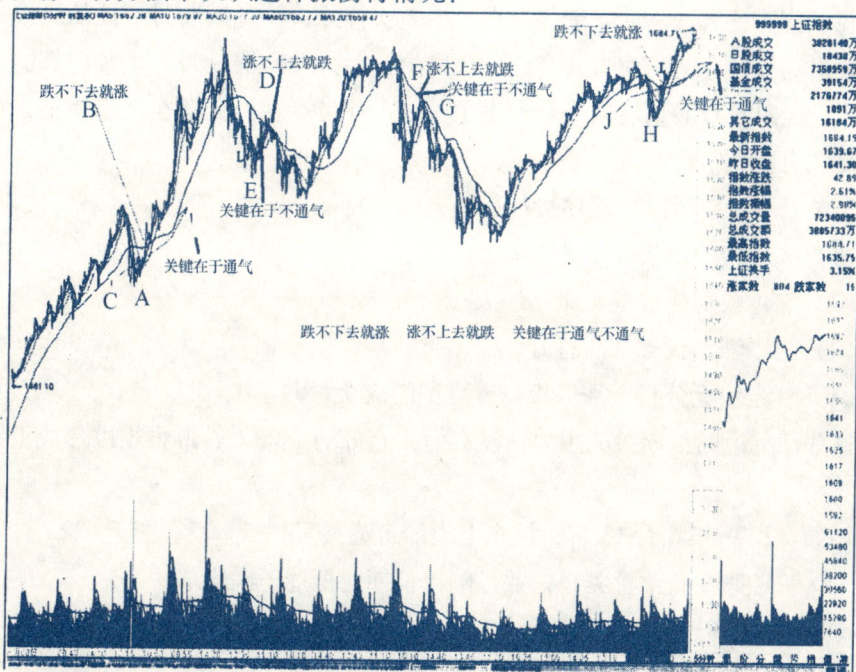

图 7－20　上证指数 5 分钟 K 线图

"跌不下去就涨，涨不上去就跌，关键在于通气不通气"，这是最简单，也是很有效的方法。在5分钟K线图上，设五条平均线，参数分别是：5、10、20、60和120。其中，60平均线和120平均线组成暖气带和冷气带，它们的通气与否，是判断涨跌的重要依据。

见图7-20，A点是切断暖气带，B点是回到五线之上，此时暖气带通气，B点必须做多；L点是切断暖气带，D点是回不到五线之上，此时暖气带不通气，D点必须做空；K点是切断暖气带，G点是回不到五线之上，此时暖气带不通气，F点必须做空；H点是切断暖气带，I点是回到五线之上，此时暖气带通气，I点必须做多。

其实这种方法并不是预测法，而是跟随法。"气带"走，我也走；"气带"不走，我不走，踏踏实实地走一步看一步，比想入非非的主观臆想要可靠得多。

12. 接近涨停板，获利了结

在股价连续大涨之后，涨停板在盘中屡次打开，并且逐渐封不住的时候，投资者要提高警惕，适当注意其高位见顶风险，因为这种情况表明该股内部的各主力资金已经对这只股票后期走势产生了分歧，并且有主力资金在悄悄撤出，投资者需要注意获利了结。

这类具有一定风险的涨停股往往具有以下特征：

(1) 大阳线的出现显得太过突兀。

(2) 涨停板封住的成交量不够大。

(3) 盘中涨停板被多次打开。

(4) 从走势上分析，涨停板位置堆积的成交量并不大。

这些情况说明：该股的主力并没有做好充分的准备，后市将难以形成上涨走势。

例如：2001年6月13日，桂东电力的走势（见图7-21、图7-22）。

果然，该股在此位置见顶，并且陷入长期的低迷下跌走势中。

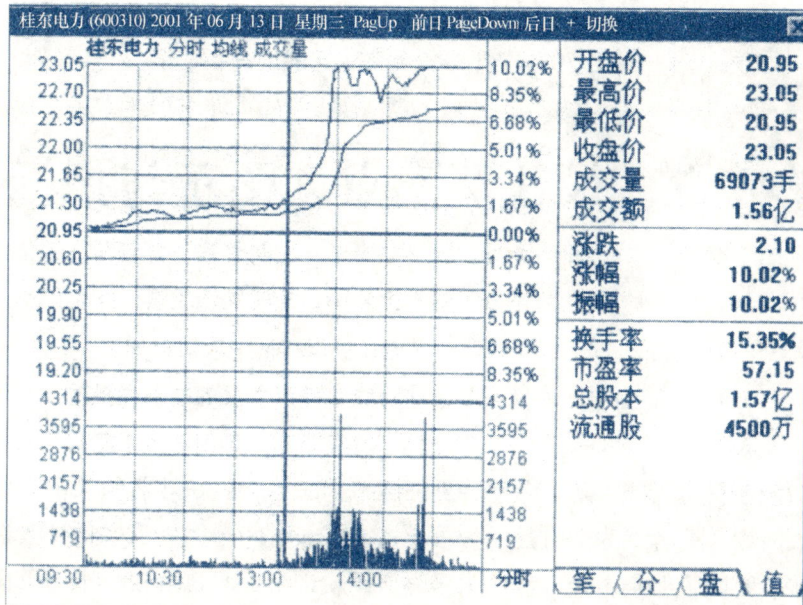

桂东电力 (600310) 2001 年 06 月 13 日 星期三 PagUp 前日 PageDown 后日 + 切换

桂东电力 分时 均线 成交量	开盘价	20.95
最高价	23.05
最低价	20.95
收盘价	23.05
成交量	69073手
成交额	1.56亿
涨跌	2.10
涨幅	10.02%
振幅	10.02%
换手率	15.35%
市盈率	57.15
总股本	1.57亿
流通股	4500万

图 7 – 21

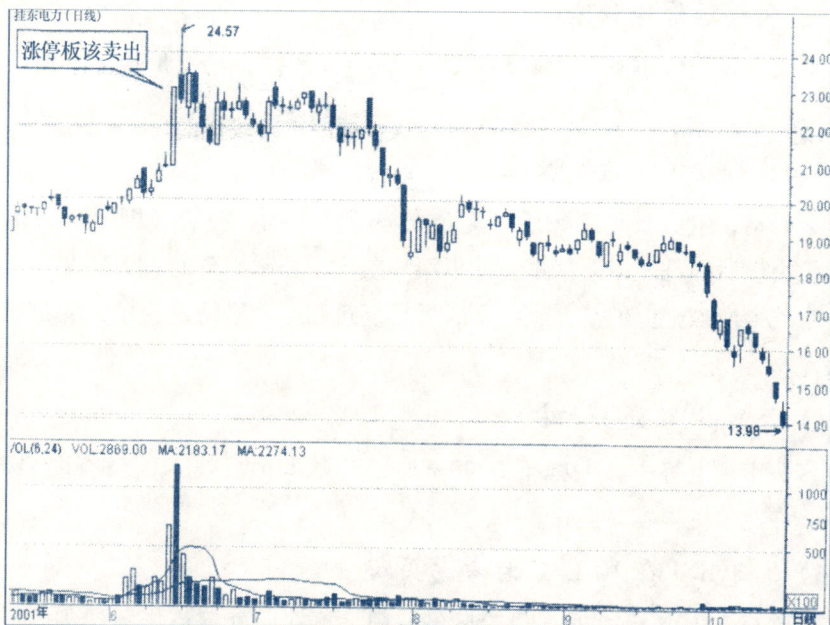

桂东电力(日线)

涨停板该卖出   24.57

13.98

/OL(5,24) VOL:2889.00 MA:2183.17 MA:2274.13

2001年   6   7   8   9   10

图 7 – 22

179

第 8 章　最佳买卖点之图示与指标

1. 操作股票重在选时

买股票主要是买的未来，希望买到的股票未来会涨。在炒股的几个重要因素量、价、时中，笔者认为选时是最为重要的。买入时间选择好了，就算股选的差一些，也会有赚，但是，介入时机不好时，即便选对了股也会被套牢。下面列出几个买入的时机供给大家参考：

（1）久跌后价稳量缩

在空头市场，传媒都非常看坏后市，但一旦价格企稳，量也缩小时，可买入。

（2）底部量增，价放长红

盘久必动，主力吸足筹码后，配合大势稍加拉抬，投资者即会加入追涨行列，放量突破后即是一段飙涨期，所以第一条巨量长阳出现时宜大胆买进，可有收获。在此最应该把握的是：经过下跌后反复筑底，价格稳定，杀跌动量已经萎缩到极点。

（3）下跌30%是买入机会

在多头市场走势中，大幅下跌30%时，若基本面、技术面没有明显转坏，可买入。在此位置很容易反弹。

（4）5 日 RSI 在 10 以下时考虑买入

当大跌至 RSI 小于 10 时，风险已经有限，可在此处等待指标勾头向上，开始放量时介入，以求获利。

（5）股价跌至支撑线未穿又回升时为买入时机

当股价跌至支撑线（平均通道线、切线、甘氏线等）止跌回稳，为支撑有效，一般来说甘氏45度线的支撑力度最大，如不破45度线，日后上升的幅度不可小视。

（6）底部明显突破时为买入时机

比如：W底、头肩底等，在股价突破颈线时，为买点；在相对高位的时候，无论什么形态，也要小心为妙；另外，当确定为弧型底，形成10%的突破时，为大胆买入时机。

（7）低价区小十字星连续出现时

底部连续出现小十字星，表示股价已经止跌企稳，有主力介入痕迹，若有较长的下影线更好，说明多头位居有利地位，是买入的较好时机。重要的是：价格波动要趋于收敛，形态必须面临向上突破。

（8）ABV指标12日线向上穿越26日线

这是主力进出的一个指标，也是一个价格领先指标。要求26日ABV在低位走平，12日ABV上穿26日ABV，表示主力主动性进场，这时关注股价已经在低价区盘整已久，此时，可以大胆买进；如果两线形成多头趋势向上，表明这波行情，将随股价的攀升，逐步脱离底部向上，一发而不可收拾。

2. 买进最佳时机

（1）5日（10日）均线经过下滑、走平后开始上翘，此时当股价带量收阳上穿5日（10日）均线时；或5日、10日均线上穿20日（30日）均线形成"上拐点"时，为买入时机。

（2）成交量悄悄放大，股价刚刚走出盘局（图形上呈图弧底、V形或矩形），且三条短期均线刚刚呈多头排列，开始构筑出上升通道。

（3）股价二次或三次探底时形成W底、三重底或头肩底。

（4）日K线显示某股票下跌二浪之后小幅波动，量缩至其流通股的千分之五以下，最好这样缩量盘整三天以上，或者在此区域阴线阳线交错，量能均衡且比前日有所放大，可介入。

（5）如某股票跌至两年来的底部，即使跌破历史低价，也只是瞬间，其实是庄家在刻意打压吸筹，若有大买单在低位扫货，应果断跟进。

（6）某股票小阴小阳或中阳一路稳步爬升，且有一段不小的涨幅，某一天（该股没有什么利空）突然出现一根下跌型的中阴或长阴，十有八九是庄家在震荡洗筹，可适当跟进。

（7）当股价在低位时，遇个股利空出台且放量，但股价却不跌（甚至反升）时。

3. 卖出最佳时机

（1）当股价达到自己预先设立的心理价位或者目标收益率时即可抛出。投资者应关注那些一年来没有动作过，而今有庄介入的个股，一般涨幅都会超过50%，多数可达100%。保守型投资者可在最低价上涨50%时抛出，进取型投资者可继续持筹看涨，在股价创下某高点后回落，跌幅超10%时获利了结。

（2）如某股票某天莫名其妙地拉出一根长红，且放巨量（达到其流通股的10%以上），第二天一早可马上出局。

（3）某股票已有一段较大的涨幅，许多报纸和股评人士在圈点推荐之时，市场出现极乐观的市况，也是该派发的时候了。

（4）利用均线系统识别，一般可选用长期均线组合：21日、68日、144日均价线，当股价从低位拉升至阶段性高位后，股价与144日均价线严重背离，股价移动平均成本越来越高，伴随承接盘的转弱，股价回调至144日线是必然的选择。

4. M 头和 W 底暗示买卖时机

要是单看技术指标，会让很多最优秀的技术分析专家难堪。

比如，很多文章指出，"W底"已经筑就，言下之意可以放胆买股票。但是第二天开盘后，却单边震荡回调，而且，收盘后的图形，你不能否认"M头"的可能。也就是说，昨天刚刚做好了"W底"，股民可以买股票了，今天就给你"M头"的可能，也就是说要警惕卖出了。

假如你等下去，明天重新攻上去创近期新高，从技术上看力度会加大；但是如果明天不涨反跌，恐怕图形就更难看。不过，即便下跌，分析师的心里不会没有支撑位：比如5日、10日、30日均线都在下面严阵以待，随时准备狙击空头的肆虐；再比如各类指标的强势信号等等。分析师会按照惯例这样告诉你：下面某某位置有支撑，可以密切关注，如果某某位被有效击破，大盘则可能向下考验双底的支撑力度。

按照这样的分析，你不管怎么操作，都有可能出错，甚至出大错；但是，分析师的分析却会一直很正确。所以投资者和分析师感觉差异太大。这就要求，分析师说话要辩证、客观、全面，最好是有充分详实的数据作为分析依据；而投资人，在获取分析资讯的时候，就特别需要有一个再分析的能力，就是对所有专家分析文章的真实性、可靠性、准确性来一个比较和研究。

事实上，大盘或者个股的走势，永远都在运行着各种形状的"M头"和"W底"，只是看起来模样各不相同而已，比如有的左边右边高低相同，形态比较标准，有的左右高度不同，有的甚至有一定的差距，但依然是"M头"或者"W底"的形态；换一个角度看，所有的历史走势都是"M头"和"W底"的不断演变，走完了"M头"，后面就会有"W底"，或者走完了"W底"，接下来就会有"M头"。

投资人最要紧的，就是要弄清楚这些"M头"和"W底"的转换时间，转换形态，然后适时进退。

但是很遗憾，绝对没有人可以完全弄清楚这些"M头"和"W底"的走势转换机密，也没有人能总是准确无误地在"W底"买进，在"M头"卖出。至高无上的投资大师，对自己的判断准确性要求是大于6成，最好是7~9成。没有真正的投资大师希望自己的判断达到10成。

因此真正科学的分析，就是要准确率高一些。要做到这个概率比较高，就至少要从两个方面着手：一是自己扎实研究，比如最近的走势，你不仅要看双头的可能性，还要考虑均线的支撑；而更重要的，还有近期主力资金进场的能量分析——我们永远要记得：主力资金是大盘方向的决定者。在此基础上，你还要看这个"M头"和"W底"所处的位置：在高位则前者可能性加大，后者可能性变小，换位则相反；高位高到什么程度，低位低到什么程度，政策信息对走势的影响，影响是否已经消化或者部分消化等等，有很多东西值得参考，列举100条绝对不是难事。这就要看自己的能力了，而这种能力在看盘时候的表现，必须是快速反应，否则一个一个研究，永远没有操作性可言。

另一个方面，就是寻找一些确实有水平的分析报告，进行研究决策。

只有这样，才能最大概率地准确揭示出"M头"和"W底"转换的机密。按照这样的研究和判断，今天的走势即使可能形成双头，也应该是一个小双头，而如果近期没有重大问题的影响，立即向下破位的可能性就比较小。

5. 利用周 K 线寻找股票买卖点

要从更长的周期把握股价的走势，就要用周线图来观察。我们可通过观察周线与日线的共振、二次金叉、阻力位、背离等几个现象寻找买卖点。

（1）周线与日线共振

周线反映的是股价的中期趋势，而日线反映的是股价的日常波动，若周线指标与日线指标同时发出买入信号，信号的可靠性便会大增，如周线 KDJ 与日线 KDJ 共振，常是一个较佳的买点。日线 KDJ 是一个敏感指标，变化快，随机性强，经常发生虚假的买、卖信号，使投资者无所适从。运用周线 KDJ 与日线 KDJ 共同金叉（从而出现"共振"），就可以过滤掉虚假的买入信号，找到高质量的买入信号。不过，在实际操作时往往会碰到这样的问题：由于日线 KDJ 的变化速度比周线 KDJ 快，当周线 KDJ 金叉时，日线 KDJ 已提前金叉几天，股价也上升了一段，买入成本已抬高，为此，激进型的投资者可在周线 K、J 两线勾头、将要形成金叉时提前买入，以求降低成本。

（2）周线二次金叉

当股价（周线图）经历了一段下跌后反弹起来突破30周线位时，我们称为"周线一次金叉"，不过，此时往往只是庄家在建仓而已，我们不应参与，而应保持观望；当股价（周线图）再次突破30周线时，我们称为"周线二次金叉"，这意味着庄家洗盘结束，即将进入拉升期，后市将有较大的升幅。此时可密切注意该股的动向，一旦其日线系统发出买入信号，即可大胆跟进。

（3）周线的阻力

周线的支撑与阻力，较日线图上的可靠度更高。从 2006 年以来的行情我们可以发现一个规律，以周线角度来看，不少超跌品种第一波反弹往往到达了 60 周均线附近就有了不小的变化。以周 K 线形态分析，如果上冲周 K 线以一根长长的上影线触及 60 周均线，这样的走势说明 60 周线压力较大，后市价格多半还要回调；如果以一根实体周线上穿甚至触及 60 周均线，那么后市继续上涨、彻底突破 60 周均线的可能性很大。实际上 60 周均线就是日线图形中的年线，但单看年线很难分清突破的意愿，走势往往由于单日波动的连续性而不好分割，而周线考察的时间较长，一旦突破之后稳定性较好，我们有足够的时间来确定投资策略。

（4）周线的背离

日线的背离并不能确认股价是否见顶或见底，但若周线图上的重要指标出现底背离和顶背离，则几乎是中级以上底（顶）的可靠信号，大家不妨回顾过去重要底部和顶部时的周线指标，对寻找未来的底部应有良好的借鉴作用。

日线是股价每天波动的反映，但是如果我们过分沉迷于每日的股价涨跌，会"只见树木，不见森林"。

6. 用 KD 指标指导进出

（1）KD 指标暗含的规律

一个趋势持续时间长了，应多用 30 分钟、60 分钟 KD 来指导进出。主要是把握下面几条规律：

①如果 30 分钟 KD 在 20 之下盘整较长时间，60 分钟 KD 也如此，则一旦 30 分钟 K 值上穿 D 值并越过 20，可能引发一轮持续时间在 2 天以上的反弹行情。若日线 KD 也在低位发生交叉，则可能是一轮中级行情。注意 K 与 D 交叉后只有 K 值大于 D 值 20% 以上才可能是有效的。

②如果 30 分钟 KD 在 80 以上向下掉头，K 值下穿 D 值并跌破 80，而 60 分钟 KD 才刚刚越过 20 不到 50，则说明行情出现回档，30 分钟 KD 探底后可能继续向上。

③如果 30 分钟和 60 分钟 KD 在 80 以上较长时间后 K 值同时向下穿 D 值，则表明要开始至少两天的下跌调整行情。

④如果 30 分钟 KD 跌至 20 以下掉头向上，而 60 分钟 KD 还在 50 以上，则要观察 60 分钟 K 值是否会有效穿过 D 值（K 值大于 D 值 20%）。若有效，表明要开始新一轮上攻，若无效，表明仅是下跌过程中的反弹，反弹过后仍要继续下跌。

⑤如果 30 分钟 KD 在 50 之前止跌，而 60 分钟 KD 才刚刚自下交叉，说明行情可能会再持续向上一段时间，目前仅属于回档。

⑥30 分钟和 60 分钟 KD 指标的背离现象也可以作为研判大市的依据。

⑦在大牛市中，30 分钟 KD 可以达到 90 以上，而且在高位屡次发生无效交叉，此时重点要看 60 分钟 KD，当 60 分钟 KD 向下发生交叉时，可能引发较深回档。

⑧在暴跌过程中，30 分钟 KD 可以接近 0，而大势依然跌势不止。此时重点也是看 60 分钟 KD，当 60 分钟 KD 向上发生有效交叉时，会引发极强的反弹。

（2）KD 指标与市价

再谈一谈 KD 与市价的背离现象：

①价格曲线呈现上升趋势，在 A 处股价创新低，但 KD 线并没有创低，而是比前一底点高，此处 A 点价格线与 KD 线发生背离，为买入信号。

②价格曲线呈下降趋势，在 B 处股价创新高，但 KD 线并没有创新高，而是比前一个高点低，此处表明价格与 KD 线发生背离，是很好的卖点。

③价格曲线的高点一波比一波低，但在 KD 线上却表现出高点一波比一波高，价格曲线与 KD 线发生严重背离，此为卖出信号。

④价格曲线呈双底形，并且一个低点比一个低点高，但 KD 线却是一波低点比一波低点低，价格曲线与 KD 线发生严重背离，此为买入信号。

7. 据 ROC 指标来判断买卖点

（1）ROC 指标的用途

该指标用来测量价位动量，可以同时监视常态性和极端性两种行情。ROC 以 0 为中轴线，可以上升至正无限大，也可以下跌至负无限大。以 0 轴到第一条超买或超卖线的距离，往上和往下拉一倍、两倍的距离，再画出第二条、第三条超买超卖线，则图形上就会出现上下各三条的天地线。

（2）ROC 的使用方法

①ROC 波动于"常态范围"内，而上升至第一条超买线时，应卖出股票。

②ROC 波动于"常态范围"内，而下降至第一条超卖线时，应买进股票。

③ROC 向上突破第一条超买线后，指标继续朝第二条超买线涨升的可能性很大，指标碰触第二条超买线时，涨势多半将结束。

④ROC 向下跌破第一条超卖线后，指标继续朝第二条超卖线下跌的可能性很大，指标碰触第二条超卖线时，跌势多半将停止。

⑤ROC 向上穿越第三条超买线时，属于疯狂性多头行情，回档之后还要涨，应尽量不轻易卖出持股。

⑥ROC 向上穿越第三条超卖线时，属于崩溃性空头行情，反弹之后还要跌，应克制不轻易买进股票。

（3）ROC 的使用窍门

①界定某一只股票的超买超卖值时，可以在画面上显示至少一年的走势，观察一年来 ROC 在常态行情中，大约上升至什么地方就下跌？下跌至什么地方就上涨？这个距离就是第一条超买超卖线的位置，再以此等距离向上和向下，画第二条、第三条超买超卖线。

②判断是否处于"常态行情"？可以参考 BR、CR、VR 等指标，如果上述指标没有异常上扬，大致上都属于"常态行情"。

③指标有时候会超出超买超卖线一点点，这是正常的。这一方面，不仅需靠个人的判断能力，还可以参考布林线的说明，可以帮助你提高过滤误差的能力。

④当 ROC 指标穿越第三条超买超卖线时，将股票交给 SAR 管理，成果会相当令人满意！

8. 用 OBV 指标把握买卖时机

在对股票市场趋势的研判上，有必要掌握 OBV 指标的应用原则，来弥补对股价分析上的不足之处。OBV 线也称 OBV 能量潮，是将成交量值予以数量化并制成趋势线，配合股价趋势，从价格的变动及成交量的增减关系，推测市场气氛。

OBV 的理论基础是市场价格的变动必须有成交量配合，股价上升时成交量必须增加，但并不一定要求成交量的变化与股价的变化成正比。价格升降而成交量不相应升降，则市场价格的变动难以继续。可以看出 OBV 的出发点是基于成交量为股价变动的先行指标，短期股价的波动与公司业绩并不完全吻合，而是受人气的影响。因此，从成交量的变化可以预测股价的波动方向。

操作上，一般是把 OBV 线与股价线进行对照，一旦出现差离走势，就认为是一个出入信号。当股价频频上升，创下新高点时，OBV 却不能创出新高，意味着上升的能量不足；换言之，后市的力道已经用得差不多了，这是一个卖出信号。反之，倘若股价下跌不止，创下一个新低点时，OBV 线却不愿下跌或下跌甚少，并未创下新低，说明股价已经跌得差不多了，后市反弹有望。当股价上涨而OBV 线同步缓慢上升时，表示股市继续看好，仍可持股。当 OBV 线短时间内暴升，则表示能量即将耗尽，股价可能会反转。另外，在应用时还可以观察 OBV的"之"字形波动。当 OBV 累计 5 次出现局部高点（或低点）后可视为短期反转讯号；当局部高点（或低点）累计到 9 个时，须注意行情的中期反转。

由于 OBV 的走势可以局部显示出市场内部主要资金的移动方向，显示当期不寻常的超额成交量是徘徊于低价位还是在高价位上产生，因此，可使投资者领先一步掌握大盘或个股突破盘局后的发展方向。不过，应当注意的是，OBV 线一般作为股市短期波动的重要判断方法，运用 OBV 线一定要配合股价趋势予以研判分析。

9. 看带柄杯状图来决定买卖点

典型的带柄杯状图是这样形成的：股价线先向下运动 5 ~ 7 周，形成杯子的左半边。有时向下运动的时间会长一些，有时会短一些。大多数杯子形状的股票会在底部震荡调整几周的时间，但是一些股票的杯子底部区域可能很窄。然后它开始向右上方运动，超过杯状图的一半，通常高于历史高点的 10% 或 15%。然后图形开始向窄狭区域扩展，渐渐离开我们称为杯柄的图形区域。在杯柄下面和杯子底部大概一两周的时间，交易量通常会缩减甚至明显萎缩。这意味着那时股票市场的卖方力量不强，是推动股价上涨的利好因素。

在牛市里买入这些股票的最佳时机是在杯状图形出现后，这时股价将逐渐走出底部并开始上扬，在积蓄足够的力量后突破杯柄区域的早期股价高位。这被叫做中枢点或准确买入点，它可能是新一轮股价高涨的开始。然而，它通常低于整个杯状图绝对高点的5%、10%或15%。最典型的带柄杯状图在连续多周的上升趋势时，在成交量开始大幅增加前，股价会先上涨至少30%。

下面是形成于1998~2000年牛市的带柄杯状图的基本例子，图表上面注明了买入点和接下来的上涨情况。在后面增加了有缺陷的带柄杯状图作为对照。这些图表看上去和上文提到的杯状图很像，但实际上它们存在缺陷，就是这些缺陷让股价从上扬的势头转为下跌。

带柄杯状图并不是只在1998~2000年的牛市中出现。纵观股票市场历史，它们在每一个股市周期都出现过，并且连续不断地重复出现。

一个带柄杯状图的底部时间跨度应该至少有6~8周，开始第一周的收盘价应该低于股票前期的顶部。许多图形要用6个月或者一年来形成。股票从绝对顶部的形成到绝对底部的完成，一般的调整幅度是25%~40%。通常，股票的调整幅度不会超过整个股市平均指数调整幅度的2.5倍。

几乎所有的带柄杯状图都是在大盘股指震荡调整或下跌时形成的。从某种意义上说，股市的调整可以看作是有利于未来的健康发展，因为那些领涨股在沉寂了几个月后会重新焕发出活力，促使大盘新的态势的形成。比如，买进零售类股票在某个时候可能是不明智的选择，但是几周以后，当它完成了理想的形态筑底成功后，就一跃成为领涨股。然后，如果你想让你的资本升值，你就需要待在那里，当买入点出现后能及时地发现这一变化。这就好像做其他事情一样：要么你在工作中出类拔萃，要么你一无是处。

某股票
日线图

价格
35

历史高点

30

前上升趋势

25

杯子左边   杯子右边   3 周的
杯柄

14 周带柄杯状图

35

在突破的第 1
周内上涨 20%

历史高点

积累的 3 周胶
着期标志

买入点

30

前上升趋势

柄部下沉

25

股价上涨成交量上升

成交量
326 000
138 000
58 000
24 000

1985 年 9 月 | 1985 年 10 月 | 1985 年 11 月 | 1985 年 12 月 | 1986 年 1 月

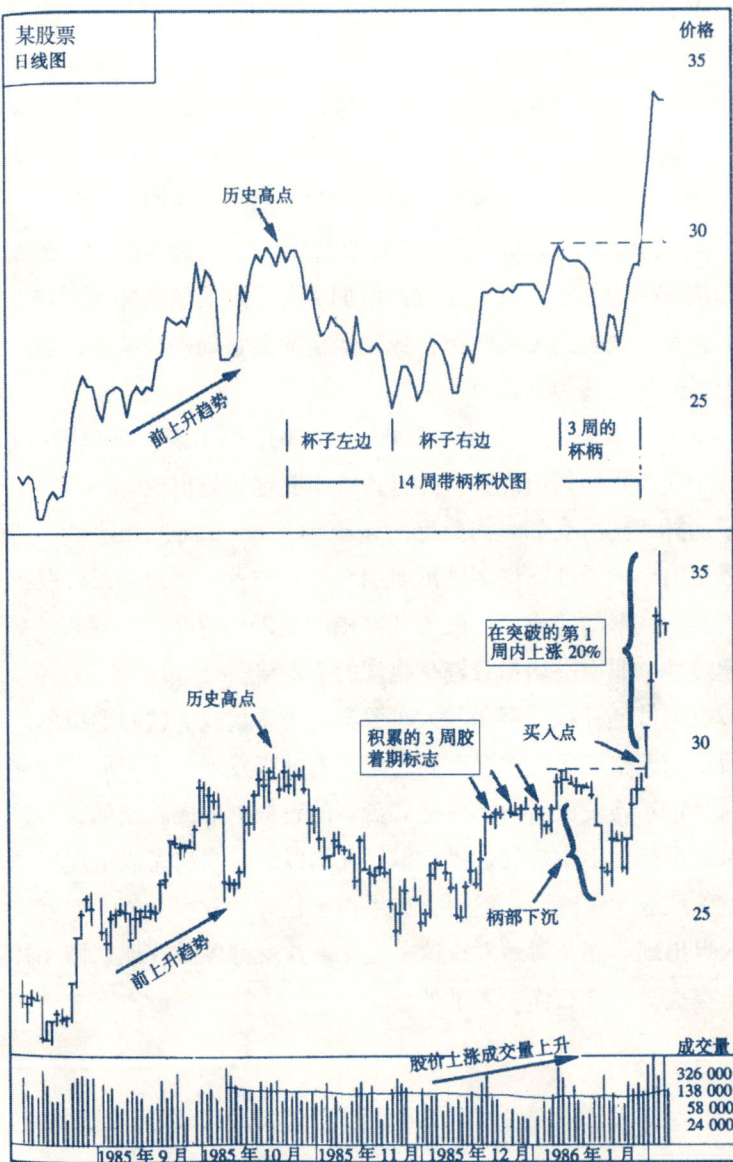

图 8-1   某股票 14 周带柄杯状图日线图

某股票
周线图

价格
34

1986 年 2 月
买入点

历史高位

新股

前上升趋势

14 周带柄杯状图从侧面看就像茶杯

30

26

22

股票在第一周上涨 20%
上升趋势至少 8 周(在买
卖原则 4 中的规则)

买入点

34

3 周胶着期

历史高位

3 周胶着期

新股

前上升趋势

本期的柄式区
域,震荡在周波
动范围上半部

突破周成交量
应高于前一周
成交量

30

26

底部 4 个黑周高于年均周成
交量与仅 1 个红色周成交量

成交量

1 340 000
720 000
380 000
200 000

1985 年 8 月　1985 年 9 月　1985 年 10 月　1985 年 11 月　1985 年 12 月　1986 年 1 月

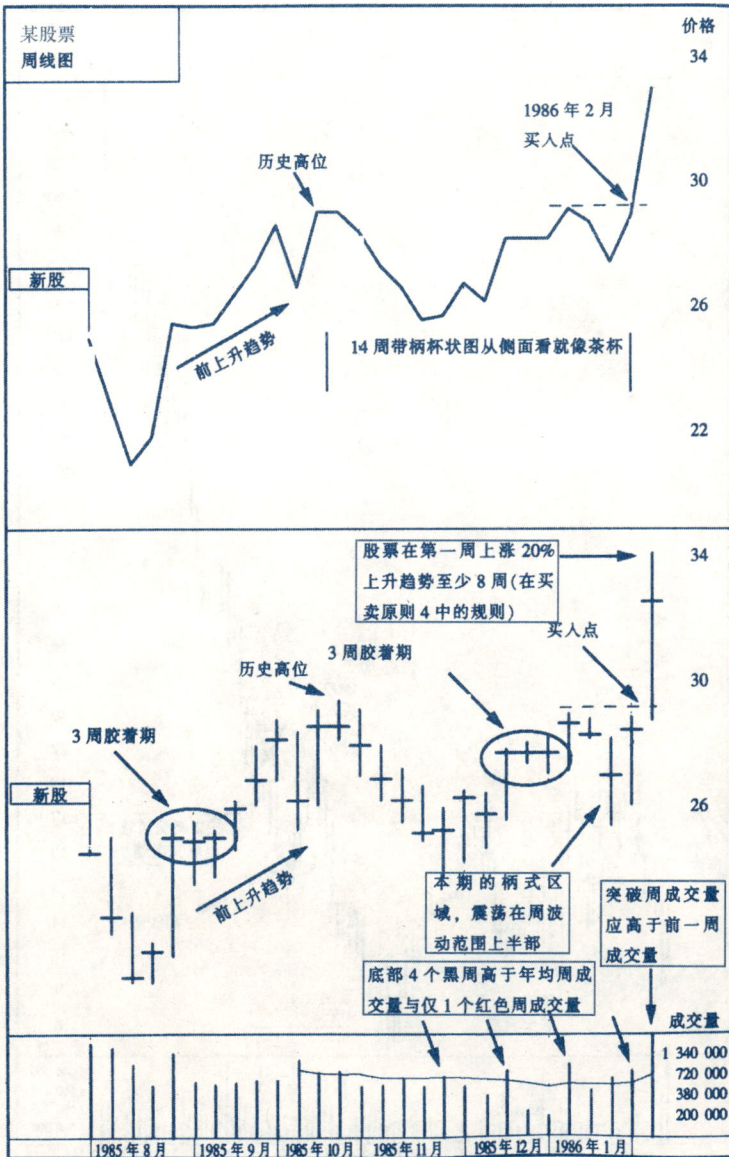

图 8－2　某股票带柄杯状图周线图

191

周线图

价格
340
300
260
220
190
170
150
130
110
100
90
80
70
60
50
45
38
34
30
26
22
19
17
15
13
11
10
9
8

1999 年 9 月
买入点

2 周柄区域
成交量缩小

3 周胶着

新股

周平均
成交量线

成交量枯竭

成交量
6 000 000
4 500 000
3 000 000
1 500 000

1998 年 8 月　1998 年 12 月　1999 年 3 月　1999 年 6 月　1999 年 9 月　1999 年 12 月　2000 年 3 月

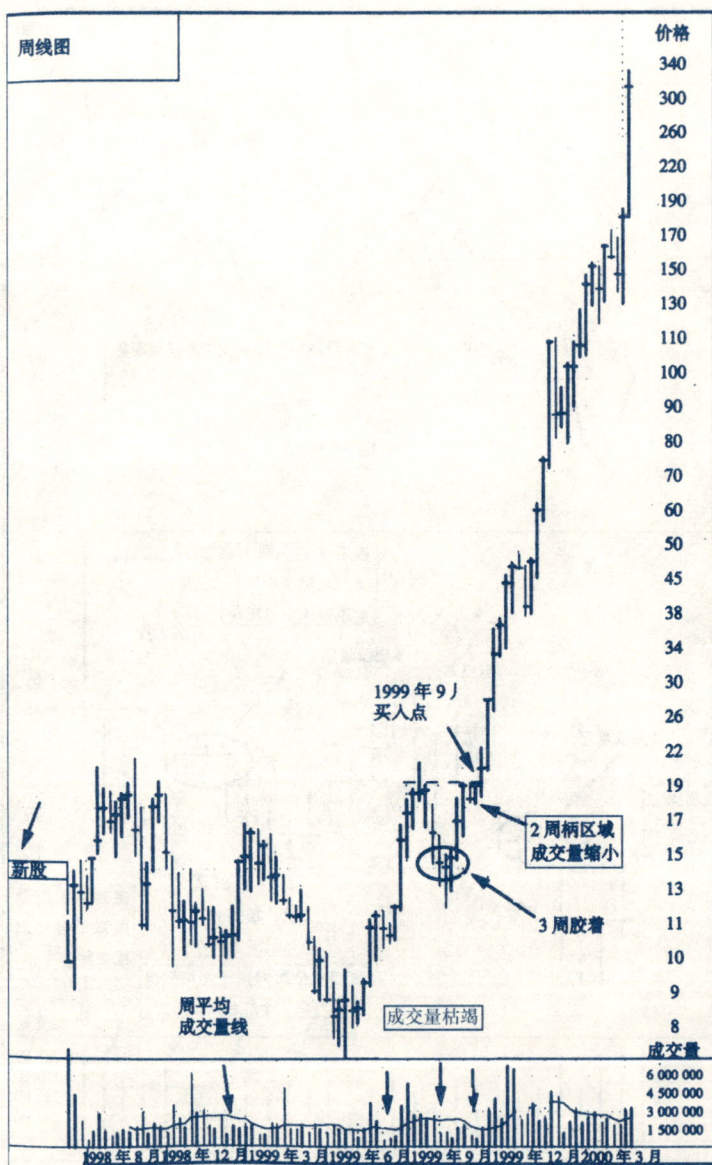

图 8-3　8 周带柄杯状图，仅在 24 周内上涨 1 414%

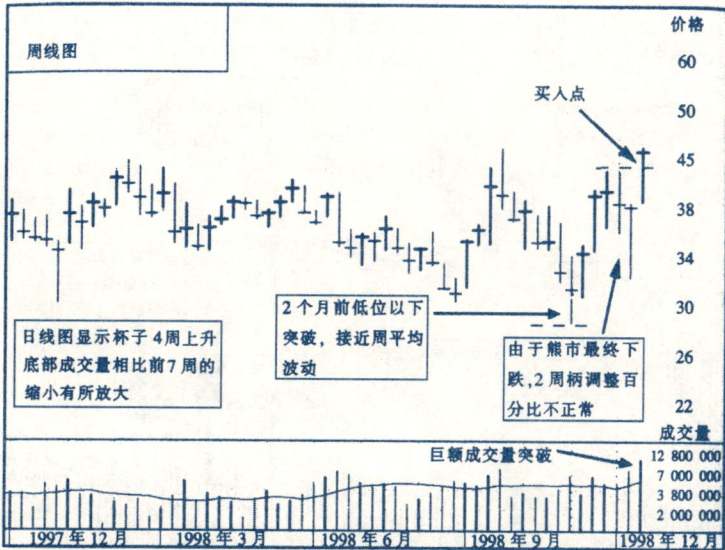

图 8-4 某股票从 12 周带柄状图开始 26 周内上涨 428%

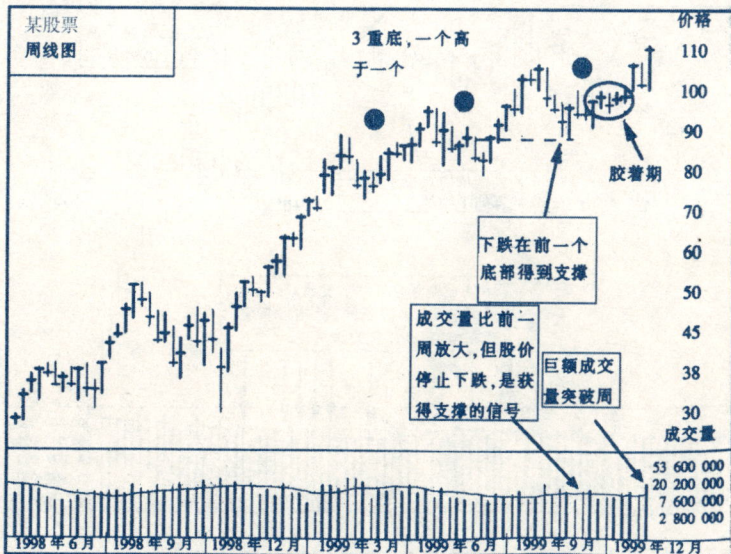

图 8-5 某股票带柄杯状图在 19 周内股价翻倍

周线图

突破周成交量低于平均成交
量线，也低于前一周，不要买进

筑底失败
不要买进

价格
38
34

20周底部右边以底部
直接上升，没有合适
的杯柄

30

26

B柄低于A，
它应该高于A

22

杯柄楔入上升，
价格低位——
不好的信号

19

巨额红色成交量提示股价
长期上涨后已接近顶部

5周红色成交量
大于前周成交量

成交量不理想

红色周成交量放大，
筑底失败

17

15

成交量

24 200 000
11 000 000
5 000 000
2 200 000

1997年12月 | 1998年3月 | 1998年6月 | 1998年9月 | 1998年12月 | 1999年3月 | 1999年6月

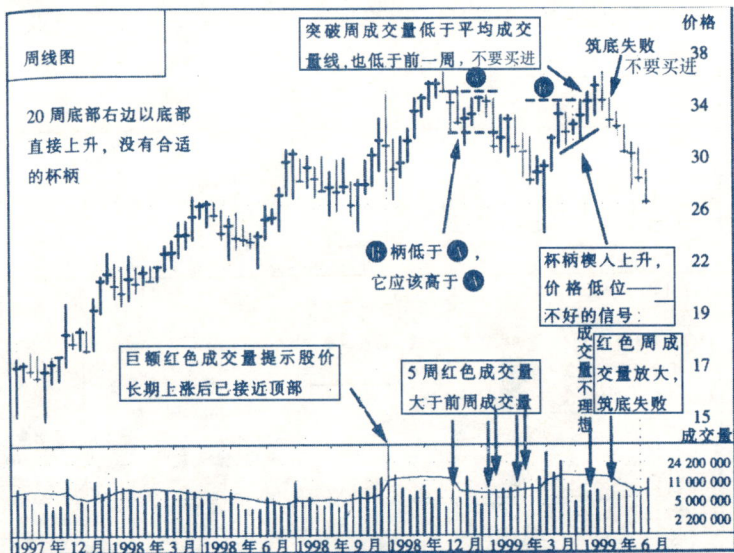

图8-6　假带柄杯状图在低位楔入

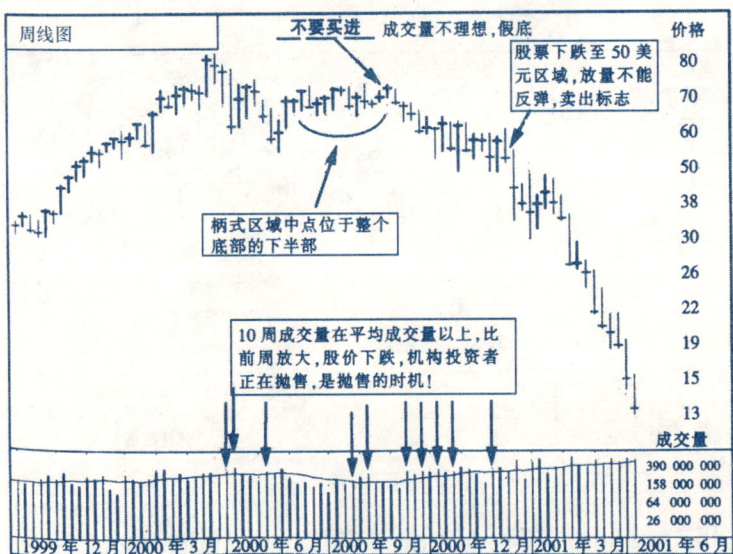

周线图

不要买进　成交量不理想，假底

股票下跌至50美
元区域，放量不能
反弹，卖出标志

价格
80
70
60
50
38
30

柄式区域中点位于整个
底部的下半部

26
22
19

10周成交量在平均成交量以上，比
前周放大，股价下跌，机构投资者
正在抛售，是抛售的时机！

15

13

成交量

390 000 000
158 000 000
64 000 000
26 000 000

1999年12月 | 2000年3月 | 2000年6月 | 2000年9月 | 2000年12月 | 2001年3月 | 2001年6月

图8-7　第三阶段假23周带柄杯状图失效

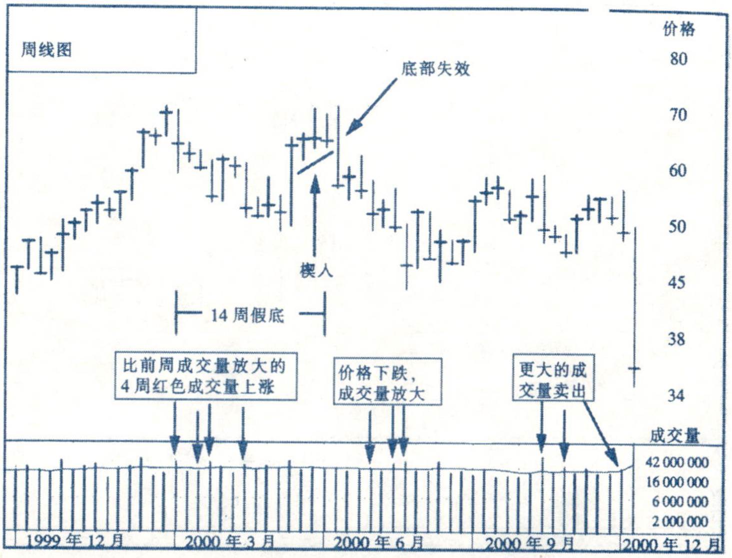
周线图
价格
80
70
60
50
45
38
34
底部失效
楔人
14 周假底
比前周成交量放大的
4 周红色成交量上涨
价格下跌，
成交量放大
更大的成
交量卖出
成交量
42 000 000
16 000 000
6 000 000
2 000 000
1999 年 12 月
2000 年 3 月
2000 年 6 月
2000 年 9 月
2000 年 12 月

图 8－8　14 周假带柄楔入杯状图从低部直线上涨

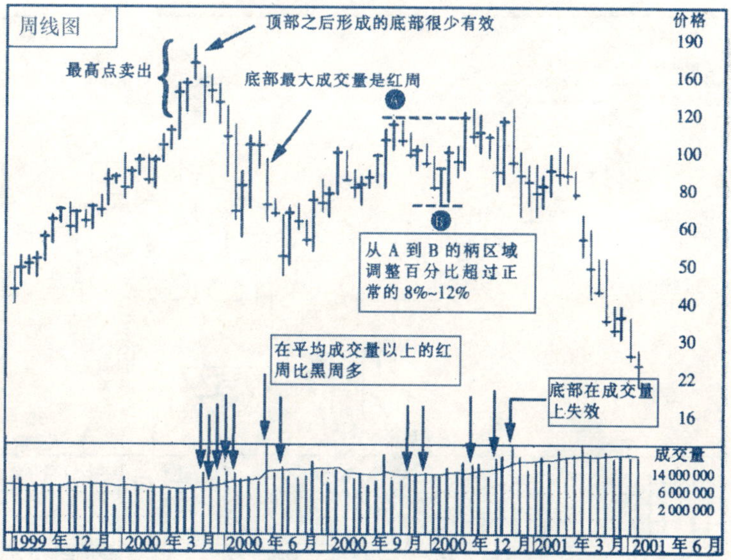
周线图
顶部之后形成的底部很少有效
最高点卖出
底部最大成交量是红周
价格
190
160
120
100
80
60
50
40
30
22
16
从 A 到 B 的柄区域
调整百分比超过正
常的 8%~12%
在平均成交量以上的红
周比黑周多
底部在成交量
上失效
成交量
14 000 000
6 000 000
2 000 000
1999 年 12 月
2000 年 3 月
2000 年 6 月
2000 年 9 月
2000 年 12 月
2001 年 3 月
2001 年 6 月

图 8－9　39 周宽松的假 39 周带柄杯状图

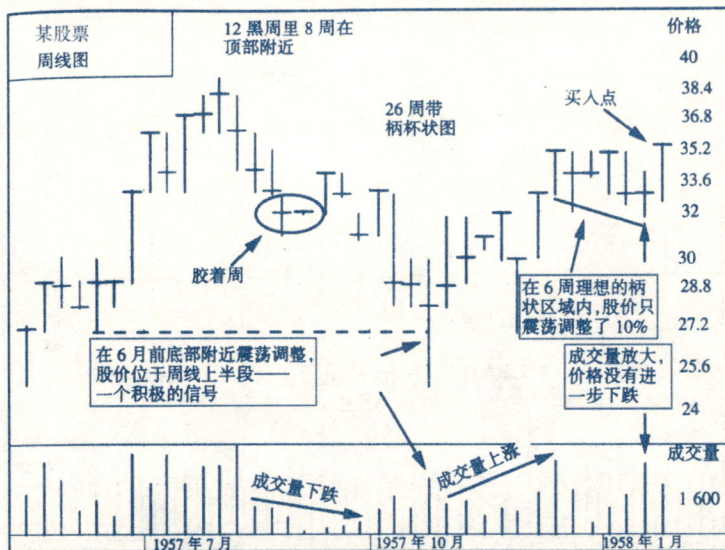

图 8-10　某股票带柄杯状图上涨 1605%

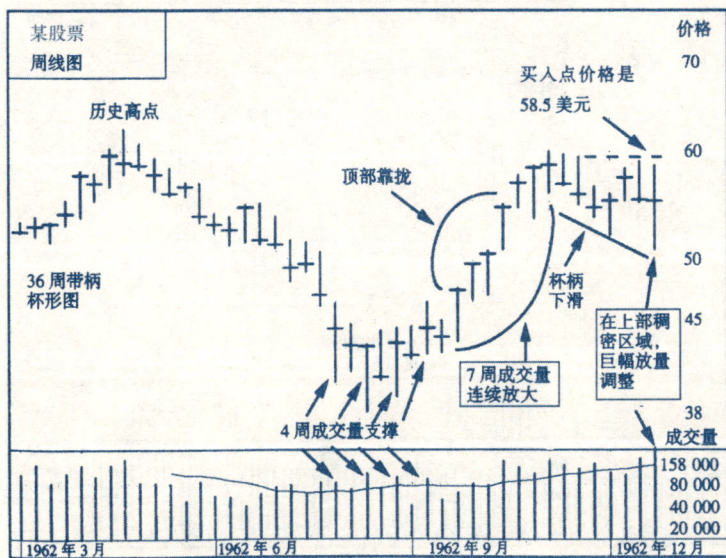

图 8-11　某股票 1962 年带柄杯状图开始 2 年内上涨了 353%

某股票
周线图

在底部上半区
形成杯柄调整

买入点

价格

前上升趋势

大成交
量黑周

杯柄下滑

在日益增长的
成交量支撑下，
6月股价上涨

突破日大
量成交

在底部附近
成交量枯竭

杯柄区域成
交量枯竭

成交量

1965年4月   1966年1月   1966年10月   1967年1月

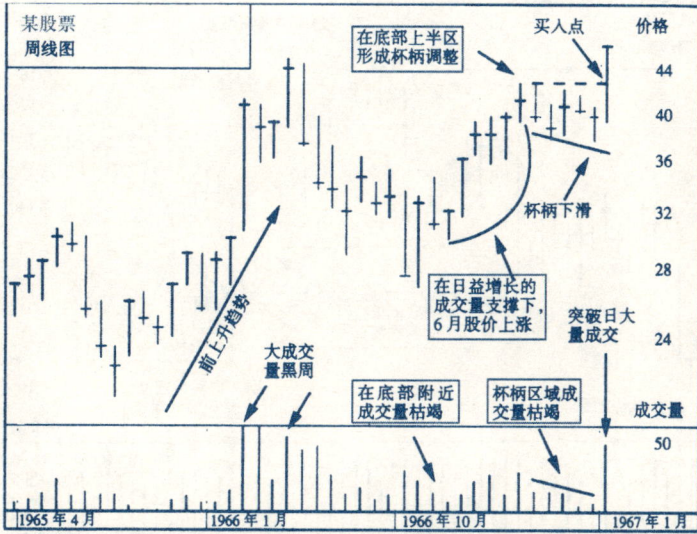

图 8-12　某股票 22 周带柄杯状图上涨 830%

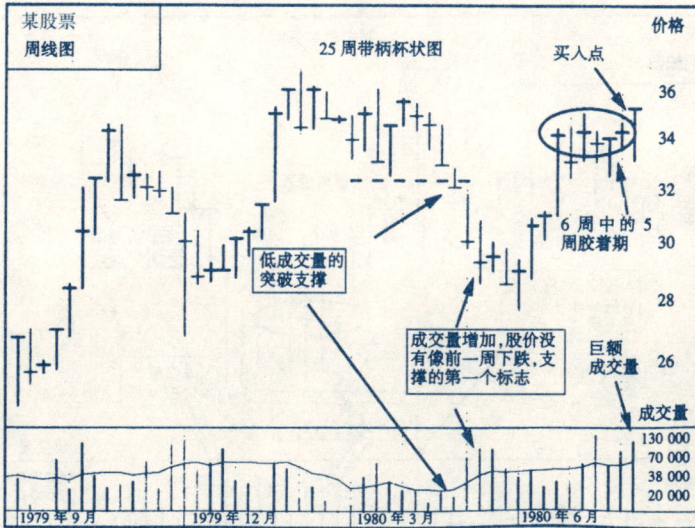

某股票
周线图

25周带柄杯状图

买入点

价格

低成交量的
突破支撑

6 周中的 5
周胶着期

成交量增加，股价没
有像前一周下跌，支
撑的第一个标志

巨额
成交量

成交量

1979年9月   1979年12月   1980年3月   1980年6月

图 8-13　某股票带柄状图在接下来的 36 个月上涨 975%

197

某股票
周线图

23 周带柄杯状图

价格

4 周胶着期

买入点

18
17
16
15
14
13
12
11
10

前底部低位
的两次震荡

6 周上升之后剧烈
震荡，吓退不坚定
股票持有者

周平均成交线

6 周黑色成交
量比前周增加

成交量

2 180 000
1 020 000
480 000
220 000

1985 年 12 月　1986 年 3 月　　1986 年 6 月　　　1986 年 9 月　　1986 年 12 月

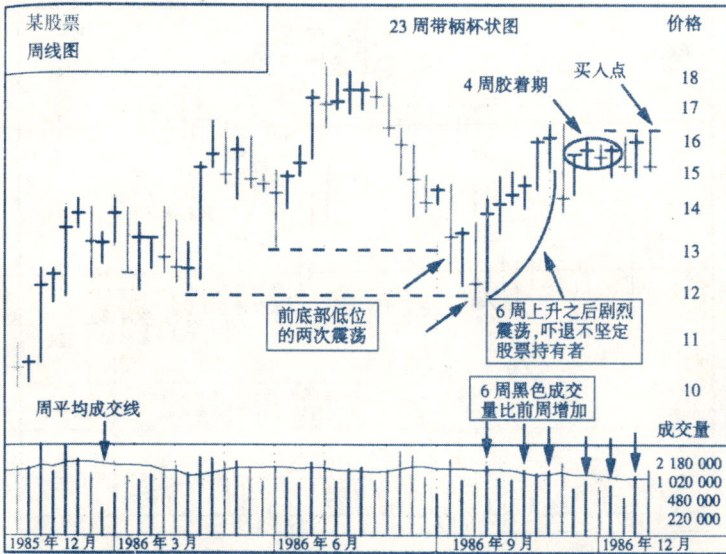

图 8-14　某股票 1986 年带柄状图在 11 个月内上涨了 378%

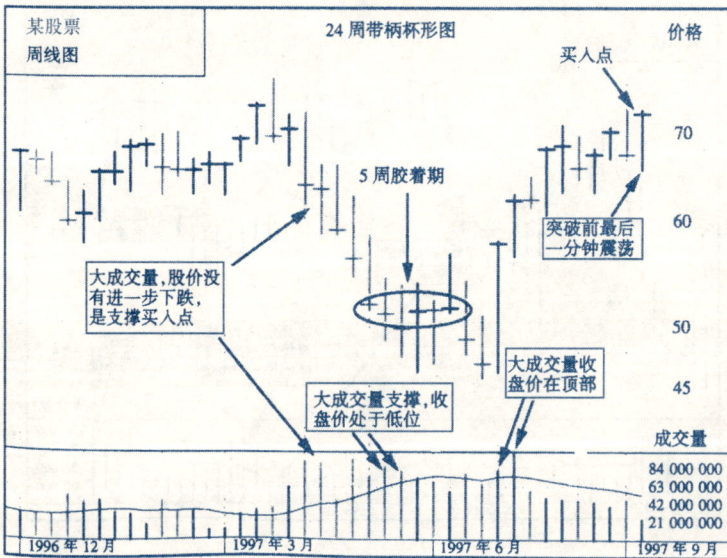

某股票
周线图

24 周带柄杯形图

价格

买入点

70

5 周胶着期

60

突破前最后
一分钟震荡

大成交量，股价没
有进一步下跌，
是支撑买入点

50

大成交量收
盘价在顶部

45

大成交量支撑，收
盘价处于低位

成交量

84 000 000
63 000 000
42 000 000
21 000 000

1996 年 12 月　　　1997 年 3 月　　　　1997 年 6 月　　1997 年 9 月

图 8-15　某股票 1997 年带柄状图导致 2000 年 3 月股价上涨了 900%

某股票

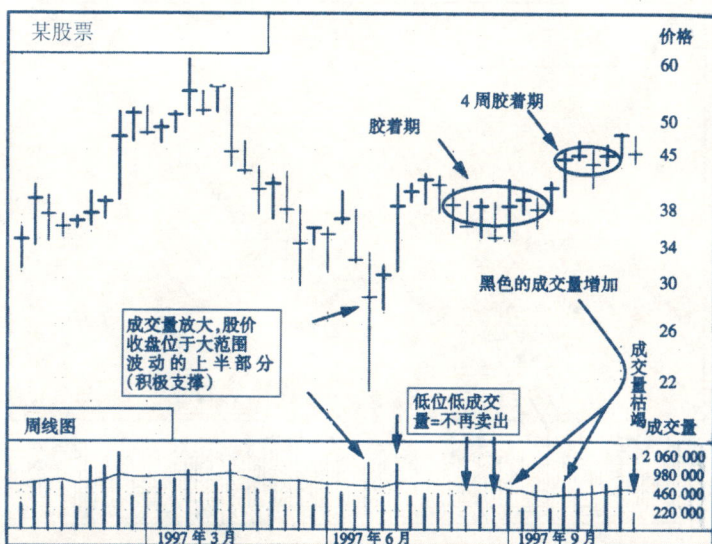

图 8 - 16　某股票带柄杯状图在 30 个月内上涨超过 3700 ％

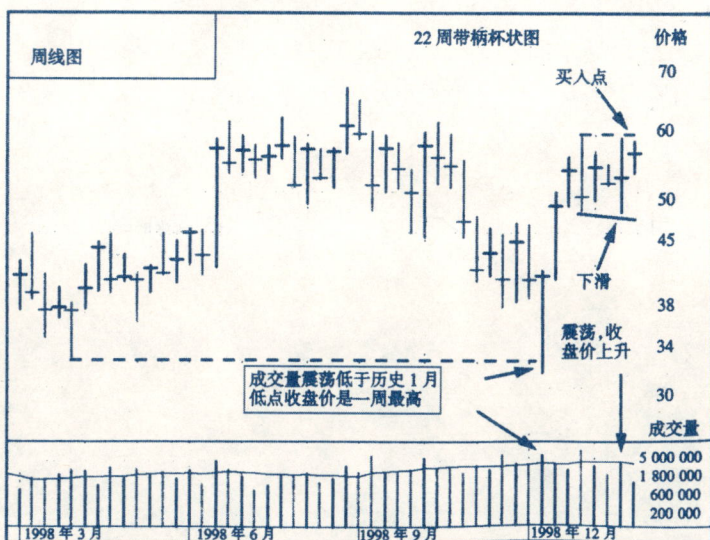

图 8 - 17　某股票带柄杯状图在 68 周飙升 2016 ％

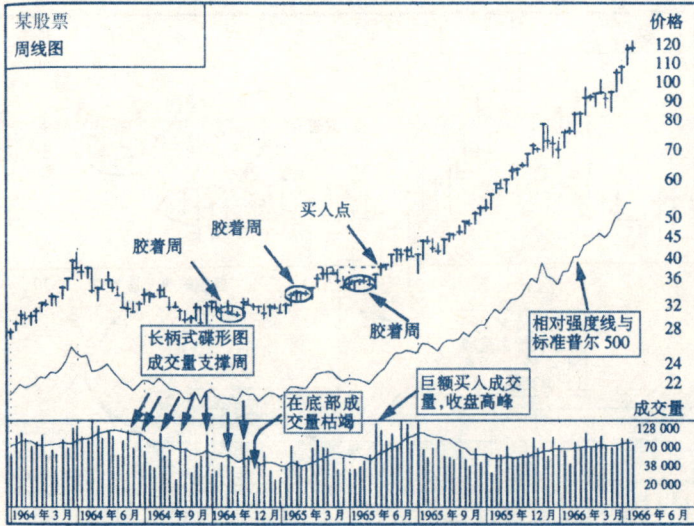

图 8－18　某股票带杯碟形图在 49 周上涨 211％

第9章 各种市况下职业操盘手 如何巧妙选时

1. 选时有何技巧

有股市中，大盘就好像波涛汹涌的大海，在不停地进行涨跌运动，而个股只是其中的一个又一个暗潮，如何在不断变幻的潮起潮落中把握好机会，是每一个投资者最为关心的问题。

中国股市经过了十多年的风风雨雨，已有了它的自身规律。如果从大行情的角度分析，一般是牛市一年至一年半时间，而熊市却要维持三年左右。如上海股市在1997年5月摸高1 500点后见顶回落，宣告了一轮牛市行情的结束。此时应视为最佳的卖出时机，而确定底部的买点则应结合宏观经济形势等基本面因素来配合。

可以说市场行情变幻莫测，有的投资者在行情走好时一路追高买进，而在行情下跌时又拼命杀跌。其实，在股票下跌的时候，股价越跌，也就越是买入的时机。在股票投资的具体操作中，就应反其道而行，即当绝大部分投资者都看淡，且纷纷割肉离场，场内呈现一片弱势气氛时，正是我们出击建仓的大好时机。如结合K线图来观察，股票的供需双方发生变化并打破平衡趋势时，如市场供给大于需求，且表现为价格下跌，卖方力量持续，K线图以收阴线为主，并且形成循环卖压，阴线连续增加，而成交量在刚开始下跌时是以逐步放大的情况出现，而到达底部时量却萎缩起来，这表示卖压已有所减轻，并将逐步演变到衰竭。K线图则表现为阴线的实体缩小，底部不断出现了下影线，此时就是我们盼望已久的底部区域了。

在投资于股票市场的时候，投资者应注重两大因素：价格与成交量，相对低的价位是介入股票的基础，而成交量是真实反映股票供需关系的关键因素。股市上有句俗语，叫做"只有成交量是无法骗人的"。的确，如果作为一名涉"市"不深的投资者尚无法分清庄家的意图，那么留意成交量的变化将有助于您分清主力的动向，是震仓洗筹，还是跳水出货……

2. 新股发行时有何投资策略

新股的发行与交易市场的关系是相互影响的。了解和把握其相互影响的关系，是投资者在新股发行时，正确进行投资决策的基础。

在交易市场的资金投入量为一定数的前提下，新股的发行，将会抽走一部分交易市场的资金。如果同时公开发行股票的企业很多，将会有更多的资金离开交易市场而进入股票的发行市场，使交易市场的供求状况发生变化。但另一方面，由于发行新股的活动一般都通过公众传播媒介进行宣传，从而又会吸引社会各界对于股票投资进行关注，进而使新股的申购数量大多超过新股的招募数量，这样，必然会使一些没有获得申购机会的潜在投资者转而将目光投向交易市场。如果这些潜在投资者经过仔细分析交易市场的上市股票后，发现某些股票本益比、本利比倍数相对低，就可能转而在交易市场购买已上市股票。这样，又给交易市场注入了新的资金量。

虽然在直觉上可将新股发行与交易市场的关系做出上述简单分析和研判，但事实上，真正的相互影响到底是正影响还是负影响，是发行市场影响交易市场，还是交易市场影响发行市场，要依股市的当时情况而定，不能一概而论。

一般来讲，社会上的游资状况，交易市场的盛衰，以及新股发行的条件，是决定发行市场与交易市场相互影响的主要因素。其具体表现是：

（1）社会上资金存量多、游资充裕、市况好时，申购新股者必然踊跃。

（2）市况疲软，但社会上资金较多时，申购新股者往往也比较多。

（3）股票交易市场的市况好，而且属于强势多头市场时，资金拥有者往往愿将闲钱投在交易市场，而不愿去参加新股的申购。

（4）新股的条件优良，则不论市况如何，总会有很多人积极去申购。

对于我国来讲，由于目前的股票市场还处于试点阶段，发行新股的企业一般都经过了严格的挑选，且股票处于供不应求的状况，谁买到了新发行的股票，只要耐心等待到其上市交易，就可获得一笔额外的可观收益。在我国目前的市况下，只要有新股发行，投资者均宜积极申购，并可根据新股发行与交易市场的关系，灵活地进行选择。

3. 新股上市时有何投资策略

新股上市一般指的是股份公司发行的股票在证券交易所挂牌买卖。新股上市的消息，一般要在上市前的十来天，经传播媒介公诸于众。新股上市的时期不同，往往对股市价格走势产生不同的影响，投资者应根据不同的走势，来恰当地进行投资决策。

当新股在好景时上市，往往会使股价节节攀升，并带动大势进一步上扬，因为在大势造好时新股上市，容易激起股民的投资欲望，使资金进一步围拢股市，刺激股票需求。因此，投资者在面对股市大势向上情况下有新股上市时，宜适时入市购股。

相反，如果新股在大跌势中上市，股价往往还呈现出进一步下跌的态势。当然，如果在跌势的尾期，购进具有高度成长性的新股，则收益将颇为壮观。

此外，新股上市时，投资者还应密切地注视新上市股票的价位调整，并掌握其调整规律。一般来讲，新上市股票在挂牌交易前，股权较为分散，其发行价格多为按面额发行和中间价发行。即使是绩优股票，其溢价发行价格也往往低于其市场价，以便使股份公司通过发行股票顺利地实现其筹资目标。因此，在新股票上市后，由于其价格往往偏低和需求较大，一般都会出现一段价位调整时期。价位调整的方式，大体上会出现如下几种情况：

（1）股价调整一次进行完毕，然后维持在某一合理价位进行交易。此种调整价位方式，是一口气将行情做足，并维持其与其他股票的相对比价关系，逐渐地让市场来接纳和认同。

（2）股价一次调整过头，继而回跌，再维持在某一合理价位进行交易。将行情先做过头，然后让它回跌下来，一旦回落到与实质价位相配时，自然会有投资者来承接，然后依据自然供求状况进行交易。

（3）股票调整到合理价位后，滑降下来整理筹码，再做第二段行情调整回到原来的合理价位。这种调整方式，有涨有跌，可使申购股票中签的投资者卖出后获利再进，以致造成股市上的热络气氛。

（4）股价先调整至合理价位的一半或2/3的价位水平后，即予停止，然后进行筹码整理，让新的投资者或市场大户吸进足够股票，再做第二段行情。此种调整方式，可能使心虚的投资者或心理准备不充分的股民减少盈利，但有利于富有股市实践经验的投资者获利。

由此可见，有效地掌握新股上市的股价运动规律并把握价位调整方式，对于股市上的成功投资是不可或缺的。

4. 股价回档时有何投资策略

在股价呈不断上涨的趋势中，经常会出现一种因上涨速度过快而反转回跌到某一价位的调整现象。股市上，人们习惯将这种挺升中的下跌称之为回档。一般来说，股票的回档幅度要比上涨幅度小。道氏理论认为，强势市场往往会回档1/3，而弱势市场则通常会回档2/3。

股票在经过一段时间的连续挺升之后，投资者最关心的就是回档问题。持有股票者希望能在回档之前卖掉股票；未搭上车者，则希望在回档之后予以补进。

股价在涨势过程中，之所以会出现回档，主要有以下原因：

（1）股价上涨一段时间后，必须稍作停顿以便股票换手整理。就像人跑步一样，跑了一段之后，必须休息一下。

（2）股价连续上涨数日以后，低价买入者已获利可观，由于"先得为快"和"落袋为安"的心理支撑，不少投资者会获利了结，以致形成上档卖压，造成行情上涨的阻力。

（3）有些在上档套牢的投资者，在股价连续上涨数日之后，可能已经够本，或者亏损已大大减轻，于是趁机卖出解套，从而又加重了卖盘压力。

（4）股票的投资价值随着股价的上升而递减，投资者的买进兴趣也随着股价的上升而趋降。因而，追涨的力量也大为减弱，使行情上升乏力。

鉴于行情在上涨过程中，必然会出现一段回档整理期，投资者应根据股市发展的态势，对股市回档进行预期，以达到在回档前出货和回档后及时入市的目的。

5. 淡季进场时有何投资策略

成交量的减增与股市行情的枯荣有着相当密切的关系。大凡交易热闹的时期，多属于股市行情的高峰阶段；而交易清淡的时期，则多为股价走势的低潮阶段。

对于短期投资者来讲，只有在交易热闹时进场，才有希望获得短期的差价收益。如果着眼于长期投资，则不宜在交易热闹时期进场。因为在交易热闹的时期，多为股价走热的高峰阶段，这时进场购股，成本可能偏高，即使所购的股票为业绩优良的投资股，能够获得不错的股利收益，但由于购股的成本较高，相对的投资报酬率也就下降了。

如果长期投资者在交易清淡寥落时进场购股，或许在短期内不能获得差价收益，但从长期的观点来衡量，由于投资的成本较低，与将来得到的股利收益相比，相对的投资报酬率也就高得多。因此，交易清淡时期，短线投资者应该袖手旁观，而对于长线投资者，则是入市的大好时机。

主张长线投资者在交易清淡时进场购股，并不是说在交易开始清淡的时候就可以立即买进。一般来讲，淡季的末期才是最佳的买进时机。问题的难度在于没有人能够确切地知道到底什么时候是淡季的末期。也许投资者认为已经到了淡季末期而入市，行情却继续疲软了相当一段时期；也许认为应该再等一两个月再进场，行情却突然上升而坐失良机。

所以，有些投资者，尤其是中大户投资者，在淡季入市时，采取了逐次向下买进的做法，即先买进一半或三分之一，之后不管行情是上升或下跌，都再予以加码买进，这样，既能使投资者在淡季进场，不错失入市良机，又可收到摊平成本的效果。

6. 超买、超卖时有何投资策略

"超买"和"超卖"是股市上的两个专门性的技术名词。股市上对某种股票的过度买人称之为超买，而对某种股票的过度卖出则称之为超卖。

股市上，经常会因某种消息的传播而使投资者对大市或个股做出极强烈的反应，以致引起股市或个股出现过分的上升或下跌，于是便形成了超买超卖现象。

当投资者的情绪平静下来以后，这种超买超卖现象就会得到适当的调整。因此，超买之后股价出现一段回落，超卖之后，也必然会出现相当程度的反弹。投资者如了解了这种超买超卖现象，并把握了其运动规律，就能在股市上增多获利机会。

这里的关键是，如何适时地测度出股市上的超买超卖现象。目前，股市上测度超买超卖现象的分析工具很多，主要有相对强弱指数（RSI）、摆动指数（Osco）、随机指数（STC）及 R 百分比等，而以 RSI 指数用得最多。在 RSI 指数中，一般以 14 天为周期计算股市走势的强弱，称为 RSI_{14}。计算 RSI_{14} 的公式为：

RSI_{14} = 14 天内的平均值 ÷（14 天内上升交易日平均值 + 14 天内下降交易日平均值）

在上述公式中，如 RSI 高于 80，就可视为"超买"，即过分强势之意，可能会引来较大的获利回吐和出现股价调整。因此，许多投资者利用这一指数指示，伺机回吐。倘若 RSI 低于 20，则可视为"超卖"，即过分弱势之意，可能会引起股价反弹。因此，许多投资者利用这一指标进行低价吸纳。

7. 分红派息前后有何投资策略

股份公司经营一段时间后（一般为 1 年），如果营运正常，产生了利润，就要向股东分配股息和红利。其交付方式一般有三种：

一种是以现金的形式向股东支付。这是最常见、最普通的形式。在美国，大约 80% 以上的公司以现金的形式进行。二是向股东赠送红股。采取这种方式主要是为了把资金留在公司里扩大经营，以追求公司发展的远期利益和长远目标。目前，我国的上市公司多采用这种送红股的方式分派。第三种形式是实物分派，即是把公司的产品作为股息和红利分派给股东。这种方式，我国目前还不多见。

在分红派息前夕，持有股票的股东一定要密切关注与分红派息有关的四个日期：

（1）股息宣布日，即公司董事会将分红派息的消息公布于众的时间。

（2）派息日，即股息正式发放给股东的日期。

（3）股权登记日，即统计和确认参加本期股息红利分配的股东的日期。

（4）除息日，即不再享有本期股息的日期。

在这四个日期中，尤为重要的是股权登记日和除息日。由于每日有无数的投资者在股票市场上买进或卖出，公司的股票不断易手，这就意味着公司的股东也在不断变化之中。因此，公司董事会在决定分红派息时，必须明确公布股权登记日，派发股息就以登记日这一天的公司名册为准。凡在这一天的股东名册上记录的投资者，公司承认其为股东，有权享受本期派发的股息与红利。如果股票持有者在股权登记日之前没有登记过户，那么其股票出售者的姓名仍保留在股东名册上，这样公司仍承认其为股东，本期股息仍会按照规定分派给股票的出售者而不是现在的持有者。由此可见，购买了股票并不一定就能得到股息红利，只有在股权登记日以前到登记公司办理了登记过户手续，才能获取正常的股息红利收入。

至于除息日的把握，对于投资者也至关重要。由于投资者在除息日当天或以后购买的股票，已无权参加本期的股息红利分配，因此，除息日当天的价格会与除息日前的股价有所变化。一般来讲，除息日当天的股市报价就是除息参考价，也即是除息日前一天的收盘价减去每股股息后的价格。例如：某种股票计划每股派发 2 元的股息，如除息日前的价格为每股 11 元，则除息日这天的参考报价应是 9 元（11 元 − 2 元）。掌握除息日前后股价的这种变化规律，有利于投资者在购股时填报适合的委托价，以有效降低购股成本，减少不必要的损失。

对于有中、长线投资打算的投资者来说，还可趁除息前夕的股价偏低时，买入股票过户，以享受股息收入。有时在除息前夕股价偏弱，主要是因为在这时短线投资者较多。因为短线投资者一般倾向于不过户、不收息，故在除息前夕多半设法将股票脱手，甚至价位低一些也在所不惜。因此，有中、长线投资计划的人，如果趁短线投资者回吐的时候入市，既可买到一些相对廉价的股票，又可获取股息收入。至于在除息前夕的哪一具体时间点买入，则是一个十分复杂的技巧问题。一般来讲，在截止过户前，当大市尚未明朗时，短线投资者较多，因而在行将截止过户时，那些不想过户的短线客，就得将所有的股票沽出。越接近过户期，沽出的短线客就越多，故原则上在截止过户的 1~2 天，可买到相对适宜价位的股票。但切不可将这种情形绝对化。因为如果大家都看好某种股票，或者是某种股票的派息十分诱人，也可能会出现"抢息"现象，即越接近过户期，购买该种股票的投资者越多。因而，股价的涨升幅度也就越大。投资者必须根据具体情况进行具体分析，以恰当地在分红派息期掌握好买卖火候。

8. 多头市场除息期有何投资策略

多头市场是指股价长期保持上涨势头的股票市场，其股价变化的主要特征为一连串的大涨小跌变动。要有效地在多头市场的除息期进行投资，必须首先对多头市场的"除息期行情"进行研判。

多头市场"除息期行情"最显著的特征是：

（1）息优股的股价，随着除息交易日的逐渐接近而日趋上升，这充分反映了股息收入的"时间报酬"。

（2）除息股票往往能够很快填息，有些绩优股不仅能够"完全填息"，而且能够超过除息前的价位。

（3）按照股价的不同，出现向上比价的趋势，投资者所"认同"的本利比倍数愈来愈高。

根据上述"除息期行情"的特征进行分析研判，可以得出多头市场的以下几点结论：

（1）股利的时间价值受到重视，即在越短的时间领到股利，其股票便越具价值。所以，反映在股价上，就是出现逐渐升高的走势。

（2）股票除息后能够很快填息，因此，投资者过户领息长期待股的意愿也较高。

（3）行情发动初期，由业绩优良、股息优厚、本利比倍数很低的股票带动向上拉升；接着，价位较低却有股利的股票调整价位；最后，再轮到息优股向上冲刺。

（4）股市行情一波接着一波上涨，一段挨着一段跳升，轮炒的迹象十分明显。选对了股票不断换手可以赚大钱，抱着股票不动也有获利机会。因此，投资者一般都不愿将资金撤出股市。

（5）由于在早期阶段本利比偏低，大批投资者被吸引进场，随着股价的不断攀升，使得本利比倍数变得愈来愈高。

掌握了多头市场"除息期行情"这种变化特征，投资者如何进行操作也就不说自明了。

9. 彷徨走势时有何投资策略

股市一旦陷入"消息行情"，就会产生彷徨走势。如碰到所谓利空消息出现，股价就会向下急速滑落；如遇到所谓利多消息，则股价又会扶摇直上，其灵敏度之高、反应之迅速，令人叹为观止。

股价随着消息走的态势，可称之为"彷徨走势"。因为这时股票投资者对于股票投资本身已经没有主见了，只好翻阅报刊杂志，找一些消息来为自己壮胆，或者弄个借口来安慰自己。于是乎，"消息"满天飞，"消息"也就成为当天股市行情的决定力量了。

处于这种"彷徨走势"之中的股市，一般都不再注重公司业绩和技术分析。这个时候的投资者最关心的是能获得足以影响股市走向的信息。因此，在股价的"彷徨走势"中，投资者可采取的策略是：

（1）抽出资金观望，待形势明朗后，再入市运作。

（2）对于各种正式消息、传闻消息和谣传消息进行冷静分析，以免跌入股市陷阱。

10. 乖戾走势时有何投资策略

乖戾走势指的是股市上的"多空拼斗"的情形。在股票市场里"多空拼斗"的情形时有发生，但其最终结果不论是"杀多"还是"轧空"，都会造成股价的不合理变动。

多头是指投资者对股市前景看好，预计股价将会上涨，于是先低价买进，待上涨到某一高价位时再卖出，从中获利。采用这种先买进后卖出的投资者称为多头。空头则是指投资者对股市前景不看好，预计股价将会下跌，于是先将股票卖出，待其下跌到某一价格时再买回，以获取差额收益。采用这种先卖出后买进的交易方法的人称为空头。由于多头与空头之间采取的方法不同，多头期望股价节节上升，空头则希望股价一路下跌，所谓多空拼斗就是由于利益不同所引起的。

如果多头空头的力量不强，则不同的投资方法只能产生一种制衡作用。如若多空力量十分强劲，且又抱着"必胜"的信念，则拼斗的结果必然有一方受创惨重，并由于股价的不正常起落，而使部分投资者遭受损失。

在这种多空拼斗的乖戾走势中，一般小额投资者的策略原则应是：不要盲目跟风。既不宜冒险去追逐这种投机股票，也不宜遂起糊涂心念，盲目抛空。

11. 大型股票买卖有何投资策略

大型股票的特点是其盈余收入大多呈现稳步而缓慢的变化。由于炒家不会轻易介入这类股票的炒买炒卖，其股价涨跌幅度较小。大型股票的长期价格走向与公司的盈余密切相关，短期价格的涨跌与利率的走向成反向变化，当利率升高时，其股价降低，当利率降低时，其股价升高。

大型股票的买卖策略是：

（1）大型股票在过去的最低价和最高价，具有较强的支撑和阻力作用，是投资者要把其作为股票买卖时的重要参考依据。

（2）当投资者估计短期内利率将升高时，应抛出股票，等待利率真的升高后，再予以补进；当预计短期内利率将降低时，应买进股票，等利率真的降低后，再予以卖出。

（3）投资者要在经济不景气后期的低价圈里买进股票，而在业绩明显好转、股价大幅升高时予以卖出。

12. 中小型股票买卖有何投资策略

中小型股票由于股本小，炒作资金较之大型股票要少，较易成为大户的炒作对象，其股价的涨跌幅度较大，其股价受利多、利空消息影响的程度也较大型股票敏感得多，所以经常成为大户之间打消息战的争执目标。

由于中小型股票容易成为大户操纵的对象，因此投资者在买卖中小型股票时，不要盲目跟着大家走，要自己研究，自己判断行情，不要被未证实的谣言改变决心。投资者要在市盈率较低的低价位区买进股票，而不要跟风卖出股票，要耐心等待股价走出低谷。在股票的高价区，千万不能贪心，要见好就收。

13. 投机股买卖有何投资策略

投机股是指那些被投机者操纵而使股价暴涨、暴跌的股票。投机者通过买卖投机股可以在短时间内赚取相当可观的利润。

投机股的买卖策略是：

（1）择优缺点同时并存的股票。因为优缺点同时并存的股票，当其优点被大肆渲染时，容易使股价暴涨；当其弱点被广为传播时，又极易使股价暴跌。

（2）选择资本额较少的股票。因为资本额较少的股票，炒作所需的资金较少，一旦投下巨资容易造成价格的大幅度变动，投资者可通过这种大幅波动赚取可观的利润。

（3）选择新上市的股票。新上市的股票，常常令人寄以厚望，投机者容易操纵而使股价出现大幅度的波动。

（4）选择有炒作题材的股票。例如有收购题材的股票，有送配股分红题材的股票，有业绩题材的股票等等。因为这些题材有助于大户对投机股进行操纵。

一般投资者对投机股票要持谨慎的态度，不要盲目跟风，以免被高价套牢，成为大户的牺牲品。

下 篇

职业操盘手买卖时点之实战策略

第 10 章　买卖点之基本策略

1. 顺势投资法

根据道氏理论，股票价格运动中的主要趋势一经形成，就要持续一段较长的时间。一般认为持续的时间要达 1 年至 4 年。虽然中国股市比西方成熟股市波动要频繁，但总的来说，大的上涨或下跌趋势所维持的时间一般也都在半年以上。

根据股票价格的这种运动规律，新股民可采取顺势投资法，特别是中小散户，由于对行情的展开及发展都没有支配力，在股市中始终处于被动的地位，跟着行情走，就不失为一种明智的选择。

顺势投资法的指导思想为道氏理论。道氏认为，应该顺着股价的趋势进行买卖。当整个股市的主要趋势向上时，股民可购买并持有股票，即采取购买后持有的策略，一直到市场出现下跌的信号，市场趋势发生扭转时，股民就可抛出所持有的股票。

由于股市的升降像海潮的涨跌一样来回往复，股民可根据股市的趋势伺机而动。顺着股价的运动趋势不断转变自己的投资地位，以期获得长期的投资收益。

哈齐计划是顺势投资的典型代表。该计划的创始人哈齐从 1882 年至 1936 年期间，利用顺势投资法将他的资产由 10 万美元增至 1 440 万美元，54 年中资产增值 143 倍，年平均收益率达到近 10%，比美国股市 6% 的平均收益率要高一半。

哈齐的方法简单、明了，易于模仿，便于操作。他将所购买的股票在每个周末都计算出市值；到了月底，再将每个周末的市值相加，求出近 1 个月的平均数。如果这个月的平均值较上次的最高市值相比下降了 10%，他便将股票全部卖出，不再购买，静候股价的下跌。而当股价从谷底开始回升并高于最低价10%时，他又开始购买股票。

从现代技术分析的观点来看，哈齐的操作实际上是利用了移动平均线来选择股票的买入和卖出时机。当月移动平均线高于本月内任何1周移动平均线10%时，他便购买股票；而当月平均线低于本月内任何1周移动平均线10%时，他便卖出股票。哈齐采用此种方法在54年的投资生涯中共改变了44次投资地位，其所持有的股票，短者为3个月，长者为6年。

顺势投资法侧重于股票市场中股价运动的长期趋势，它不为股票市场某时某日内短期的波动而左右。它的优点是能够使股民把握住股票市场的长期趋势，但应用在我国股市，最主要的问题是股价的变动过于频繁，在股价的短期乃至中期变动中容易失去机会。股民在应用时可根据我国股市的实际情况，将月移动平均线改为10天移动平均线，将周平均线改为3日移动平均线，适当缩短时间周期。

2. 掐头去尾法

在股价的涨涨跌跌中，股价涨得越高、持续的时间越长，其下跌的可能性就大，跌得就越惨。

很多股民在股票炒作中非常贪心，买总想买一个最低价，卖得卖出一个最高价，这就注定了其逃脱不了亏损的命运。

掐头去尾法，就是在股票的炒作中，不贪买到最低价，也不期望卖出最高价，只做中间一个波段，追求每段行情只要有所盈利即可。

股市运动是久跌必涨、久涨必跌。用中国的一句古话，就是风水轮流转。所以股民在炒作中一定要把握住时机，适可而止。形象地说，就是吃鱼吃到了鱼肚子就行了，鱼头和鱼尾虽然味美，但刺儿也多，卡嗓子的几率也大。在股市上，熊市刚结束时，一般的股民都较难掌握。有时以为股市该平稳反转了，可常常是仍有最后的一跌；而在牛市的最后阶段，虽然还有一些赚头，但风险的发生只是时间问题，理智的股民应果断抛出了结。

1996年下半年，在中央银行连续两次降低银行存贷款利率的刺激下，股市一路攀升、势不可挡。为了控制股市的风险，避免发生金融危机，中国证券委和中国证监会连续下了数道金牌，采取了各种措施，以制止股价的进一步上涨。如果股民就此罢手，收获自然不错。但由于众多股民特别是一些中小散户仍贪心不足，还要在风口浪尖上炒作一把，致使政府的调控措施难以奏效。最后，政府不得不采取坚决和果断的措施，在各大报刊发表评论员文章，并制定股价的涨跌停板制度，迫使股市来了180度的大转弯。大部分股民惨遭套牢，在股价连续上涨了3~5倍的这个大牛市中，更多的是投机不成反蚀了本。

3. 安全线法

投资股票的最高目标是要追求高额利润。如果股票投资的利润比不上银行的存款利息高，那么，股民冒如此之高的风险来赚取这点蝇头小利就极不划算。然而，由于股票市场上股票价格变化太大、太快，且难以觅寻规律，股民的每次投资行为，都并不一定能取得好的效果。退一步来说，即使股民的投资不成功，最低限度也要力求资金保全，做到进可攻，退可守。

要做到这一步，可选择的办法，除了要注意股票投资的各项基本因素外，就是要为自己设定一条安全线。

顾名思义，安全线就是一条允许自己进入股市的最高价位线。若所选定的股票其价格跌到这条价位线之下时，才进行买入的交易。要建立一支股票的安全线，股民首先要搜集相应股票的交易信息，如近几年来每个月的股价走势趋势图，最近1年来的显著趋势图，其中较大变化时的上档价格与下档价格，也就是最高市价与最低市价，再参照最近的资料和走势进行决策。

股价时时刻刻都在变动，时高时低，可将变化过程中的最低价位连成一线，也就是股市某种股票市价最低价位线。

不过，各种股票的安全线也是每日都在变动的，而每一种股票的安全线并不相同，且安全线还要随时间的推移而变化。特别是在股市暴涨暴跌时，安全价位也不安全，这是需要特别留意的。

在安全线划好之后，还要配合股价移动平均线的相关规律一并使用。

从股票价格线路上观察，移动趋势在某一段会产生停滞不前的现象。有的是以曲线形态升高或跌到相当时候就不再升高或下跌了，有的是以直线形态进行，但到相当时候就停顿下来，逐渐完成形态转变。在股票市场上，通常都叫做"盘局"，然而从线路上看，这是另一新态势来临前必经的阶段。

有时下跌的趋势到了某一阶段受外来因素的刺激而终止了跌势，转成盘局之后，回头升高，这便是一种反转形态；有时上升的趋势到某一阶段上时不再升高，转成盘局之后往下降落，这也是一种反转形态。

通常，股市在盘局之际，股民应特别留心股市内外各种流传的信息，因为社会经济的任何变动都会刺激股票价格发生变化。

股价趋势好转换，经过相当一段时间，自然形成一个较为明显的"区域"，而这个"区域"所延续的时间越长，创新的趋势就越强。这就是说，盘局如果延长到较长的时间，趋势从下跌经反转而升高，则其升高的趋势也会愈强。这是投资专家经过长期研究得到的结论，其可靠性相当高。相反，趋势从上升经反转之后而下跌，如果反转时间长，则跌落幅度就深。

股民在股市投资中，应切实掌握并运用好安全线。它不但可用来规避风险，且可较大幅度地提高投资效益。

4. 保本法

股民从事股票买卖，目的就是以钱生钱，由此所产生的心理就是只能赚、不能赔。在股市中没有几个人愿意认输，甘心赔光出局。其实，股票投资的风险是很大的，可能赚也可能赔，稳赚不赔的事根本不可能发生。没有一个股民不曾被套牢过，所以股民在股票交易中，只能尽量做到在抓住了赚的机会多赚一些并确保利润，遇到赔的时候少赔一些减少损失。有些人赔不起，一旦持有股票的价格下跌，便抱着赔钱的股票不卖的想法，好像不卖就不会赔，这种情况如果是在牛市，行情只是暂时回档，那么抱住不卖不会有什么大问题，反正行情尚未结束，股价还有冲高的机会。但若是处于熊市，股民所买的又是没有什么实质内容的投机股，那么，不肯认输死不出手的结果就可能是血本无归。因此，为了避免损失扩大到无法承担的地步，只要确认是熊市来临，最现实的出路就是立即将所有的股票抛出。也许此时一些股票远未达到理想价位，一些股票刚刚实现盈亏平衡，而更多的股票可能在买进价位以下，综合起来，可能股民在账面上要亏一些，有相当的损失。但在牛市末端和熊市开始阶段，惟一的选择就是出逃，丢掉芝麻保全西瓜。

面对捉摸不定的股市行情，股民可利用保本投资的法则来把自己的损失控制在一定限度以内。这里的本就是指股民心目中认为在通常情况下不愿被损失的那部分资金。保本法则的关键是如何选择卖点。在选择卖点时，首先是要定出心目中的本，做好亏损一点的心理准备；其次是确定停止损失点即卖点。停止损失点是指股价下跌到股民心目中的本时，立即卖出，以保住最起码的本钱。留得青山在，不怕没柴烧，犹豫不决是股票交易的大敌。

5. 趁涨脱身法

在股市上，一些股票常常莫明其妙地暴涨，在很短的时间内，其涨幅达到20%~30%。在现今实施涨停板制度后，往往开盘不久，就一头撞上涨停板。对这些股票，股民千万不可大意，不要因为自己骑上一匹黑马或搭上一支火箭而得意忘形。

股价往往涨得快时跌得也快，涨得慢时回调也慢，其图形呈现一定的对称性。涨得太快，气势过猛，会使持股的股民过于兴奋，从而在股价分析中还有许多的感情色彩和个人倾向。一方面想在股价的最高点卖出获取理想的收益，而另一方面又怕股价随时回头，思想高度紧张，此时极易导致判断和决策失误。

股价急速上涨时，成交量会因持股者惜售而逐日下降。这表明卖方供给减少，而买方由于追涨者众，还会继续大量涌进，因而造成供需关系的严重失衡。当股价急涨到某一预测的价位时，往往有大量的卖盘涌出，原来有意买进的股民也就畏缩不前了。而那些坐在火箭中的持股者，这时才美梦乍醒，纷纷杀出。由于已坐上火箭的持股者成本较低，也就不计血本猛往下杀。此时，那些追涨的股民早已缩了回去。由于抛盘大、承接的力量弱，供求关系又一次失调，股价就开始暴跌，而动作慢的股民就难以脱身。

遇到股价急涨时，比较老道的股民所总结的经验就是逢涨必抛，先把账面利润转为现金，保住胜利果实，不要因为一时的得意，让煮熟的鸭子飞了。当然，能不能卖出最高价，只有那些有意哄抬股价、操纵股市的机构大户心里明白，一般的股民就只能凭自己的运气了，反正一天赚个10%的差价，这种事情在哪个股市也不多见。所以趁涨出手，及时了结，是对付急涨的惟一方法；虽然不一定能卖出个最高价，但总比那些坐着火箭从地下飞到天上，从天上再坠落到地下摔个粉身碎骨、落得个竹篮打水一场空要强得多。

6. 金字塔买卖法

金字塔买卖法是股票投资者经常使用的一种操作方法。它是一种分批分期买卖股票的方法。在买入股票时，随着股价的升高而愈买愈少；在卖出股票时，随着股价的上扬而愈卖愈多。

股票的金字塔买卖法是建立在股票久涨必跌的理论基础上的。随着股价的上升，持股盈利的示范效应就在股市上流传开来，必然要带动更多的人入市持股。而随着更多资金的涌入，股市就会出现资金供过于求，股票供不应求的现象。股价高起，分红率下降，持股的利润率逐渐降低，一些股民就会抛出股票、落袋为安，股价的下跌就会因此开始。所以在股市的初始上升阶段，伴随着股市下跌风险的增大，投入的资金要随之减少，而在卖出时，要加快抛出的速度，以避免股市的快速下跌而遭受套牢。

愈买愈少是在股市开始上扬，股民预计未来一段的时间内，股价还会处于不断上涨的趋势时，在股价的高位，股民应相应减少购买的数量，形成一个金字塔型。如当某种股票的价格跌到 10 元时，已跌破了历史最低价，股民认为其价格已足够低，随即买入 1 000 股，投入资金 1 万元；不久，该股票的价格开始回升，上涨到每股 13 元，上涨幅度达到 30%，该股民又买入 400 股，耗资 5 200 元；1 周以后，该股票的价格涨到每股 16 元，该股民将剩余的资金又买入了 200 股，花费 3 200 元。这样，随着该股票价格的上扬，股民所持的股票数量有所增加，但投入的资金逐渐减少，形成了一个金字塔型。

这种愈买愈少的金字塔买入法有两点好处：其一是如果市场皆如股民所料，一直处于上涨状态，那么第 2 次、第 3 次及以后投入的资金会增加股民盈利的筹码，与单纯的一次投资相比，所赚的利润更大；其二是如果股价的变化在意料之外，在股民追加投资后股价即转而处于下跌状态，由于第一次投入的资金量大，而后面投入的资金少，即使在以后几批投入的资金遭受套牢的情况下卖出股票，平均下来股民也不会亏很多，说不定还略有盈利。

愈卖愈多是指当股价已上升到一定的价位后，既可能继续上涨，也可能向下跌，在股民有所盈利且股市下跌的可能性稍大的情况下分批分期卖出股票。在股价还有上涨的希望时，先试探性地卖一些；随着股价的升高，回调可能增大，可逐渐增加卖出所持股票；在市场的气氛较为热烈、股价接近或达到历史高位时，一次性地将所持股票全部抛光。

这种加速卖出股票的方法也叫做倒金字塔卖出法。如上面所谈的那只股票，在上涨到每股 20 元时，与股民初次买入时相比，已上涨了 1 倍，此时股民已觉得它有下调的可能，即卖出 200 股，收回投资 4 000 元；不久，该股票又上涨到 23 元，该股民又卖出股票 400 股，收回投资 9 200 元；当该股票涨到其历史最高价位每股 25 元时，该股民将手中所剩的 1 000 股股票全部抛出，收回投资25 000 元。采用金字塔买卖法，该股民虽没能在最高价位一次抛出，但收益仍是相当不错的。

7. 以静制动法

在股市，往往有许多人为的因素迫使股价出现此起彼伏、上蹿下跳的现象。对于从事股价投机、以短期炒作为主的股民来说，一方面是提供了极好的机遇，股价频繁涨跌便有机可乘、有利可图；但另一方面，股价的变动也成为一种挑战，稍有不慎就会被股市的波动所吞噬。所以，只有选对了股票，才有获利的可能；而错选了个股，就会追悔莫及。

许多资金很少的新股民都喜欢跟风炒作，习惯于追随机构大户，抢购那些已经在上涨的股票。这种做法其实很难盈利。即使有时候跟对了，但绝大部分是掉进了机构大户所构造的陷阱。因为在行情此起彼伏的时候，一路追涨，当股票到手以后，股价已经成强弩之末了，而自己没有买进的股票却开始蠢蠢欲动、崭露头角。

对于中小散户来说，如果没有把握捕捉到刚刚开始上涨的股票，倒不如采取以静制动的做法，选择那些涨幅较小的股票买进持有，等到其他同类股票涨高了，根据比价原理，同类商品会有同类的价格，自然就会有主力大户来关照。这时候你就可以安安逸逸地坐在轿子里，等待别人的抬举，享受股价上涨的利润。这与看到别人的轿子举了起来，而跟着伸手去抬相比，要安全得多。

当然，在股市上要选好、选准投资对象是一件非常困难的事情。它说起来容易，操作起来却有相当的难度。这实际上也是每个股民所遇到的最大的难题，特别是在机构大户人为炒作比较疯狂、股市极不规范的情况下更是如此。但不管怎么说，在股市中，只有坐轿子才能赚钱；而抬轿子的，始终是费力不讨好。

对于那些研判能力稍差一点的新股民来讲，不妨采用下列方法：买入股票时，可分散持有多种股票，每种股票的数量可少一些，如果资金能力有限，可以在每个行业选择一种或几种股票。这样做的结果，不管是哪一种股票上涨，股民都可以从中获利，除非整个行情逆转。当某种股票上涨到一定程度时就即刻卖掉它，当其他任何一种股票跌到某个幅度时即买进持有。采用这种方法后，股民一般不必为选股发愁，任何股票上涨，都可以赚钱，且可避免落入机构大户的圈套。这种守株待兔、以静制动的做法，虽然其盈利水平不会太高，但不至于会有太大的亏损。当然这种方法并不是最理想的选择，但一般用在股市上的消息来源匮乏，或股民对于选择何种股票把握不大的情况。

在采用以静制动法的时候，新股民也应该注意以下几点：

①要密切关注市场大盘的动向。

如果股市步入空头市场，熊市的痕迹较为明显，股市上的大部分股票都在下跌，只有极个别的股票在呈一时风头，此时就应不为诱惑所动，避免冲动入市，作壁上观是最好的选择。

②在买入股票时，切莫买进没有人动的冷门股票。

因为过分冷门股票买进卖出都十分不易，买进要高挂、卖出要低抛，一来一回难得盈利。尽管冷门股也可能变热，但其风险毕竟太大，何况中小散户资金实力有限，将资金冻结在冷门股上，在行情到来时，会丧失许多的机会。最后，在自己所持有的股票不被他人所动的情形，千万不要动摇信心，不要因为各种小道消息而改变主意。既然已经广撒罗网，耐心等待就是必须的选择。

8. 拨档子法

在股票市场上，买进股票后价格就下跌是股民经常遇到的事情，这就是通常所说的套牢。而对于套牢，有些股民是干脆不闻不问，一直等到股票回升到原来的价格后再考虑卖出。这种方法虽然稳妥，但一般所需的时间较长，且比较被动，而股市高手在套牢时，一般都采取主动出击的方法，利用被套的股票，再作一把，逐渐降低持股成本，寻求早日解套，这就是通常所称的拨档子。

拨档子是股市上的一个专用操作术语，从词面上来理解，就是在股价的变动中间改动拨动，操作一把。

当股民购入股票后，发现股价的走势并不是像事先所判断的那样往上走，而是掉头向下，将资金套牢。此时，股民可静下心来分析未来的股价走势。如果认为股价的下跌才刚刚开始，就果断采取措施，马上割肉，将股票全部抛出。而等股价跌到一个相对底部时，再将资金全部投入，待股价反弹接近尾声时，再乘机将股票抛出。这样一来一去，经过卖——买——卖，可能就将股票解了套，即使暂时不能解套，其持股的成本也降下来了。

如果股民在某股票20元的价位买进后，股价仅涨到20.3元后就渐显弱势，掉头向下，迅速击穿股民的买入价20元整数关。该股民经过仔细的分析和研究后发现，虽然自己购买的是绩优股，但随着整个国民经济的调整，股市已经开始受影响了。在今后相当一段的时间里，股价的回调已经不可避免。于是该股民当机立断，在股票价格跌倒19元时，就将股票全部抛出。又过了2个星期，该股民发现股市要反弹了，然后在16元的价位神速补进股票。果然，该股票在15.8元的价位上止跌加稳，在大势的带动下，冲向了18.5元的高度。该股民在接近18.3元的价格时，又将股票全部抛空。这样经过卖——买——卖拨档子操作后，该股民不但解了套，还挽回了前期套牢的损失，且小有盈利。

拨档子操作的最大优点是：在股民套牢时，如果发现行情还有续跌的可能，就先行一步，忍痛了结，卖出股票，换回资金，以避免损失扩大。因为涨升行情突见回跌变动时，一般股民很难确认是短期调整、中期回档或是反转进入熊市。事实上，股价的任何一次的回调，都存在这3种可能性。要确认是哪一种，就必须综合考虑影响国民经济运行的各种因素，再结合技术分析做出比较准确的判断。

而当股价开始回跌时，股民被套之初，通常在心理上都期望是短期调整，多半都是盼望股市回升，而不愿意割肉抛出。当然，如果真是小小的调整，耐心等待就是最明智的选择。但假如是中期回档或已反转，此时仍存小回的心态，可能会招致大套牢的命运。

拨档子操作法属于技术性极强的一种炒作法，其优点看起来非常明显，但也不可否认，这种方法实际操作起来却有相当的难度。

虽然拨档子操作只不过是高价卖出、低价补回，但如何确定股票相对价格的高低，在何处执行卖出，又在何处回补，这是一般股民在执行过程中感到最不易掌握的关键所在。而要准确地判断股价的高低，就必须借用股市中关于股价的各种分析、判断方法，这其中包括基本分析法和技术分析法，以及股民杀出与回补的胆识。如果对股价的判断和行情的确认不准确，就可能导致挡子拨得不当，陷入挨两面耳光的两难境地。

在自己被套牢或股价趋跌之时，执行卖出行动，不肯认输是最大的心理障碍。往往多犹豫一刻，机会稍纵即逝，使得自己原想调整适当的步履，反而越走越乱。

在股市上最常见的，就是股民难以辨明行情的下跌是暂时的、局部的，还是中期调整甚至股市的反转。对于暂时的下跌，股民可以握住不卖，静候股价的回升、盈利机会的出现。但若是判断失误，将中期回档或股市的反转、熊市的来临错误地理解为暂时的下跌，股民就只有在期盼股价回升的心理活动下忍受机会的丧失。而从犹豫不决中转变过来，再采取拨档子操作，股价可能已经快接近下跌的尾声了。此时再狠下心来壮士断腕，卖出的价格却可能已接近地板价了。

而正当股民卖出股票后如释重负时，股价的下跌可能就趋于终止了。由于股民卖出股票后，极易染上悲观时更悲观的毛病，通常把回补的价格都定得较低，也可能就在此时，股价已不知不觉地蹿了上来，逐渐淹没了股民的卖出价。此时，大多数股民是不会出更高的价钱把自己卖出的股票买回，而眼睁睁地看着股价的上涨。这种现象就是挡子拨丢了。当然只要资金还在，在股市上有的是机会。最可悲的是，股民忍痛解套了结之后，看到股价一路上扬，忍不住又要去追，刚买到，股价又跌落下去了。这就是股市上常见的挨两面耳光的现象。

9. 杠铃投资法

杠铃投资法是因以图形表示的形状如两头大、中间小的杠铃而得此名，指投资者把资金集中投放于短期和长期证券上，而相应减少对中期证券投资的一种保持头寸的方法。

投资长期证券的优点是收益回报率高，利率变化小，价格起伏不大；缺点是投资缺乏流动性和灵活性，不能满足投资者临时变现的要求。

投资短期证券的优点是具有高度的灵活性和流动性，便于投资者变现，但收益回报率一般较低。

鉴于上述两方面的投资特征，杠铃投资法集中资金把长、短期证券结合在一起，一定程度上克服了两者的缺点，发挥了各自的优点。

在这种投资方法中，长、短期证券期限的划分，没有统一的标准，可由投资者依据自己的投资目的自行确定。如有的投资者将 1 年期以下证券划分为短期证券，有的将 8 年期以上的证券划分为长期证券。在长、短期的分配比例上也不是固定的，可以任意选择，可以是五五开、四六开或三七开等。此外，长、短期证券的投资也应依据市场利率和证券行情变化作经常性调整。当长期市场利率下降、长期证券价格看涨时，则应卖出部分短期证券，购入长期证券；当长期市场利率上升、长期证券价格看跌时，应卖出长期证券，购入短期证券。同样，当短期市场利率降低、短期证券看涨时，应出售长期证券，购入短期证券；当短期市场利率上升、短期证券价格看跌时，应购入长期证券，出售短期证券。一般来讲，如果投资者能准确地预测市场利率变化，杠铃法的优势不少。话说回来，长期市场利率的预测是很难掌握的，因为经济形势的变化是多方面因素造成的，难以预料。

10. 板块联想涨跌法

总体上看各股票的涨跌是有一定联系、有一定规律可循的。板块联想涨跌法就是根据相关股票陪衬涨跌的特征而买卖股票的一种操作技巧。

采用这种方法买卖股票时，可对拟投资股票分三种情况分别加以考虑。

（1）股票是新上市股票

新上市股票连涨多个停板后，再正式买卖成交，是股市惯性之一，但其上市后涨停板的多少，往往与当时大市情况的好坏有极大关系。大市好时，新股上市涨停板数较多。甲种新股上市后涨停数的多少，也可作为乙种新股上市的参考。

（2）同类股票

如果甲化纤股涨升，乙化纤股也将随之上涨。同样的电器股、建筑股、食品股等都是如此。虽然个别股票的涨跌幅度会有所不同，但随后跟进强势涨升的同类股票，也能获得利润。

（3）同值股票

当股票价格纷纷由票面面值以下涨至票面面值以上时，即为面值以下股的联想涨跌。此时，当某些面值以下股翻升至面值以上时，就应注意到其他面值以下股并予以买进，因为这样很可能会获利。另外，当某些面值以上股上涨遭到阻力，而有的已经冲关涨升时，则也可联想其余股票也将会冲破阻力而上涨。

除了以上投资方法外，还有众多的经验技巧，诸如：游击战术、消耗战术、人醉我醒法、醉翁撒网法、反向投资……等等，由于篇幅限制，恕不一一详释。其实，对于新股民来说，技巧不在多，关键是切实掌握一种适合自己的投资方法，并能持之以恒地用它买卖股票，如此，方能在股海中立于不败之地。

第 11 章　买卖点之经典策略

1. 葛兰碧法则

（1）买进信号

①当平均线从下降逐渐转为盘局或上升，而价格从平均线下方突破平均线，为买进信号。

②当价格虽跌破平均线，但又立刻回升到平均线上，此时平均线仍然保持上升势态，仍为买进信号。

③当价格趋势线走在平均线上，价格下跌并未跌破平均线并且立刻反转上升，亦是买进信号。

④当价格突然暴跌，跌破平均线，且远离平均线，则有可能反弹上升，亦为买进信号。

（2）卖出信号

①当平均线从上升逐渐转为盘局或下跌，而价格向下跌破平均线，为卖出信号。

②当价格虽然向上突破平均线，但又立刻回跌至平均线以下，此时平均线仍然保持持续下跌势态，仍为卖出信号。

③当价格趋势线走在平均线下，价格上升却并未突破平均线且立刻反转下跌，亦是卖出信号。

④当价格突然暴涨，突破平均线，且远离平均线，则有可能回调，亦为卖出信号。

2. 江恩十二条买卖规则

江恩最后一本重要著作，写于七十二岁高龄，是一九四九年出版的《在华尔街45年》，其中江恩坦诚披露数十年来，在股市中的取胜之道。

（1）决定趋势

江恩认为，决定趋势是最为重要的一点，对于股票而言，其平均综合指数最为重要。此外，分类指数对于市场的趋势亦有相当启示性。所选择的股票，应以顺应大市的趋势者为主。

在应用上，他建议使用三天图及九点平均波动图。三天图的意思是，将市场的波动，以三天的活动为记录的基础。这三天包括周六及周日。三天图表的规则是，当三天的最低水平下破，则表示市场会向下，当三天的最高水平上破，则表示市场会出现新高。

"九点平均波动图"的规则是：在下跌的市场中，市场反弹低于9点，表示反弹乏力，超过9点，则表示市场可能转势；在10点之上，则市场可能反弹至20点；超过20点的反弹出现，市场则可能进一步反弹至30至31点。市场很少反弹超过30点的。对于上升的市道中，规则亦一样。

（2）在单底、双底或三底买入

当市场接近从前的底部、顶部或重要阻力水平时，根据单底、双底或三底形入市买卖。

不过投资者要特别留意，若市场出现第四个底或第四个顶时，便不是吸纳或沽空的时机，根据江恩的经验，市场四次到顶而上破，或四次到底而下破的机会会十分大。

在入市买卖时，投资者要谨记设下止蚀盘，不知如何止蚀便不应入市。止蚀盘一般根据双顶、三顶幅度而设于这些顶部之上。

（3）按百分比买卖

顺应市场走势有两种入市方法：一是若市况在高位回吐50%，是一个买入点。二是若市况在底位上升50%，是一个卖出点。

此外，一个市场顶部或底部的百分比水平，往往成为市场的重要支持或阻力位，有以下几个百分比水平值得特别留意：

①3%～5%；

②10%～12%；

③20%～25%；

④33%～37%；

⑤45%～50%；

⑥62%～67%；

⑦72%～78%；

⑧85%～87%。

其中，50%、100%以及100%的倍数皆为市场重要的支持或阻力水平。

（4）调整三周后入市

①当趋势向上时，若市价出现三周的调整，是一个买入的时机。

②当趋势向下时，若市价出现三周的反弹，是一个卖出的时机。

③当市场上升或下跌超过30天时，下一次留意市场走势见顶或见底的时间应为42～49天。

④若市场反弹或调整超过45天至49天时，下一次需要留意的时间应为60～65天。

（5）市场分段运行

在一个升市之中，市场通常会分为三段甚至四段浪上升。在一个下跌趋势中，市场亦会分三段，甚至四段浪下跌。

（6）利用5～7点波动买卖

①若趋势是上升的话，则当市场出现5至7点的调整时，可作趁低吸纳，通常情况下，市场调整不会超过9～10点。

②若趋势是向下的话，则当市场出现5～7点的反弹时，可趁高沽空。

③在某些情况下，10～12点的反弹或调整，亦是入市的机会。

④若市场由顶部或底部反弹或调整18～21点水平时，投资者要小心市场可能出现短期市势逆转。

(7) 市场成交量

江恩认为，利用成交量的纪录以决定市场的走势，有下面几条规则：

①大成交量经常伴着市场顶部出现。

②市场下跌，成交量逐渐缩减的时候，市场底部随即出现。

③成交量的分析必须配合市场的时间周期，否则收效减弱。

④当市场到达重要支持、阻力位，而成交量的表现配合见顶或见底的状态时，市势逆转的机会便会增加。

(8) 时间因素

江恩认为在一切决定市场趋势的因素之中，时间因素是最重要的一环。原因有：

①时间超越价位平衡。

• 当市场在上升的趋势中，其调整的时间较之前的一次调整的时间长，表示这次市场下跌乃是转势。此外，若价位下跌的幅度较之前一次价位下跌的幅度大的话，表示市场已经进入转势阶段。

• 当时间到达，成交量将增加而推动价位升跌。

• 在市场分三至四段浪上升或下跌时候，通常末段升浪的价位及时间的幅度都会较前几段浪短，这种现象表示市场的时间循环已近尾声，转势随时出现。

②转势时间。

江恩特别列出，一年之中每月重要的转势时间如下：

• 1月7日~10日及1月19日~24日

• 2月3日~10日及2月20日~25日

• 3月20日~27日

• 4月7日~12日及4月20日~25日

• 5月3日~10日及5月21日~28日

• 6月10日~15日及6月21日~27日

• 7月7日~10日及7月21日~27日

• 8月5日~8日及8月14日~20日

• 9月3日~10日及9月21日~28日

- 10 月 7 日 ~ 14 日及 10 月 21 日 ~ 30 日
- 11 月 5 日 ~ 10 日及 11 月 20 日 ~ 30 日
- 12 月 3 日 ~ 10 日及 12 月 16 日 ~ 24 日

上面所列出的日子，与中国历法中的 24 个节气时间相对。从天文学角度讲，乃是以地球为中心来说，太阳行走相隔 15 度的时间。

③市场趋势所运行的日数。

除了留意一年里面多个可能出现转势的时间外，留意一个市场趋势所运行的日数，是非常重要的。由市场的重要底部或顶部起计，以下是江恩认为有机会出现转势的日数：

- 7 ~ 12 天
- 18 ~ 21 天
- 28 ~ 31 天
- 42 ~ 49 天
- 57 ~ 65 天
- 85 ~ 92 天
- 112 ~ 120 天
- 150 ~ 157 天
- 175 ~ 185 天

④周年纪念日。

江恩统计市场数十年来的走势，研究市场重要的顶部及底部出现的月份，指出投资者要留意的包括：

- 市场的重要顶部及底部周年纪念日。纪念日的意义是，市场经过重要顶部或底部后的一年、两年，甚至十年，都是重要的时间周期。
- 重要消息的日子，当某些市场消息入市而引致市场大幅波动。此外，消息入市时的价位水平，这些水平经常是市场的重要支持或阻力位。

(9) 当出现新底或新高时买入

①当市价开创新高，表示市场走势向上，可以追市买入。

②当市价下破新底，表示市场走势向下，可以追沽。

不过，在应用上面的简单规则前，江恩认为必须特别留意以下时间因素：

①由从前顶部到底部的时间。

②由从前底部到顶部的时间。

③由重要顶部到重要底部的时间。

④由重要底部到重要顶部的时间。

江恩在这里的规则，言下之意乃是指出，如果市场上创新高或新低，表示趋势未完。若所预测者为顶部，则可用顶与顶之间的日数或底与顶之间的日数以配合分析；相反，若所预测者为底部，则可用底与底之间的日数及顶与底之间的日数配合分析。

除此之外，市场顶与顶及底与顶之间的时间比率，例如：1倍、1.5倍、2倍等，亦为计算市场下一个重要转势点的依据。

（10）趋势逆转

根据江恩对市场趋势的研究，一个趋势逆转之前，在图表形态上及时间周期上都是有迹可寻的。

在时间周期方面，江恩认为有以下几点值得特别留意：

①市场假期——市场的趋势逆转，通常会发生在假期的前后。

②周年纪念日——投资者要留意市场重要顶部及底部的1、2、3、4或5周年之后的日子，市场在这些日子经常会出现转势。

③趋势运行时间——由市场重要顶部或底部之后的15、22、34、42、48或49个月的时间，这些时间可能会出现市势逆转。

在价位形态方面，江恩则建议：

①升市——当市场处于升市时，可参考江恩的九点图及三天图。若九点图或三天图下破对上一个低位，是表示市势逆转的第一个讯号。

②跌市——当市场处于跌市时，若九点图或三天图上破对上一个高位，表示市势见底回升的机会十分大。

（11）最安全入货点

出入市的策略亦是极为重要的，江恩对于跟随趋势买卖，有以下的忠告：

①当市势向上的时候，追买的价位永远不是太高。

②当市势向下的时候，追沽的价位永远不是太低。

③在投资时谨记使用止蚀盘以免招巨损。

④顺势买卖，切忌逆势。

⑤在投资组合中，使用去弱留强的方法维持获利能力。

至于入市点如何决定，江恩的方法非常传统：在趋势确认后入市是最为安全的。在市势向上时，市价见底回升，出现第一个反弹，之后会有调整，当市价无力破底而转头向上，上破第一次反弹的高点的时候，便是最安全的买入点。止蚀位方面，则可设于调整浪底之下。在市势向下时，市价见顶回落，出现第一次下跌，之后市价反弹，成为第二个较低的顶，当市价再下破第一次下跌的底部时，便是最安全的沽出点，止蚀位可设于第二个较低的顶部之上。

（12）快速市场的价位波动

市价上升或下跌的速度，为界定不同市场走势的准则。江恩认为，若市场是快速的话，则市价平均每天上升或下跌一点；若市场平均每天上升或下跌两点，则已超出正常的速度，市场走势不会维持过久。这类的市场速度通常发生于升市中的短暂调整，或者是跌市中的短暂时间反弹。在应用上面要特别注意："每天上升或下跌一点"中"每天"的意思是日历的天数，而非市场交易日，这点是江恩分析方法的特点。在图表上将每天上升或下跌 10 点连成直线，便成为江恩的 1 X 1 线，是界定市场好淡的分水岭。若市场出现升市中的调整或跌市中的反弹，速度通常以每天 20 点运行，亦即 1 X 2 线。

江恩十二条买卖规则中一个重要的观察是："短暂的时间调整价位"。江恩认为，当市场处于一个超买阶段，市场要进行调整，若调整幅度少的话，则调整所用的时间便会相对的长。相反而言，若市场调整的幅度大的话，则所需要的时间便会相对的短。

3. 移动平均线买卖法则

股市实战中，移动平均线做为重要的股价走势趋势参考指标，揭示了股价与移动平均线之间的内在关系，以及依托于移动平均线股价强弱转化的规律，从而为股票买卖点的把握提供了操作依据，这是实战中最为有效的买卖法则之一，见图 11 –1。

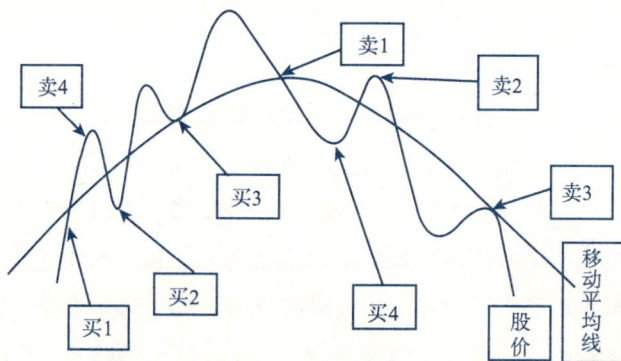

图 11-1　股票买卖点与移动平均线图

买入信号重要性排列：买 1 > 买 3 > 买 2 > 买 4

卖出信号重要性排列：卖 1 > 卖 3 > 卖 2 > 卖 4

这里，移动平均线可以按照自己的实战经验来确定。总之，这一均线法则在实战中的效果是极为明显的。

4. 短线放量长阳买卖法则

目前市场上许多人热衷于短线操作，的确短线操作有很多优点：

①持股时间短，减低了风险。

②获利立竿见影，免去漫长等待，资本快速增值。

③充满刺激，更多享受赚钱的乐趣。

④不放过任何一次获利机会，机会成本较低。

事实上许多投资者抱着良好的愿望进行短线操作，结果不是反复割肉就是死死套牢，损失惨重。其主要原因有两个：

①交易费用太高。

②交易成功率低。

普通投资者一般希望快进快出，但是缺少一种有效的交易方法，只能跟着感觉走，然而股市中感觉是靠不住的，结果短线变中线，中线变长线，长线变奉献。

股价的短期波动受多种因素制约，偶然性极大，确实呈现一种随机的特征。

比如掷硬币就是一种随机运动，我们要准确猜测其结果是不可能的，顶多50%的准确性。如果短线交易只有50%的准确性，10次买卖之后资金起码将损失10%。假如不能提高短线交易成功率，短线操作的风险是无法承受的。我们发现，专业分析师操作的短线模拟基金也常常出现－20%的收益率，由此可见短线交易的难度之大。

经过多年的研究和实战验证，人们找到了一种理想的短线交易模式——短线放量长阳买卖法则。

（1）短线放量长阳法则的原理

经验表明，做短线的投机者一定要密切注视股市中的资金尤其是大资金的运动状况。因为股市中股票的涨跌在短时期内是由注入股市的资金量所决定。平时由于交易清淡股价波动呈现随机的特征，无法确定短线运动方向并且波动幅度太小，则不具备操作价值。只有在短期内有大资金运作的股票才具有短线操作价值。成交量放大，多空双方交战激烈则股价呈现出良好的弹性。这种弹性规律性极强，利用这种规律，总结出短线放量长阳买卖法则。这个法则的成功率在80%以上（2～5天买进、卖出差价5%以上可认为短线操作成功）。

（2）短线放量长阳买卖法则

60分钟属短期波动，一日的1/4，而根据60分钟图、K线组合和量价关系作为短周期的买入点，是极佳的超级短线秘笈。

①选出近期成交量突然连续放大，日换手率在3%以上（越大越好），大幅上涨7%以上（最好出现涨停）的个股观察。

MA均线（5，10）金叉。其主要特征是一根大的成交量红柱伴随一根长阳线使股价迅速脱离盘整区。其换手率在3%～20%之间。最好这个成交量是1～2个月以来的最大成交量。

成交量放大可能是受到利好消息的刺激，如较好的业绩和分配方案，重大合作项目的确定等。但是我们并不建议放量立即跟进。因为导致股票突然放量上攻的原因可以是多种多样的，一般投资者喜欢立即跟进，但是极易掉进庄家拉高换手的陷阱。

②发现目标后不急于介入，调出 60 分钟 K 线组合跟踪观察。

再强势的股票也会回档，为了避免在最高位套牢要等到回档再买入。

③该股放量短线冲高之后必有缩量回调，根据该股 60 分钟 K 线组合，当股价缩量回落，切入到 60 分钟 K 线图上放量长阳的这根阳线的实体内，调整到此时成交量已少（买入点的日成交量为大量的 1/8 左右），股价走稳，短线抛压已穷尽，一般这个点位能够保证一买就涨，充分发挥短线效率。

④时间一般为回落 1~7 天，时间长短跟大盘好坏有关。

⑤买入后立即享受拉升的乐趣。一般会在 2~3 天超越一浪顶部。

⑥获利 5% 之上。一浪的高点的 3% 可以作为止赢点。

⑦如出现重大意外变故，则以买入价为止损价果断出局。

此法亦可作为买入中线潜力股的进场时机的选择方法，成功率更高。

以上解决了"买"的问题，那么如何卖出股票呢？虽然买点选得好，不存在套牢、割肉——但是要记住：并非 100%。我们必须坦然面对错误，止损的概念要牢记心头，不懂止损是危险的。止损是保护自己资产的保险丝。

短线买入股票是希望立竿见影的一波升势，正所谓抓主升浪。假如主升浪并未如期而至，那么是等待还是结束？应该结束，股市上没有百发百中的神枪手。假如布林指标发出了强烈的预警信号，别指望这一次是假的，因为短线炒作资金的自由是第一位的。

5. 长方矩形形态分析法

长方矩形是股价由在二条水平的上下界线区间波动而成的盘局形态。股价在某个范围之内波动，当上升到某水平时，遇到阻力抛压掉头回落，但在下方某处便获得支持而回升，但是回升到前次同一高点时再次受阻，而回落到上次低点时则又获得支持，将这些短期高点和低点分别以直线连接起来，便可以绘出一条水平通道，通道既非上倾亦非下降，而是平行发展，这就是长方矩形形态，简称箱体。然就其广义扩大化而言，所有股价变动范围都可以看作是由不同的箱体组成，所以实战时也有着其一套体系操作理论，俗称"箱体理论"。

（1）形成机理

矩形为冲突均衡整理形态，是多空双方实力相当的斗争结果，多空双方的力量在箱体范围间完全达到均衡状态，在这段运动期间谁也占不了上风。看多的一方认为其回落价位是很理想的买入点，于是股价每回落到该水平即买入，形成了一条水平的支撑线，但另一批看空的投资者对股价上行缺乏信心，认为股价难以升越其箱体上轨，于是股价回升至该价位水平便即沽售，形成一条平行的压力线。所以当股价回升一定高度时，一批对后市缺乏信心的投资者退出；而当股价回落到一定价位时，一批憧憬着未来前景的投资者买进，由于多空双方实力相当，于是股价就来回在这一段区域内波动。当然有时也是主力庄家控制涨跌幅度，进行吸货、出货的结果。

（2）特征条件

①矩形的上轨和下轨大体呈现水平和平行状态。

②矩形一般是中继形态，即经过整理后一般股价运行的轨迹趋势不会改变。

③矩形的成交量一般是呈递减状态，如果成交量较大，则要提防主力出货形成顶部，向上突破时需要放大成交量来配合，向下突破则不必要。

④矩形整理的时间越长，则形态的意义越可靠。

⑤矩形的最小理论升跌幅为箱体的垂直高度。

（3）操作策略

矩形最佳的买卖点为箱体突破和回抽确认之时，日常亦可在接近箱体上下轨时赚差价，但需注意设立止损点。

6. Dunnigan 的推力方法

人们都非常希望能在行情转势前以最低价买进，而又在最高价卖出，这样可以赚足一波行情的利润。那么怎样来寻找这种机会呢？Dunnigan 的推力方法给我们提供了一种方法。

Dunnigan 是杜氏理论信徒，除了专门研究图表走势之外，对期货市场也有深入认识，更自行研究出一套"推力方法"作为短线投资买卖系统。他的买卖系统，目标在于找准市价接近最低价时买入，而市价出现转势之前，在接近最高位时沽出，目标是赚到最多利润。

（1）最佳买入时机

只要下列情况出现就是最佳买入时机：

①市价创出近来新低位。

②创出新低位后某一段时间之内，突然某一日价位上升，比前日收市价为高。

③这日的全日价位波幅必定要少于下跌期之内波幅最大的一日的一半程度。

④这一日的高低价都要在上日价位波动范围之内。

上述条件从图形看就是要符合4个条件：创出新低价；跌幅收窄，显示抛售压力减少；创出了新低价之后出现上升，是反弹之相；再加上波幅在上日范围之内，这一点十分重要。因为如果昨日收市价虽然比上日高，但低位亦比上日低，就表明仍然有人看淡，悲观情绪仍然笼罩大市。但如果低点也在上日范围之内，表示市价不肯创出新低，是短期到底迹象，这种种迹象都是入货信号，短线可以一搏。

（2）最佳卖出时机

上述条件如果全部相反就是短线出货或是最佳卖出时机：

①股价创出近来新高或历史新高。

②创出新高后，在某个交易日中价格下跌，且比前交易日收盘价低。

③该交易日的全天股价波幅必定要大于上个交易日的波幅。

④该交易日的高低价均低于上个交易日。

上述条件即图形符合下述4个条件：创出新高价；创出了新高价后出现下跌，是回档之相；波幅放大，显示抛压增加；高低点下移，出现下降趋势，这一点十分重要。市价到顶，行将回落，快人一步，采取行动是"推力方法"的启示。

Dunnigan的"推力方法"，试图寻找大市跌完之后有没有重新推上的动力，或大市升完之后有没有价格向下的动力。Dunnigan本人对"动力"所下的定义就是"价位上升"，即是跌完了再升。一般研究图表人士都懂得头肩顶、三角形、圆顶、双底、双顶等走势。图形走势之外，走势分析还有林林总总的其他理论。Dunnigan 的"推力方法"就是其中一个代表。它提供了一个容易把握的概念，而且尝试寻找接近最低位买入，接近最高位卖出，对短线投资人士很有参考价值。但这个买卖系统只宜短线投资的运作，对长线投资人士启示并不太多。低位反弹，有可能反弹一两日之后再回跌。在高位反复回落，亦有可能是短期的调整，调整一轮之后，又再冲刺，所以长线投资参考这个理论作用不大。

7. 金字塔式买入法

投资者不要一次性买入大量股票，应该分段买入，应在愈买愈贵的情况下购入。举个例子，当决定买入中信泰富，投资者应先买入部分股票，再以高些的股价买入另一部分，然后又再在更高的水平购入最后一批股票。这种做法，可以将购入的股票平均价保持在市价以下。当股市恶化时，可以随即卖出股票，变为现金，损失会较少，见图 11－2：

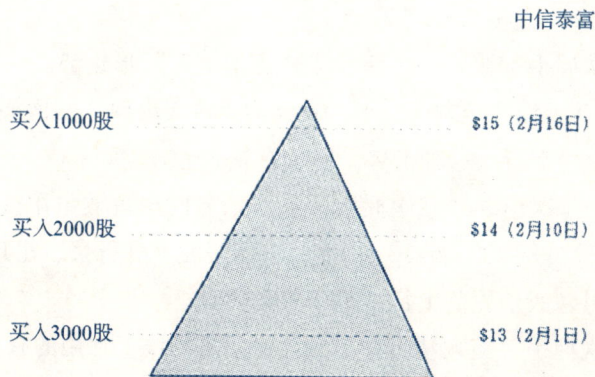

中信泰富

买入1000股 $15 (2月16日)

买入2000股 $14 (2月10日)

买入3000股 $13 (2月1日)

图 11－2 金字塔买入图

以上的方法，共买入 6 000 股。如果股市在 2 月 16 日后下跌，股价跌至 $ 14，立即将全部 6 000 股抛售。结果是：

2 月 16 日购入的 1 000 股（亏损 $ 1 000）

2 月 10 日购入的 2 000 股（平手）

2 月 1 日购入的 3 000 股（赚 $ 3 000）

结果仍然赚＄2 000。

有经验的投资者会用大部分的时间放在思索：当坏情况发生时应如何行动。例如，收购、合并不成功，股市会下跌多少点？下跌速度如何？这种悲观思想可以令投资者头脑保持清醒，防止过度购买。虽然美丽的梦想会被这种思想弄糟，但可以保持利润，减少损失。

8. 均线"二次握手"买入法

特征：在30天均线上方，5天、10天均线先死叉（第一次握手）后再金叉（第二次握手）。

买入时机：在30天均线上方，5天、10天均线死叉后再金叉当天，且出现放量阳线便可买进。例：中海发展（600026），2003年11月18日，5天、10天均线在30天均线上方发生死叉，11月26日再次金叉，当天出现放量阳线，发出"二次握手"买入信号。以当天均价7.20元买入，12月23日以9.10元卖出，每股赚1.90元，19个交易日获利20.8%。

均线"二次握手"买入法可演变成"逐浪上升"形走势。

特征：在30天均线上方，5天、10天均线多次出现"二次握手"买入信号，股价呈波浪式震荡上行。这种走势，股价有较大上升空间。

买入时机：每次出现"二次握手"买入信号时出现放量阳线均可买入。例：石炼化（000783），从2003年10月28日开始一波上升行情，出现了6次"二次握手"买入信号，股价震荡上行，是一只强势股。

均线"二次握手"买入法可推广到任意两条均线。常用的有：

①在120天均线上方，20天均线与60天均线"二次握手"买入法。例：宝钢股份（600019），2003年9月22日，在120天均线上方，20天均线与60天均线发生死叉，10月28日，20天均线与60天均线再金叉，出现"二次握手"买入信号，当天出现放量阳线。以当天均价6元买入，2004年1月7日上升到8.06元，走出一波强劲上升行情。

②南京水运（600087），2003年10月22日，20天均线与120天均线发生死叉，11月26日，两均线重新金叉，出现"二次握手"买入信号。以当天均价6.10元买入，12月23日以8.00元卖出，每股赚1.90元，19个交易日获利23.7%。

　　需要说明的是，在一波上升行情中，均线"二次握手"买入法与"将死未死"买入法会交替出现。例：齐鲁石化（600002），从 2003 年 9 月 18 日至 2004 年 2 月 10 日这波上升行情中，"将死未死"买入法与"二次握手"买入法就是交替出现，股价震荡上行，大多数强势股都会出现这样走势。

第 12 章　不同市况下之买卖策略

1. 买卖股票原则

（1）Alexander's Filter Rule（亚力山大过滤器法则）

当股价上升了 X% 之后，就买入，持有该股，等它一路上升，该股升到尽头由高位下跌，跌幅是距离高位的 X% 时，就要沽出。如果刚买入即下跌，当跌去 X% 时，立即卖出。一般将 X 定为 10，如某股由 10 元升至 11 元时买入，如果升至 15 元后下跌，跌至 13.5 元就立即卖出，因为下跌 10% 证实了跌势已成；但若未跌至 13.5 元，未能证实跌势已成，仍然再有机会上升，所以仍不应卖出。10% 就成为这一只股票的过滤器，将一切疑虑过滤去，证明升势或跌势都真正已经形成，才采取行动，这正是此理论的特色。

亚力山大认为一定要等确认了趋势才可以买卖。趋势的确认依据是起过滤作用的 10%，未升够或未跌够 10% 都不可以随便入市。

该理论的缺陷是：当股价走势十分飘忽，升完即跌，跌完即升，走势无常时，过滤器会失效。

（2）Guenel's Filter Rule（葛拿过滤器法则）

当股价或指数向上突破 40 周移动平均线时买入，跌破 40 周移动平均线时卖出。这是一个偏重于中线的买卖战略，投资者一定要耐心等待买卖机会的来临。

（3）程式买卖计划系统

这个系统可以帮助那些不太懂分析技巧和图表研判，没有能力把握低买高卖的投资者使用，适合没有时间研究股市的人士使用。具体操作是：

首先将一笔资金分成两半，用其中一半买入股票，如股票升了25%，就立即将这25%的利润了结，变成现金；相反，如果股价下跌了20%，就动用另一半现金买入市值为20%的同一种股票，像这样坚持下去，严格地按照这个程式买卖。经过长期实战验证，此法优于捂股不放的做法。

举例说明，有20万本金，留10万元现金，再用其余的10万元买进，现价10元的某股1万股，若股价升至12.50元，即已赚取25%的利润，就立即卖出2000股，即将2.5万元的利润变为现金，这时股票为8000股（现价12.50元），现金为12.5万元。其后股价跌至10元，即损失了市值20000元，这时应动用现金买入2000股，即增持2万元的股票，这时股票为1万股（现价10元），现金为10.5万元。

若买入股票一路持有，升升跌跌之后，股票为1万股（现价10元），现金仍为10万元，上上下下，坐了一回电梯，一无所获。而如果采用程式买卖计划，你的资本会越滚越大。

下面列出程式买卖计划的操作要点：

①是否能赚钱的关键在于能否长期地严格执行这个程式买卖计划，长期坚持下去可以避免追涨杀跌，减低风险，增加利润。

②现金与股票最初的比例是1∶1，但慢慢地现金的比例就会越来越大，一年之后，你可以重新再建立1∶1的比例，使资本增值得更快。

③上述例子中，上升25%就沽出，下跌20%就买入。实战中，投资者可自行确定上升和下跌的幅度，如上升20%时沽出，下跌15%时买入。

④运用这个计划，最好买入一部分绩优股。

⑤可以调整为股票占60%，现金占40%，等等。

（4）Jake Bernstein（伯恩斯坦的3种转向讯号）

①Jake Bernstein的转向讯号。

若今日的最低价低于上一日的最低价，但收盘价则较前一日收盘价高，构成普通向上转向讯号；若今日最高价高于上一日的最高价，但收盘价比前一日收盘价低，构成普通向下转向讯号。

特殊转向讯号有两种：若当日最高价高于上一日的最高价，且最低价低于上一日的最低价，而收盘价高于上一日收盘价，便构成特殊向上转向讯号，反之，若当日最高价低于上日的最高价，且最低价高于上一日的最低价，而收盘价低于上一日收盘价，便构成特殊向下转向讯号。

以上几种转向讯号比较，以特殊转向讯号较为重要，特殊转向讯号经常在趋势转变的时刻出现。当转向讯号在适当的"时间之窗"内且有较大的成交量配合时，就构成重要的买卖提示。

通常而言，在循环低点的"时间之窗"内，较易发现向上的转向讯号。在循环高点的"时间之窗"内，较易发现向下的转向讯号。

②Jake Bernstein 的高低收盘价买卖讯号。

首先解释高低收盘价的定义。例如：1998 年 6 月 25 日深成指最高为 3 989 点，最低为 3 922 点，全日波动幅度为 67 点，以 10% 作为界限线。如果第二日收盘价在 3 989 - 67×10%，即 3 982 点以上，称为高价收市；如果收盘价在 3 922 + 67×10%，即 3 929 点以下，称为低价收市。

下面为买卖法则：倘若第一日以高价收市，而第二日以低价收市，便构成高价至低价收市讯号（High to Low Close），简称 HLC，属卖出讯号；相反，若第一日以低价收市，而第二日以高价收市，构成低价至高价收市讯号（Low to High Close），简称 LHC，为买入讯号。

在循环高点的"时间之窗"内，只留意 HLC 卖出讯号，在循环低点"时间之窗"内，只需考虑 LHC 买入讯号。

若转向讯号与高低价收市讯号同时出现，则是强烈的买卖讯号。

③Jake Bernstein 的三高三低讯号。

以日线图为例，若今日收盘价高于前三个交易日的最高收盘价，形成三高讯号，是买入讯号；若今日收盘价低于前三个交易日的最低收盘价，形成三低讯号，是卖出讯号。

三高讯号用以配合循环低点的"时间之窗"，三低讯号用以配合循环高点的"时间之窗"。三高三低讯号与图表形态完全无关，只需依据近四天的收盘价而定。

以上伯恩斯坦的三种讯号若同时出现，准确性极高。

(5) 金字塔买卖系统

当买入的股票继续上升时，希望获取更多的利润，就可以采取"金字塔买入法"，即"越升越买，越买越少，看对时才加码"。如某股现价 10 元时买入 100 手，涨至 12 元时又买入 50 手，涨至 15 元时又买入 20 手。因为害怕追涨带来的风险，又想"博到尽"，只能涨得越高，买得越少。

卖出时采取"倒金字塔卖出法"，如上述该股涨至 20 元时卖出 2 000 股，再涨至 22 元时又卖出 5 000 股，再涨至 25 元时又卖出 1 000 股。因为害怕过早地卖出，而涨得越高，见顶的危险就越大，只能涨得越高，卖得越多。

这种买卖系统的缺陷在于高位追人之后，市价不升反跌，低位买入的利润全部消失，而高价买入的却全部被套，十分危险。

(6) 均价买入法

运用此法的首要条件是将资金分成很多份，若买入就被套，越跌越买，使手中投资成本平均价格摊低，等到股价回升时，不需等到第一次买入的价位便可解套并获利。这种方法更适合长线投资。

这种方法的缺陷是：可能会越买越跌，以至全部资金被套牢，以至永远无机会翻身。

2. 牛市中大胆介入

牛市行情是每一位股市投资者梦寐已求、欢欣鼓舞的事。这是因为，在牛市阶段，买入股票者基本上都能赢利，只不过是赢多赢少的问题。但是，许多投资者都经历过一次甚至几次牛市，其结果不仅没有赚到钱，反而亏了血本，原因就是没有把握牛市的操作技巧。他们要么是在牛市启动之初不敢进股，结果坐失良机；要么是在牛市末期还不出货，结果高位套牢。因此，并不是所有牛市里的投资者都能赚钱，相反因为操作不当而被套牢亏损的股民倒是大有人在。

那么，面对牛市，我们该如何操作呢？一般来说，在牛市启动之初，我们应该大胆介入，乘胜前进，但当牛市进入末期，成为"疯牛市"、"狂牛市"的时候，往往意味着顶部即将来临，我们必须果断撤离，落袋为安。许多股民不能正确地认识到这点，股市一涨，就得意忘形，丝毫没有考虑顶部的风险，结果大多在顶部高位套牢。实际上，有什么样的升势，就会有什么样的跌势；怎样升上来的，就一定会怎样跌下去，这是被大量事实所证明了的。2000 年初，在允许三类企业入市及券商质押贷款的政策背景下，股市爆发了一轮史无前例的井喷行情。许多机构投机者认为从此打通了以炒高股价做大市值再反复质押的办法来解决融资坐庄的途径，于是纷纷投入巨额资金进行疯狂炒作，并控制了许多个股的大部分筹码，结果制造了一个没有调整的单边升市。然而这样的市场显然是不牢靠不稳定的，随着市场转势，兼之加强监管，机构高位被套、下档缺乏承接、大盘无量下跌而导致资金链断裂，于是大盘在2001年6月见顶回落，绝大多数股票都出现了大幅度的下跌。

投资者为了在牛市中取得更多胜利成果，并且最终保存胜利战果，可以采取以下操作策略：

（1）操作策略

①捂股战略。

在牛市中，所有的股票都有上涨的机会。不要看到别的股票上涨而轻易抛掉手中的股票去追买已经上涨许多的股票。也许，你刚刚抛出认为是"乌龟"的股票，它马上就变成了飞跑的"兔子"；而你追买的"兔子"却马上又变成了"乌龟"。因此，牛市当中最要紧的事情是牢牢握好你手中的股票。这是牛市当中最笨也许是最聪明的投资策略。据统计，2007年上涨幅度最大的50只股票，80%在2006年的涨幅都不是很大。而2006年涨幅较多的股票，在2007年则表现普遍偏弱。

②买黑马股票。

在牛市当中，黑马股的涨幅常常惊人，有的甚至超过大盘涨幅的好几倍。例如，在2006年以来的牛市行情中，泛海建设、贵州茅台、王府井等黑马股票的涨幅都大大超过其它股票。至于如何在牛市中捕捉黑马股，大体上可以从这样几点进行考察：一是寻找有题材的股票。比如经营方向发生重大改变、业绩高速增长、控股购并、股本扩张等等均可构成股票的炒作题材。有炒作题材的股票容易成为牛市中的黑马。二是新上市的股票。在牛市里，每有新股上市，主力机构总会大炒特炒一番。三是属于朝阳产业的股票。一般说来，在我国股市当中，金融、房地产、高科技、公用事业等行来是孕育黑马股的摇篮。

③做波段。

牛市也并不是一往无前地上涨，其中也会调整。按照波浪理论，1、3、5浪为上升波；2、4浪为调整浪；A、B、C三浪为下跌浪。因此，作为股市投资者如果能踏准牛市节奏，做波段操作，收益将更为可观，回报将更为丰富。做波段一般是根据波浪理论确定买卖点。即在1浪起点、2浪底部、4浪底部买入；在1浪顶部、3浪顶部、5浪顶部沽空；高明的投资者还可以做一下B浪反弹。

④及时逃顶。

投资者在牛市中赚得的利润，能否最终保住，关键之处就在于能否及时逃顶。股市中绝大多数投资者之所以最终亏损，就在于不能在牛市末期及时逃顶；而股市中少数投资者之所以赢利甚至大赚，也主要是能够逃顶。

（2）牛市中的利好利空

牛市中的利好传言不论确凿与否，必定成为大盘及涉及个股飙升的加速器，若属题材传言，那么此类个股可多多捕捉挖掘，积极操作。牛市中的利空往往只能造成短期小幅下跌，一般很快就能修复。牛市中一般利空经常还是主力洗盘震仓的工具。仔细阅读公告，若非实质性大利空，即可反向思维，坚定持股，必有厚报。

（3）牛市的分析操作心得

①牛市阶段大盘基本在250天均线之上运行。

个人资产配置可以更多的放在股票上，少量储蓄资产以备不时之需，债券类资产没有太大必要。

②所谓牛市就是大涨小跌连创新高的股市阶段。

牛市中股票绝不会只涨不跌，但下跌总是有限的，所以牛市中大可以选质地好的股票中长线持有，不必怕套牢。

③技术指标的使用上，发出金叉买入信号必须买进，对死叉卖出信号可执行也可不执行。

由于技术指标有滞后的特点，往往死叉出现时短线已调整到位，如对股票前景看好，则可以有钱加仓，没钱扛住。

④牛市决战法宝：牛市坚持做多，注重热点捕捉、及时切换。

（4）牛市末期的特征

①整个市场市盈率很高（2001年高达55倍以上），企业业绩预期远跟不上股价的上涨幅度。

②很少能以理性估值找到可以放心持有 3 个月以上的股票。

③从经济学家到股评家多数看多，而且往往豪言壮语令人振奋。

④股价依然上涨，但涨速很缓。

以上特征只是说明股市到了危险的境地，还会自然延续一个阶段，要等到某一个能造成致命打击的外因出现时才会崩塌。

3. 熊市中随机应变

熊市，是行情持续下降的时段，一般可能会有几个月，甚至几年。这时候的市场特征，是连续阴线，偶尔出现阳线，但可能会被更大更长的阴线所消灭。故此，投资者在熊市演化的不同阶段，要针对市况的不同特点，采取不同的对策：

（1）操作策略

①升势受遏、人气散逸，要利用反弹机会退出。

这种市况下，行情可能处于一种下挫与反弹相互交错的进程中，抢反弹的散户与趁机脱逃的大户已形成不同的心态，即一些散户仍受前期的牛市气势迷惑，不晓得行情上升的基础已不复存在，仍前仆后继，不断入场；同时，庄家却在震荡中非常坚决地退场，从而加速了熊市气势的形成。在这种情况下，投资者要想保全自身，就要利用反弹的机会，及时退出，即使有所亏损，也无所谓，因为要正视正在形成的市道方向，如果继续执迷不悟，很有可能逆水行舟，徒招凶险。

②跌势已成，人心涣散，要果断止损离场。

熊市形成后，会有一种急跌的交易情况，恐慌心态迫使一些股票出现持续暴跌，进而超跌的情况。投资者面对这种一泻千里的困境，切不可逆流而动，而应该反手为空，或者上岸等待山洪过去。在暴跌过程中，庄家大户绝不可能出来救市，一些投资基金也不会出来平衡市况，因为基金只对具体投资者负责，没有救市的责任。

③行情在急挫过程将会有小幅反弹，机不可失，时不再来，要趁机溜之大吉。

有些人在熊市中善于抢反弹，可能屡试不爽，成为抢反弹的高手。实际上，这可能是最危险的玩火游戏。作为投资者，不要为眼前的光芒迷了眼，而要耐心地等待风险过去，等待机会来临。

④熊市最后一跌，可能会摧毁多数投资者的信心，从而割肉斩仓。

但在熊途未路，阴极将阳生，善于寻机入市建仓者，必将无往而不利。台湾著名投资专家胡舒寒认为，盛极而衰、否极泰来，股市火爆、股价上扬，大家齐声欢呼的时候，我们应该及时克制自己的贪欲，趁早获利了结，不要老是期望涨了还涨，赚了还赚；当股价重挫，如果你手上的股票本质不坏，用不着流血杀出，可以等反弹时减磅，而当大家都认为后市无望，个个唉声叹气的时候，你则要有勇气敢于买进，因为这是抄底赚大钱的机会。

一般来说，熊市的初、中期不宜入市，应以观望为上策。但这也不是绝对的，如果投资者有较强的操盘技巧，也可以尝试进行一些短线操作。如果操作得好，同样也可获利，甚至可以获大利。

（2）操作技巧

①选准熊市"黑马"。

熊市中大多数股票都处于下跌趋势，但一些庄家主力为了解套或者获利的需要，也会想方设法从熊市中拉出几匹黑马来，由此出现"熊市牛股"的现象。中小散户若能趁机骑上一程，利润也是极其可观的。熊市中的"黑马"一般有以下特征：盘小、股性活、价低、绩优、有题材。熊市中庄家制造的题材一般有资产重组、业绩成长、收购等，具有这些题材的股票易成为"黑马"；再结合盘面来分析，庄股的运行速度一般比股指快，不受大盘影响走出独立行情。同时伴有价涨量增、价跌量减、有规律的走势。特别要引起注意的是，熊市中的"黑马"行情是短暂的，散户切忌贪婪，骑上"黑马"走一程，赚取一些差价后迅速下马，以防被套。

②弱势中少持仓。

在强势中敢于抓住机会，敢于持重仓甚至满仓；在弱势中，风险大，要善于规避风险，减少持仓量。可采取分批吃进的方法，不能轻易满仓。

③买进超跌股，以搏差价。

在熊市做短线的思路要与强势中相反。在强势中人们要选一些技术图形好，正在上升过程中的股票。因为强势中强者会更强。而在熊市中，要选一些跌无可跌的低价股吃进，而且建仓的时间要选在急跌后。这样的股票一般会走出反弹或补涨行情。若是该股有幸被主力看中，很可能会有一段可观的行情。

熊市之中同样蕴藏着机会，投资者若操作有方，同样会博得强市中的利润。但熊市毕竟是下跌行情，风险较大，如果没有十足的把握，一般中小散户不要草率行事，更不要频繁操作，否则的话十有九输。不过，如果已经发现处于熊市末期，大多数股票已经跌到了底部，则可以大胆出击。在股价持续大幅下跌后，没有理由越跌就越失望，事实上越跌风险越小。许多股市高手，就是在众人悲观失望的 2006 年大胆抄底，成为大赢家的。

（3）熊市中的利好利空

利好在牛市中会成为股票上涨的加速器，但在熊市中却往往会打了水漂，所以在熊市状态下对利好消息我们不可以抱太大希望，能够小赚即可。熊市中的利空可能是灭顶之灾，想想也是，平平淡淡都要下跌，更何况绑上一块巨石呢？如果不幸在弱势行情下遇到衰股，那就要不惜一切代价抓紧砍仓吧，不然接下来你会损失更多。

（4）熊市的分析操作心得

①熊市阶段大盘指数基本上在 250 天均线以下运行，个人资产配置建议股票账户少量或清空，少量储蓄资产，多配置债券等较高固定收益品种。熊市中，不可配置基金，因为熊市中基金也在全面亏损。

②所谓熊市就是大跌小涨，不断走低的股市阶段。在这种行情中操作股票，更容易亏损，很难赚到什么钱。所以我们每年空仓时间必须远多于持仓时间，一般来说应平均 8 个月空仓，4 个月持股。

③技术指标破位向下形成死叉，不论当时位置多低都必须卖出。

④技术指标上穿形成金叉，可买可不买，极有可能只是小反弹，过不了几天又要杀跌出局。

⑤大盘和个股同时发出买点才买股票，大盘或个股一方发出卖点就坚决卖出股票。

（5）熊市末期的特征

①市盈率很低（2005 年低于 10 倍，许多股票甚至只有 5 倍），大批绩优股股价跌破净资产值。

②大批股票靠分红就可得到每年 20% 的收益。

③平均股价很低（2005 年只有 4 元左右）。大量股票显现投资价值，但股价还在下跌。

④政府从各个方面鼓励投资，甚至采取超常手段来刺激股市上涨，但市场依然下跌。

4. 盘整市中看指标

股市并不总是一往无前的牛市行情，也不总是绵绵下跌的熊市行情，更多的时候是上下盘整的市道。股市进入盘整的市道后，未来的走势是向上发展，再度翻扬；还是向下继续探底，促使股价下挫，对于我们的操作至关重要。如果看错了形势，则极易蒙受损失。那么，我们如何观察盘整市道的未来发展呢？首先可以看成交量。不管股市是向上还是向下突破盘整市道，成交量都属关键因素。向上突破，上涨家数开始增加，成交量随之亦扩增，表现在个股上，则是价涨量增；向下突破，下跌家数增加，成交量大幅扩增，表现在个股上，则是价跌量大增。其次看一些技术技术指标。以 RSI（相对强弱指标）为例，当股市陷于盘整市道，RSI 值总在 50 上下盘旋，时上时下，变化不大，但一旦开始向上突破或向下突破，则此指标便会脱出原先范畴，开始上升或下降，幅度较盘整期为大。另外，当股市陷于长时间盘整，一旦行情突然跳空而上，或跳空而下，配合成交量的扩增，显示此市道正向上或向下突破。通常，此种现象的发生，必有突然性利多或利空因素出现，否则不致跳空。当然就个股而言，则不排除庄家炒作，刻意哄抬或损压的可能。

总的来说，面对盘整市道，我们必须保持冷静，不能急躁。可以采取观望态度，也就是所谓静观待变，除非已经显示向上突破几率高，否则，不应加码买进。要密切注意促使股市陷入盘局的各个利多利空因素变化，如果原先利多与利空因素实现或消失，即能改变盘局。如属向上突破，应是买进时机；若系向下突破，则是卖出时机。一般来说，前者跳空而上突破上升阻力线，后者跳空而下突破上档支撑线。故此跳空而上或跳空而下，被视为突破盘局的明显讯号。跳空而上，显示股价具备涨升力量与气势，此时买进，风险自然较小，盈利机会较高，相对地，跳空而下，显示股价已失去原有支撑，将见一段跌幅，此时出脱持股，比较稳妥。但需注意的是，常因非实质的利多或利空，甚至只是人为因素，如庄家刻意拉抬或掼压，造成突破假象，也就是所谓假突破，则此种突破便是陷阱，必须分外提防。提防之道，乃在审视整个投资环境，并观察量价关系，综合研判。其中尤以量价关系最为重要。这也是股市专家常常劝人急涨莫追、急跌莫杀的道理，原因就在此项突破是真是假一时不易判断，倒不如暂时保持观望，以待后续发展。

5. 反弹行情中抢反弹

抢反弹是许多股民短线炒作的一个惯用手法，某只股票突然大幅度的下挫，甚至跌停，按大跌后一般会有大涨的规律，许多股民冲进去买入，准备以后反弹时抛出，以获取短线利润。这种想法不能说没有道理，也确实有许多短线高手因此赚了大钱，但是，这也是火中取粟、空中接刀的游戏，其风险相当大，许多股民因此而被套牢。尤其是近年一些庄家在狂炒某只股票后，由于获利丰厚，往往采取跌停板出货手法，在连续三日跌停之后打开跌停，诱使股民认为反弹来临，大举跟进，结果把散户套在半山腰。如大连国际，2001 年 6 月 4 日以跌停开盘后打开跌停，竟诱得比平时多 1.5 倍的散户抢反弹，连跌三个跌停之后，再一次打开跌停，更诱得多几倍散户入市抢反弹，谁知其后还有几个跌停，才算初步企稳，可庄家的货也出得差不多了。

想捡便宜货抢反弹本身并没错，关键要看你选的股是否跌透。银广厦从 30 多元跌到 10 元并没有跌够，中科创业从 84 元跌到 30 元也没有跌透，你去抢反弹，不是自己往陷阱里跳吗？亿安科技从 5、6 元涨到 126 元，显然是庄家疯狂的炒作，它跌到 20 元、10 元也不为过。但许多股民没有如此考虑，见该股跌了一半了，以为跌得差不多了，连忙去抢反弹，结果是进去一个套牢一个。

由于现在许多股民都摒弃了高位买入的操作手法，一些庄家高位派发已非常困难，于是，他们改变策略，利用一些股民贪便宜的心理，采取"压低出货"的手法，引诱散户跟风。他们先将股价炒到相当高的价位，并以不断创造新高点的假象引君入瓮，吸引胆大者跟风接货。如果接货者不踊跃，他们则将股价一路打压下来，一直到某个技术点位才稳住，以此让人觉得这是自然回档，经过一段时间的整理后便会再次拉升，从而追进去抢反弹，结果进一个套一个。这是非常毒辣的一招，被套者往往是进去了就出不来，像亿安科技一路下跌，最低跌到 10

多元，让你没有一点出货的机会。因此，对于喜欢抢反弹的股民来说，一定要慎之又慎，要真正确定选择的股票确实跌得差不多了，无论从技术面还是基本面上看都有反弹的要求，这才可以适量介入。切不可不看大势，不分股质，见某只股票大跌了，就想当然地认为会有反弹而冒险杀入。并且在反弹行情的操作中要讲究一定的技巧，掌握一定的法则。

首先，在反弹行情的操作中，要选择恰当的股票作为操作对象。一般的原则是：

（1）选择那些跌幅偏大且下跌无量的股票。

首先，由于该类股票下跌幅度偏大，往往超过同类别的个股，其中不排除主力顺势刻意打压的成分；其次，下跌无量说明前期主力无出局意愿或者无法出局，只能委曲求全，舍命陪君子，与普通投资者一起暂时共患难。一旦大盘企稳，该类股票的价格离套牢密集成交区较远，反弹过程中解套压力轻，其反弹的力度自然也就会最大，短线盈利的机会也大。

（2）选择跌破长期平台后加速下跌的股票。

这类股票在平台的整理过程中，一般经过了很大比例的换手，持股者大都是长线的坚定分子。平台的整理时间越长，跌破后对股价的牵制力也越大，该类股票跌破平台的颈线位后，快速下跌，与短期均线系统的乖离率加大，技术上将出现一次颈线位突破后的回抽确认过程，抢反弹失手的可能性较小。还有一种可能是主力打破平台是为了制造空头陷阱，如果是这种情况，那就获得了"意外"的收获，抢反弹无意中就抄了底。类似的 M 头、头肩顶、下降三解形突破性下跌到各类形态的量度跌幅后，理论上都将有一次对突破颈线位的回抽确认。

（3）选择那些受到利空打击严重的股票。

这类股票因受到利空消息的影响，持股者大量抛售，股价受空方猛烈打压，往往跌得较惨。但当利空消息解除，本来被利空消息扭曲了的股价，必将还其本来面目，恢复到合理价位。

（4）选择逆势而动的强庄股。

投资者对于逆势而动的强庄股应给予关注。在跌势中表现顽强、逆势走高的属于强庄股，一旦大势跌势趋缓，这类股票往往有出色的表现，因此应该成为投资者抢反弹的品种。当然，你得眼急手快，进出利索，否则极有可能成为庄家的替罪羔羊。

（5）选择有利好消息但受大市拖累的股票。

有的股票有利好消息本应上涨，但受大市拖累该涨未涨，一旦大市回升，它必会脱颖而出。

（6）选择新上市的股票。

新上市股票纠缠的问题少，并常常受到大户和主力机构的关照，很容易跑赢大市。

抢反弹中，有三类品种不宜做短线介入对象：一是前期升幅过大、主力见有接盘就出货的品种；二是排除那些主力过度持有的价值高估的以往热门股；三是回避大市值品种，由于成交额总体趋势是下跌，因此高价、大盘的大市值品种反弹力度相对较小。

6. 平稳市中重股票投资组合

股票投资组合的技巧是投资者依据股票的风险程度和年获利能力，按照一定的原则进行恰当的选股、搭配以降低风险的股票投资策略。

股票投资组合的基本原则是：在同样的风险水准之下，投资者应选择利润较大的股票；在相同利润水准的时候，投资者应选择风险最小的股票。股票投资组合的核心和关键是有效地分散投资，因为通过分散投资，将投资广泛地分布在不同的投资对象上，可以减低个别股风险而减少总风险。因此，有效的投资组合应当具备三个条件：一是所选择的各类资产，其风险可以部分地互相冲抵，这是最基本的前提；二是在投资总额一定的前提下，其预期收益与其他组合相同，但是可能承受的风险比其他投资组合小；三是投资总额一定，其风险程度与其他投资组合相同，但是预期收益较其他组合高。具体到股票投资上，应当对备选的各种股票的性质、特点、价格水平、过去的收益率以及预期收益率等有详细的了解和估计，在此基础上再进行投资多元化组合的实施。其方法有以下几种：

（1）金融投资的"三分法"

在美国等西方国家，最为通用的方法是：1/3 资金存银行以备不时之需；1/3的资金购买债券、股票等有价证券作长期投资；1/3 购置房产、土地等不动产。在股票投资上，人们也往往把 1/3 用来购买安全性较高的优先股或可转换债券，1/3 购买业绩稳定的蓝筹股和成长股，1/3 购买热门股或投机股。上述三分法虽然没有多少充足的理论依据，但在实践中受到普遍认同。

（2）不同行业、企业以及不同时间、地点的分散组合投资

包括：一是投资行业的分散，即不集中购买同一行业企业的股票，以免碰上行业性不景气而蒙受损失；二是投资企业的分散，即不把全部资金集中购买某一企业的股票，即使该企业业绩优良也应注意适当分散投资，因为没有常开不败的鲜花；三是投资时间的分散，可按派息时间叉开选择投资，因为按照惯例，派息前股价往往上涨，即使购买的某种股票因利率、物价等变动而在这一时间遭遇系统风险，还可以期待在另一时间派息分红的股票上获利；四是投资区域的分散，企业不可避免会受到地区市场、政策、税率乃至自然条件等诸因素的影响，产生不同效果，分散投资于不同区域的企业可起到"东方不亮西方亮"的作用。

（3）按风险等级和获利大小的组合投资

虽说投资风险变化莫测，但现代证券理论越来越倾向对风险进行定量分析，即在可能的条件下将证券风险计算出来。比如计算市盈率，便可推算不同证券不同的风险等级。市盈率越低，风险等级越低，投资风险越小；反之，风险等级越大，投资风险越大。另一方面，也可根据公司的财务报表及股价变动记录，预测每年收益率。最理想的组合形式，就是投资者在测定自己希望得到的投资收益和所能承担的投资风险之间，选择一个最佳组合。例如，你希望得到的投资收益率为 20%，那么应在收益率为 20% 的上市股票中，选择风险最小的品种。如果你能够承担的风险为 20%，那么应在那些同样风险等级的股票中，尽量选择投资收益率较高的品种。

（4）长、中、短线的比例组合投资

投资者应把股票分门别类，选股上长线、中线、短线搭配，避免频繁进出而导致的风险。

当然，投资多元化组合不能机械地理解，因为过于繁杂的投资组合虽然可以降低风险，但也可能使收益减少。多元化掌握在什么程度，要根据自己的投资目标、实力和经验来决定。

再者，应注意随着客观情况的发展变化，经常对投资组合中的股票种类进行

适当调整，一成不变的投资组合很难发挥控制投资风险的作用。

总之，投资者要综合各个方面的因素，在进行股票投资时进行有效的投资组合，以便在降低风险的同时，获取较大的利益。

7. 牢记十条买卖经典

（1）投机像山岳一样古老

短短的一句话却道尽投机市场的百态，仿佛看到在漫长投机长河中挣扎的人们，投机游戏的本质不会变，人的本性也不会变，而结局常常在开始的时候就已经注定。

那些整天试图以凭借自己小聪明战胜市场的想法，早晚会被市场无情地吃掉。只有真正懂得与市场共存共振的投资者，最终才会成为市场长期的赢家。

（2）人弃我取，人取我予

这句话被司马迁列为出奇制胜的重要策略，在证券市场里，我认为应该把"人弃我取，人取我予"作为自己一种最基本思维方式来运用，多用这种方式去思考问题，保持对各种预言的警惕，并努力在别人贪婪的时候谨慎一些，而在别人恐惧的时候大胆一些。

这就是典型的对相反理论的理解，但需要注意的是，相反理论并不是任何时候都适用。

（3）买入靠信心，持有靠耐心，卖出靠决心

这句话把投资中具体的投资行为的原则讲得简明、彻底、透彻，回顾自己的投资经历，几乎所有的错误也囊括在这三句话里。

能做到这一点的投资者，不但要具备超越常人的坚强心灵和意志，而且还必须已经对股市有了本质意义上的理解。

（4）只有持股才能赚大钱

想在股票市场赚大钱，持有股票的本领要下苦功去学，不管你是否有水平研究指数，是否有水平选择股票，真正能使你赚到钱的真功夫就是如何持股，如何持股的道理可不像研究指数、推荐股票那样，几句话就说的明白、短期内容易提高，它需要长期的投资经验积累，心理素质的不断提高，使用控制风险的有效方法。

这一点真正道出了股市投资的真谛，股市投资只有持股才能赚大钱，想靠调整市中的抢反弹来增加利润和弥补亏损，本身就已经掉进了主力的陷阱。

（5）企业价值决定股票长期价格

要想既保持研究股票又要保持一颗平常心，自己必须要有一套对股票价格高低的判断标准，即使使用的是一些简单的判断标准也没关系，重要的是你一定要有你对市场的价格高低的看法，不能依靠是否在大资金的成本之上下，否则一味迷信大资金的力量，一边关注价格，却又不交易，很容易陷入频繁的买卖之中。因为你没有自己的股票贵贱的标准，这样会使你常常去跟随那些其实跟许多散户同样愚蠢的大资金，在股票市场一般那些以价值发现、价值挖掘为出发点炒作的大资金才容易成功，才容易实现利润，单凭资金优势企图控制市场脱离了价值大肆炒作，最后结局不会乐观，证券市场越成熟，这点越明显。供给与需求创造价格短期波动，企业内在价值决定长期波动方向。

（6）不要轻易预测市场

判断股价到达什么水准，比预测多久才会到达某种水准容易，不管如何精研预测技巧，准确预测短期走势的几率很难超过60%，如果你每次都去尝试，错了就止损退出市场，不仅会损失你的金钱，更会不断损害你的信心，我觉得应该从基本面入手寻找一些有长期投资价值的股票，结合一些技术方法适当控制风险，尽量长期持住股票，而对于长期的市场走势给予一个轮廓式的评估。道氏早就定义了市场中日间杂波的不可预测性，只有趋势可以把握。但人类自作聪明，侥幸心理、贪婪恐惧的弱点，无时无刻不在支使那些意志不坚的人们不断反复重复地犯错。

（7）股市的下跌如一月份的暴风雪是正常现象

这句话是彼得·林奇的《战胜华尔街》里的一句，其实股市的下跌如一月份的暴风雪是正常现象，如果有所准备，它就不会伤害你。每次下跌都是大好机会，你可以挑选被风暴吓走的投资者放弃的廉价股票。这句话很形象地说明了股票市场的周期性，人们在春、夏、秋、冬的轮回中不知不觉，而对股票市场的涨跌却经常感到惊讶，其实股票市场的涨跌起伏是多么的正常，只是我们的市场的春天太短，冬天太长。

新股民来到股市只有先想到风险，才能活的长久。股票有涨有跌，涨多了会跌，跌多了会涨，这是股市的本质。

（8）尽量简单

这句话是美国技术分析专家约翰·墨菲的《股价（期货）技术分析预测学》一书中在引言中反复强调的一句话，他的意思是使用技术分析的时候尽量简单。所谓的尽量简单就是掌握核心思想而运用之，如趋势一旦形成短期不可逆转。选股要选领涨股等。尽量使自己的投资理念、投资原则简单，事情简单了也会就变得清晰了，对自己的投资行为约束也就变得有力了，不符合自己原则的事情也就容易抵制了，如阿甘一般，质朴简单的生活蕴涵着乐趣与真正的智慧。只有简单的技术才能被普通人所接受，复杂未必实用。但一样技术使用的人多了，其实战成功率自然就会降低。因此，已经被市场公开的技术，如果不经过自己的修正和提炼，其多数信号均为错误。

（9）不断地减少交易

这是从无数专家的无数次错误、无数次损失的金钱中理解的一句话，巴菲特曾讲过钱在这里从活跃的投资者流向有耐心的投资者。许多精力旺盛、有进取心的投资人的财富渐渐消失。其实不管你的理念怎样，是投机者或投资者，这句话都适用。减少你的错误就先从减少交易开始吧。

频繁的短线交易，是普通投资者股市投资必然失败的结果。因为频繁的短线交易，会使你每一刻的持股成本都在相对的市场高位，市场一旦转势，你的损失将惨不忍睹。

（10）远离市场，远离人群

《乌合之众》一书讲：人群中积聚的是愚，不是天生的智慧。炒股的心态与你与人群的距离成反比，不要推荐股票、少去谈论股票，与市场的人群保持距离，与每日的价格波动也要尽量远点，不要让行情机搅混你本已清澈的交易理念。在股市这个嘈杂的市场里，是最应该自守孤独的地方。知止而后能定，定而后能静，静而后能安，安而后能虑，虑而后能得。

由于股市投资这一不同于其它传统行业的行业，注定了多数人的结局必为亏损，所以，如果你想不同于他人而获得成功，就必须远离失败者，因为他们会影响你的情绪和判断力。

第13章 买卖策略中其他关注点

1. 股票买卖中的基本现象

(1) 股市二八现象

2007年4月以来，两市每天新开户的人数超过30万户，到5月开户总数已超过1亿户。不客气地说，如此庞大的队伍中大多数人是来给别人送钱的。因为股市有一种现象：二八现象。股票市场是一个高风险投资市场，约有半数的人会由于知识与经验积累不够而失败，剩下的一半即便技术经验上能够过关，但大多数又会因为心理素质不够而亏损。这样从长期统计数据来看，20%的人赚钱、80%的人亏钱就是股市的常态，所以叫做二八现象，也叫二八定律。中国股市如此，海外股市也一样。

如据《中国证券报》调查统计，2006年大盘上涨了130%，投资人有16%还亏损，有14%不赔不赚，而赚钱的人也只有5%跑赢了大市。牛市尚且如此，熊市就更惨不忍睹了，还是该报的统计结果显示，2001～2005年亏损者比例为96%，平均亏损幅度达70%以上。由此看来，对于投资风险的控制，目前多数投资人尚不能胜任。

(2) 论人性的弱点与股票操作

贪婪、恐惧、盲从、侥幸是人性所共有的弱点。这些弱点同时或多或少地存在于每一个投资者身上，严重影响着投资人收益的高低。知识可通过学习补充，经验可靠实践积累，而心理素质的提高却只能通过生活的方方面面摔打磨练来完成。

①论贪婪。

大家都看过《渔夫和金鱼的故事》，渔夫出海打鱼捞到一条金鱼，金鱼说放了我，我可以满足你的所有要求。渔夫的女人太贪心，要华服，要房子，要宫殿当女王，金鱼都满足了她。但这位夫人最后竟要金鱼做她的仆人，金鱼只好摇摇尾巴游到海里去了，而渔夫和妻子又回到原来的贫穷日子。股市有谚语说：什么人都能赚钱，只有贪心的人赚不到钱。过分的贪婪会把你赚到的钱又吐出去，因为没有只涨不跌的股市。有很多投资者不是根据市场强弱来决定买卖，而是根据自己买房子、买车等需求目标资金来定买卖。还有就是在理由不充分的前提下不断提高既定目标。

治疗贪婪需要培养从容淡静的心态，更需要切实理性地分析市场。理性考虑风险后所追求到的高收益才是最合理的，凭借主观想象一味抬高价码，结果只能像渔夫妻子一样回到原地。

②论恐惧。

人类面对未知的时候总会产生恐惧。股市的特点就是从不简单重复，似有规律又似无规律，因此，恐惧必然会成为股民心中最无法抛弃的阴影。持股过程中，看股票稍微涨一点，就怕再跌回去，想卖掉，但又担心继续上涨自己踏空；市场下跌了，不想卖，又怕持续下跌，卖了吧，又怕反弹。左也怕，右也怕，备受煎熬。对于短线操作的人尤其如此，因为理论上讲短期波动更是无法预期的。

③论盲从。

一个人在判断上迷失方向的时候最容易随大流，盲目跟从他人意见来决策。面对市场变化，不能认真全面地了解市场并独立思考的人是不可能做好股票的。很多投资者听讲座看股评，不是着重于投资的思想方法和逻辑思路，而是就等着个股推荐。听了马上就买，一旦套住一点马上又斩仓。而这些股票极有可能中线大涨。盲从的人很多，所以有"羊群"效应之说。这也为前面所说的二八定律的存在奠定了雄厚的群众基础。

④论侥幸。

明知是小概率事件，却希望能够发生，这就是害人不浅的侥幸心理。在股票操作中，散户的侥幸心理经常会被机构主力所利用。股票拉到高位，下跌时主力往往以长阴线开始出货，散户们虽心中觉得大盘、个股均不太妙，但却出逃不坚定，大多数人还都在期待股价反弹到没有下跌前的高度，结果往往是越套越深。

以康达尔（000048）为例，2000 年 5 月其股价就已经破位下行，此股业绩平平，当时的价位却高达 40 元，风险极高。如果想等反弹再出货，就可能滑落到 27 元一线，如再心存侥幸一厢情愿地认为必出反弹而不果断卖出，接下来就会遭遇 10 个跌停、股价堕至 8 元的重大损失。

2. 股票买入七大原则

许多投资者买入股票非常随便。只要有股评人士推荐，或有利好传闻，就准有人买。对于这些朋友来说，买股票比买菜还随意，买菜还要挑三捡四呢。随意的结果可想而知，买入后大多被套牢，然后抱回家睡觉，等待解套。

如果买入股票时能掌握一些有效的原则并严格遵照执行，就可以大大减少失误而提高获利的机会。下面介绍几个有效的买入原则。

（1）趋势原则

在准备买入股票之前，首先应对大盘的运行趋势有个明确的判断。一般来说，绝大多数股票都随大盘趋势运行。大盘处于上升趋势时买入股票较易获利，而在顶部买入则好比虎口拔牙，下跌趋势中买入难有生还，盘局中买入机会不多。还要根据自己的资金实力制定投资策略，是准备中长线投资还是短线投机，以明确自己的操作行为，做到有的放矢。所选股票也应是处于上升趋势的强势股。

（2）分批原则

在没有十足把握的情况下，投资者可采取分批买入和分散买入的方法，这样可以大大降低买入的风险。但分散买入的股票种类不要太多，一般以在 5 只以内为宜。另外，分批买入应根据自己的投资策略和资金情况有计划地实施。

（3）底部原则

中长线买入股票的最佳时机应在底部区域或股价刚突破底部上涨的初期，应该说这是风险最小的时候。而短线操作虽然天天都有机会，也要尽量考虑到短期底部和短期趋势的变化，并要快进快出，同时投入的资金量不要太大。

（4）风险原则

股市是高风险高收益的投资场所。可以说，股市中风险无处不在、无时不在，而且也没有任何方法可以完全回避。作为投资者，应随时具有风险意识，并尽可能地将风险降至最低程度，而买入股票时机的把握是控制风险的第一步，也是重要的一步。在买入股票时，除考虑大盘的趋势外，还应重点分析所要买入的股票是上升空间大还是下跌空间大、上档的阻力位与下档的支撑位在哪里、买进的理由是什么？买入后假如不涨反跌怎么办？等等，这些因素在买入股票时都应有个清醒的认识，才可以尽可能地将风险降低。

（5）强势原则

"强者恒强，弱者恒弱"，这是股票投资市场的一条重要规律。这一规律在买入股票时会对我们有所指导。遵照这一原则，我们应多参与强势市场而少投入或不投入弱势市场，在同板块或同价位或已选择买入的股票之间，应买入强势股和领涨股，而非弱势股或认为将补涨而价位低的股票。

（6）题材原则

要想在股市中特别是较短时间内获得更多的收益，关注市场题材的炒作和题材的转换是非常重要的。虽然各种题材层出不穷、转换较快，但仍具有相对的稳定性和一定的规律性，只要能把握得当定会有丰厚的回报。我们买入股票时，在选定的股票之间应买入有题材的股票而放弃无题材的股票，并且要分清是主流题材还是短线题材。另外，有些题材是常炒常新，而有的题材则是过眼烟云，炒一次就完了，其炒作时间短，以后再难有吸引力。

（7）止损原则

投资者在买入股票时，都是认为股价会上涨才买入。但若买入后并非像预期的那样上涨而是下跌该怎么办呢？如果只是持股等待解套是相当被动的，不仅占用资金，错失别的获利机会，更重要的是背上套牢的包袱后还会影响以后的操作心态，而且也不知何时才能解套。与其被动套牢，不如主动止损，暂时认赔出局观望。对于短线操作来说更是这样，止损可以说是短线操作的法宝。股票投资回避风险的最佳办法就是止损、止损、再止损，别无他法。因此，我们在买入股票时就应设立好止损位并坚决执行。短线操作的止损位可设在5%左右，中长线投资的止损位可设在 10% 左右。

3. 如何从趋势中把握买入机会

"趋势是你的朋友"、"顺势而为",这些股谚无不说明把握趋势的重要性。如何正确地认识趋势,并根据趋势确定正确的投资策略呢?

(1) 认识趋势

首先要有辩证的观点,无论是开盘价、最高价、最低价,甚至是收盘价格,都仅仅是漫长的价格运动中的一个环节,而不是一个终点,某个价格可能是一个趋势的终点,但是不会是所有趋势的终点,只要市场存在,价格就永远掺杂在趋势中,不断变化。当一个趋势在向上发展时,其标志是最高价格在不断上升,并引导同时间结构的最低价和收盘价不断上升。最高价的不断上升,表示大部分交易者(或者是持有大成交量的少数交易者)认同价格的运动方向,愿意以比目前更高的价格买入这种商品(股票),这种倾向性被不断延续,直到交易者认为价格过高,不愿意继续追捧为止。

(2) 我们可对趋势进行适当的划分

把趋势人为地分为简单趋势和复杂趋势,这种区分并不影响市场变化,只是更加方便我们对整体趋势的判断。

简单趋势包括简单上升趋势和简单下跌趋势。

简单上升趋势:由一系列相邻的或邻近的 K 线组成,这些 K 线具有不断递增的最高价。"邻近的"表示不超过两只。简单下跌趋势:由一系列相邻的或邻近的 K 线组成,这些 K 线具有不断下降的最低价,"邻近的"表示不超过两只。

复杂趋势同样包括复杂上升趋势和复杂下跌趋势。

复杂上升趋势:由两个以上的逆向简单趋势组成,其中简单上升趋势的长度必须大于在它后面相邻的简单下跌趋势;如果是许多逆向简单趋势构成的复杂趋势,那么每一个简单上升趋势的长度都必须大于它后面的简单下跌趋势。复杂下跌趋势:由两个以上的逆向简单趋势组成,其中简单下跌趋势的长度必须大于在它后面相邻的简单上升趋势;如果是许多逆向简单趋势构成的复杂趋势,那么每一个简单下跌趋势的长度都必须大于它后面的简单上升趋势。

趋势停顿：简单趋势停顿表示价格既不处于简单上升趋势，也不处于简单下跌趋势；复杂趋势停顿表示一个简单趋势既不处于复杂上升趋势，也不处于复杂下跌趋势。

很显然，如果是买入交易的话，应该在这样的市场状况才予以考虑：市场处于复杂的上升趋势中（长线交易）；市场处于简单的上升趋势中（短线交易）；趋势停顿区间较大，价格处于区域下限（横盘的波段交易）；价格突破趋势停顿的上限（追涨）。

这些都是买入交易的限制性条件，是原则性的。仅仅是这一点，就可以使你总是处于有利的市场位置。如果你能够遵守这些原则，找出市场可能的反转点，并按照另外一些交易原则进行交易，那么就可以轻松地达到长期稳定的获利目的。

4. 如何在盘中拉升前买入

买了就涨，是许多人梦寐以求的事情。其实对于我们投资者来说，盘中预知股票将要拉升，并不是"可'欲'不可求"的事情，而是通过长期看盘、操盘实践，可以达到或者部分达到的境界。其中一个重要方法，是"结合技术形态研判量能变化"，尤其是研判有无增量资金。

一般说，量价关系，如同水与船的关系。因此，只要有增量资金，只要增量资金足够，只要增量资金持续放大，则股价是可以拉升的。这里面的重要预测公式和方法是：

（1）首先预测全天可能的成交量

公式是：（240分钟÷前市9：30到看盘时为止的分钟数）×已有成交量（成交股数）。使用这个公式时又要注意：①往往时间越是靠前，距离9：30越近，则越是偏大于当天实际成交量。②一般采用前15分钟、30分钟、45分钟等三个时段的成交量，来预测全天的成交量。过早则失真，因为一般开盘不久成交量偏大偏密集；过晚则失去了预测的意义。

（2）如果股价在形态上处于中低位，短线技术指标也处于中低位

①如果"当天量能盘中预测结果"明显大于昨天的量能，增量达到一倍以

上，则出现增量资金的可能性较大。

②一般说来"当天量能盘中预测结果"越大越好。

③注意当天盘中可以逢回调，尤其是逢大盘急跌的时候介入。

④如果股价离开阻力位较远，则可能当天涨幅较大。

⑤如果该股不管大盘当天的盘中涨跌，都在小幅波动中横盘，则一旦拉起，在拉起的瞬间注意果断介入。尤其是：如果盘中出现连续大买单的话，股价拉升的时机也就到了。通过研判量能、股价同股指波动之间的关系、连续性大买单等三种情况，盘中是可以预知股票将要拉升的。

综合上述，也即：股价处于中低位，量能明显放大，连续出现大买单的股票中，有盘中拉升的机会。尤其是股价离开强阻力位远的，可能出现较大的短线机会。

（3）如果股价处于阶段性的中高位，短线技术指标也处于中高位

量能明显放大，如果股价反而走低的话，则是盘中需要高度警惕的信号。不排除有人大笔出货。这可以结合盘中有无大卖单研判。高位放出大量乃至天量的话，则即使还有涨升，也是余波。吃鱼如果没有吃到鱼头和鱼身，则鱼尾可以放弃不吃。毕竟鱼尾虽然可以吃，但肉不多、刺多。

5. 如何追涨而不被套

大盘走暖、个股行情的活跃，对于短线投资者来说，不追涨就无法买到强势股，就无法提高资金的利用效率。但是，如何才可以买到强势股，同时避免追高被套呢？经过多年的探索，凡符合以下四个条件的个股，即可列入投资者重点关注的对象：

（1）必须是涨幅靠前的个股，特别是涨幅在第一榜的个股

涨幅靠前，这就给了我们一个强烈的信号：该股有主力运作，且正往上拉高股价。其意图无非是，进入上升阶段后不断拉高股价以完成拉升目标；或是在拉高过程中不断收集筹码，以达到建仓目的。

（2）必须是开盘就大幅上扬的个股

因为各种主力在开盘前都会制定好当天的操作计划，所以开盘时的行情往往

表现了主力对当天走势的看法。造成开盘大幅拉升的原因，主要是主力十分看好后市，准备发动新一轮的个股行情，而开盘就大幅拉升，可以不让散户在低位有接到筹码的机会。

（3）必须是量比靠前的个股

量比是当日成交量与前五日成交量的比值。量比越大，说明当天放量越明显，该股的上升得到了成交量的支持，而不是主力靠尾市急拉等投机取巧的手法而实现的。

（4）必须是股价处于低价圈

股价处于低价圈时，涨幅靠前、量比靠前的个股，就能说明主力的真实意图在于拉高股价，而不是意在诱多。若在高价圈出现涨幅靠前、量比靠前的个股，其中可能存在陷阱，参与的风险较大。

6. 识别几种主力吸筹留下的 K 线形态

主力调动巨额资金运作一只个股，不可避免对这只个股的走势产生影响，主力建仓吸筹必须实实在在打进买单，吃进筹码，主力派货套现必须实实在在打出卖单，抛出筹码，主力巨额资金进出一只个股要想不在盘面留下痕迹是十分困难的。现在来介绍几种主力吸筹留下的 K 线形态：

（1）牛长熊短

主力建仓一般是有计划地控制在一个价格区域内，当股价经过一段慢牛走高之后，主力通常会以少量筹码迅速将股价打压下来，这段快速打压通常称为快熊，以便重新以较低的价格继续建仓，如此反复，在 K 线图上就形成了一波或几波牛长熊短的 N 形 K 线形态。

（2）红肥绿瘦

主力吸筹阶段为了在一天的交易中获得尽量多的低位筹码，通常采取控制开盘价的方式，使该股低开，而当天主力的主动性买盘必然会推高股价，这样收盘时 K 线图上常常留下一根红色的阳线，在整个吸筹阶段，K 线图上基本上以阳线为主，夹杂少量绿色的阴线。

（3）窄幅横盘

下跌趋势转为横盘趋势，而横盘的范围又控制在一个很窄的范围（幅度15%以内），基本上可以认为主力资金已经进场吸筹，股价已被主力有效地控制在主力计划中的建仓价格区间之内。

7. 避开技术分析在实战中的误区

由于我国股市建立的时间短，不过十几年，再加上上市公司造假成风，运用基本面分析十分困难，因而运用技术分析的人众多，这也是很自然的事情。但相当多的投资者一提起技术分析，最先想到的恐怕就是 KDJ、RSI、MACD 等常见的技术指标。这些技术指标使用方便，判断直观，仅通过简单的观察"金叉"或者"死叉"似乎就能得到今后涨跌的信息，因此深受广大投资者的喜爱，但是这些指标的运用当中有一些误区是投资者需要注意的。

其一，这些指标发出的买入、卖出信号几乎所有的市场参与者都能看到，那么照此操作是否人人都能够满载而归呢？当然这是绝对不可能的。

其二，这些指标本身来源于一段时间内的股价数据的计算，但是许多个股价格走势变化很难保证不受人为左右，换言之，这些指标也能轻易地被操纵，反而可能成为一种欺骗的手段。

当然随着股市的发展，人们已不局限在指标的应用上，开始尝试研究 K 线组合、量价关系，但是这里有一个本末倒置的问题。我们来举一个生活中的例子，比如说有一个人第一次乘火车，他坐在车厢里努力想找出火车飞奔的原因，他发现车窗上的窗帘飘动和火车运动有密切的关系，于是得出结论窗帘飘动带动火车前进，其实他只要走出车厢，就会看到火车头，就会找到火车的原动力。在股市中这样的现象却比比皆是，很多朋友着眼于图表形态和现象的研究，并得出如何如何就必涨的结论。其实就中国股市而言，每一次大的行情都是有政策背景支持的，并且大盘在主力策划操纵的领头羊的带领下一路冲关拔寨，而由此引发的激昂的市场人气几乎对所有的股票都会有或多或少的推动作用。所以有很多人认为这些原则问题不搞清楚了，你刻苦钻研的盘口技术，还有从分时图看出的玄机，就只和你自己的心情有关，其实图表表达的意思简单而有限，是我们的思维主观添加了很多东西。上涨的股票必有量价异动，而量价异动的股票未必都上涨，如何利用好这个条件就要看投资者的悟性了。

后来随着股市的发展，很多的本末倒置的现象发展成投资理论，这些理论初听有点道理，遭遇实战则束手无策，这完全是闭门造车的结果。比如这样一种说法，股市中什么都可以骗人，唯独成交量无法骗人，于是有了筹码分布理论，还有人希望通过一些对盘面买盘卖盘数据统计找到答案。技术分析有一项假设条件：股价走势反映了一切。在投资实践中，不知道有多少人能够完全看懂图表和技术指标所涵盖的"一切"，并且依据技术分析无往而不胜？也许，技术派高手会认为，他们之所以不能完全读懂图表和技术指标，是因为个人修为，而不是技术分析本身的缺憾所限，这完全是一个误区，因为仅仅掌握技术分析是根本不足以应付市场的，而庄家的一举一动则更重要，因为这里面的复杂程度远不是图表所能够表达的。

技术分析派所依赖的理论前提是：市场行为涵盖一切、价格朝趋势移动，历史会不断重演。该派的代表人物有江恩、艾略特。不过让人沮丧的是，靠技术分析投资股票在股市上发大财的人自今在全世界还没有出现一个，包括江恩和艾略特自己。

股市中很多理论高深莫测，流传至今自然有它存在的道理和生存的土壤。只是从实战的角度出发，相关专家认为股市中不存在可以程序化的绝招，也最忌讳用固化的思想应对多变的市场。希望广大投资者能认识到技术分析虽然可以给投资者一些有益的参考作用，但不可盲目主观地夸大这种作用，这样才能走出误区，了解真正的投资。

8. 股市经典逃顶十二招

（1）某只股票的股价从高位跌下来之后，如果连续三天未收复5日均线，最稳妥的做法是，在尚未严重"损手断脚"的情况下，早早退出来。

（2）某只股票的股价跌破20日均线、60日均线或号称生命线的120日均线（半年线）、250日均线（年线）时，一般尚有8%至15%左右的跌幅，还是先退出来观望为好。当然，如果资金不等急用的话，死扛也未尝不可，但请充分估计未来方方面面可能发生的变化。

（3）日线图上留下从上至下十分突然的大阴线并跌破重要平台时，不管第二天是反弹或者没反弹，还是收出十字星，都应该抛出手中的股票。

（4）遇重大利好当天不准备卖掉的话，第二天高开卖出或许能获取较多的收益，但也存在一定的风险，请三思。

（5）重大节日前一个星期左右开始调整手中的筹码乃至清空股票，静待观望。

（6）政策面通过相关媒体明示或暗示要实行整顿措施后，应战略性地渐渐撤离股市。

（7）市场大底形成后，个股方面通常会有30%至35%左右的涨幅。切记不要贪心，别听专家们说什么还能上涨30%至50%、60%等蛊惑人心的话，见好就收；能涨的那块，留给胆子大的人去赚吧。

（8）国际、周边国家和地区的政治经济形势趋于恶化时，要早做退出准备。

（9）同类（行业、流通股数接近、地域板块、发行时间上相近等情况下）股票中某只有影响的股票率先大跌的话，其他股票是很难独善其身的。手里持有类似股票，先退出来再说。

（10）股价反弹未达前期高点或成交量未达到前期高点时，不宜留着该股票。

（11）新股上市尽量在早上交易时间的 10：30 至 11：20 分左右卖出，收益较为可观。

（12）雪崩式股票什么时候出来都是对的。大盘持续下跌中，手中持有的股票不跌或微跌，一定要打起精神来，不要心存侥幸，先出来为好，此类股票总会有补跌赶底的时候。

9. 讲究出货的 8 个技巧

会买是徒弟，会卖是师傅，要保住胜利果实，应该讲究出货的技巧。以下是 8 个窍门：

（1）有备而来

无论什么时候，买股票之前就要盘算好买进的理由，并计算好出货的目标。千万不可以盲目地进去买，然后盲目地等待上涨，再盲目地被套牢。

（2）一定设立止损点

凡是出现巨大的亏损的，都是由于入市的时候没有设立止损点。而设立了止损点就必须真实执行。尤其是刚买进就套牢，如果发现错了，就应该卖出。在斩仓的时候，可能不忍心一下子全卖出去，那就执行"快刀慢割"的手法。总而言之，做长线投资的必须是股价能长期走牛的股票，一旦长期下跌，就必须卖！

（3）不怕下跌怕放量

有的股票无缘无故地下跌并不可怕，可怕的是成交量的放大。庄家持股比较多的个股绝对不应该有巨大的成交量，如果出现，十有八九是主力出货。所以，对任何情况下的突然放量都要极其谨慎。

（4）拒绝中阴线

无论大盘还是个股，如果发现跌破了大众公认的强支撑，当天有收中阴线的趋势，都必须加以警惕。尤其是本来走势不错的个股，一旦出现中阴线可能引发中线持仓者的恐慌，并大量抛售。有些时候，主力即使不想出货，也无力支撑股价，最后必然会跌下去，有时候主力自己也会借机出货。所以，无论在哪种情况下，见了中阴线就应该考虑出货。

（5）只认一个技术指标，发现不妙立刻就溜

给你100个技术指标根本就没有用，有时候把一个指标研究透彻了，也完全把一只股票的走势掌握在心中，发现行情破了关键的支撑，马上就走。

（6）不买问题股

买股票要看看它的基本面，有没有令人担忧的地方，尤其是几个重要的指标，防止基本面突然出现变化。在基本面确认不好的情况下，谨慎介入，随时警惕。最可怕的是买了问题股之后漫不经心，突发的利空可以把你永久套住。

（7）基本面服从技术面

股票再好，形态坏了也必跌，股票再不好，形态好了也能上涨。最可怕的是很多人看好很多知名的股票，当技术形态或者技术指标变坏后还自我安慰说要投资，即使特大的资金做投资，形态坏了也应该至少出30%以上，等待形态修复后再买进。要知道，没有不能跌的股票，也没有不能大跌的股票。所以对任何股

票都不能迷信。对家人、朋友和祖国可以忠诚，对股票忠诚就是愚蠢。因为如果真的看好它，应该在合适的价格抛出，又在合适的价格再买进。始终持股不动，在牛市尚可，在熊市就是套牢。

（8）不做庄家的牺牲品

有时候有庄家的消息，在买进之前可以信，但关于出货千万不能信。出货是自己的事情，是很自私的，任何庄家都不会告诉你自己在出货，所以出货要根据盘面来决定，不可以根据消息来判断。

10. 卖出股票的时机与目标价位

卖股票是最难的事，从某种程度上讲，何时卖股票甚至比何时买股票、买何种股票更难，而且更重要。虽然有关于股票目标价位的种种理论，但一般来说，投资者可以把握以下几点：前期阻力位；大盘是否见顶；量度升幅是否达50%或100%等。

所谓前期阻力位，是指当股价接近前期阻力位时，如果不能再增动量，则跃过此阻力位的难度会非常大，投资者不妨出局或减仓。股价运动过程中，每次高点的形成都有其特殊原因，而这一高点一旦形成，将会对该股后续的股价运动产生极为重要的作用，一则是该点位附近被套的筹码在股价再次运动至此时会产生解套要求，再则是股价行进至此时投资者会产生心理上的畏惧，获利回吐的压力也随之增加。因此，如果前期阻力位，特别是重要的阻力位没有被有效突破的话，或者投资者此时对股票的定价存在疑惑的话，则可以考虑减仓，如果正好处于市场的高点，则有出局的必要。

在通常情况下，个股与大盘的联动性还是非常强的，大盘处于升势时买股票赚钱的概率远远超过大盘处于盘势或跌势时，如果大盘见顶，则差不多90%的股票都会随之下沉。故判断大盘是否见顶是考虑是否卖出股票的一个重要指标。按这种方法操作有几点需注意，一是对大盘的见顶迹象和信号能有一定把握，其次要承担另外不随大盘表现的10%股票此时继续上升的风险。也就是说。这一方法要求能看对大盘，另外，也要有"舍得"的勇气。

至于量度升幅的方法，有几点特殊之处：首先，这一方法不是所有股票都适用，一般用在强势股上更为有效；第二，量度升幅的股价起始点需要小心处理。

如果不能很好把握，最好不要使用该方法，否则，会误导自己或别人。

除了上述的方法外，有经验的投资者还有其他很有效的方法，如指标法，该法既可用于日线，也可用于周线或月线；平均线法，看股价是否跌破某一均线；顶底背离法，等等。

需要请投资者注意的是，每种方法都有不完善之处，使用时不可过于机械。另外，在最高点卖出只是奢望，故不应对利润的不圆满过于介怀，以免破坏平和的心态。在市场里，如果过于苛求的话，到头来都只剩一个"悔"字：悔没买，悔没卖，悔卖早了，悔仓位轻了……所以，在投资上留一点余地，便少一份后悔，也才有可能小钱常赚。

11. 跳出买卖都赔钱的交易怪圈

"买也赔钱，卖也赔钱"是一种交易怪圈。不良的交易心理、恐惧心理、盲目交易、分析方法使用不当等都可能产生这种交易现象。下面仅对在移动平均线分析方法使用中产生的这种怪现象进行分析。

移动平均线分析是市场人士使用最普遍的一种有效的技术分析方法。但也有许多投资者在应用移动平均线的分析过程中，常陷入"买也赔钱，卖也赔钱"的交易怪圈。

（1）陷入"买也赔钱，卖也赔钱"的交易怪圈的原因

在利用移动平均线分析方法指导交易的过程中，由于投资者没有真正弄懂移动平均线分析方法的应用要领，导致了以下几种错误：

①利用了移动平均线的伪穿越买卖信号。

移动平均线有快、慢线之分，例如，日线中的 5 日、10 日、20 日、30 日、60 日线——5 日线相对于 10 日线是快线，10 日线相对是慢线；10 日线相对于 20 日线是快线，20 日线相对是慢线，依次类推；周线中的 5 周、10 周、20 周、30 周、60 周线——5 周线相对于 10 周线是快线，10 周线相对是慢线；10 周线相对于 20 周线是快线，20 周线相对是慢线，依次类推；月线同理。

所谓穿越买卖信号就是快线上穿慢线给出买进信号，或快线下穿慢线给出卖出信号，这种穿越买卖信号一般只关注两条均线。按有效性划分，可分为有效穿越买卖信号和伪穿越买卖信号（也叫无效穿越买卖信号）。

有效穿越买卖信号特点是：慢线和快线指向方向一致；快线沿着两线指向的方向穿越了慢线；往往与价格趋势方向相同。

伪穿越买卖信号的特点是：快、慢线方向不太一致；一般是慢线无方向或方向不显著，只有快线有方向性；往往与价格趋势方向相反。

当市场价格在整理阶段，没有明显的趋势，这时如果投资者用移动平均线的穿越买卖信号指导交易，就等于依据伪穿越买卖信号进行交易，很容易陷入追涨杀跌的交易怪圈，其结果必然是"买也赔钱，卖也赔钱"。

②利用了移动平均线的伪均线组合买卖信号。

所谓均线组合，就是两条以上均线的相对位置组合。按快慢线的相对组合位置及其意义，将均线组合划分为空头均线组合和多头均线组合。

空头均线组合的特点是快线在慢线之下，给出卖出信号，按信号的有效性可进一步划分为有效空头均线组合和伪空头均线组合。多头均线组合的特点是快线在慢线之上，给出买进信号，按信号的有效性，可进一步划分为有效多头均线组合和伪多头均线组合。

有效多头均线组合的特点：第一，在均线组合出现之前有一个明显的价格下跌或整理阶段；第二，快线依次在慢线的上方，且快慢线的指向一致；第三，均线相互呼应，间距较均匀。

伪多头均线组合的特点：第一，价格还在整理阶段或价格已是上升阶段末期；第二，快慢线方向有较大偏差；第三，均线组合过度发散，相互间距过大或均线变缓，间距变小。

有效空头均线组合的特点：第一，在均线组合出现之前有一个明显的价格上升或整理阶段；第二，快线依次在慢线的上方，且快慢线的指向一致；第三，均线相互呼应，间距较均匀。

伪空头均线组合的特点：第一，价格还在整理阶段或价格已是下降阶段末期；第二，快慢线方向有较大偏差；第三，均线组合过度发散，相互间距过大或均线变缓，间距变小。

当投资者错误利用伪均线组合买卖信号指导交易，其结果也陷入追涨杀跌的怪圈，"买也赔钱，卖也赔钱"。

（2）如何跳出"买也赔钱，卖也赔钱"的交易怪圈

利用移动平均线方法进行交易，摆脱"买也赔钱，卖也赔钱"的怪圈，在解决心理问题的同时，需要解决以下几个技术问题：

①注意移动平均线买卖信号的有效性。

用心研究移动平均线方法的具体理论和应用特点，把重点放在正确区分各类移动平均线买卖信号的有效性研究方面，不要滥用信息，盲目交易。多数初期涉足交易的投资者，对移动平均线分析方法缺少深入了解，不善于辨别信号的真伪，容易犯滥用信息、盲目交易的错误，应加以注意。

②正确把握移动平均线分析方法应用的市场环境。

移动平均线是一种描述价格趋势的指标，利用它的有效均线组合信息，可以确认趋势；反过来说，它一般适用于有强烈价格趋势的市场分析场合。

市场价格运行的规律是：有趋势（强烈的上升或下降）→无趋势（牛皮整理或调整时期）→有趋势→无趋势……如此不断循环。因此投资者在交易过程中不是时时处处都可以利用移动平均线分析方法，而只能在价格有趋势的场合使用该方法。在市场价格无趋势阶段滥用移动平均线分析方法，就会陷入"买也赔钱，卖也赔钱"的交易怪圈。

投资者应该在执行交易前，事先辨别目标市场是有趋势市场，还是无趋势市场。如果是有趋势市场，就采用移动平均线方法，否则用其他方法，例如摆动指数等。

③结合其他分析方法使用。

移动平均线分析方法只是数百种市场分析方法之一。它最大的优点是计算方法简单、大众化、使用方便，同时也比较有效，因而受到广大投资者的喜爱和应用。但它不是万能工具，并且有其自身的弱点。一是信息滞后；二是不适应无趋势的市场使用；三是信息多解性。信息的多解性实际上是市场分析学的普遍现象，是技术分析方法应用的难点。如何优化移动平均线分析方法的应用呢？首先不要单一应用，应该同时结合其他分析方法来使用。例如，结合周期分析方法和波浪分析方法应用。在价格高点周期或第五浪顶部出现的均线组合，一般多头均线组合为无效，而空头均线组合为有效；在价格低点周期或第一浪初期出现的均线组合，一般多头均线组合为有效，而空头均线组合为无效。

④结合交易计划使用。

与其他技术分析方法一样，移动平均线分析方法，其本质是概率分析，它给出的价格涨跌信息，实际上是一种事件概率，并非确定。除了前述的一些应用方法外，一定要结合交易计划使用。在交易中，如果市场价格发展与交易者的分析和执行一致，交易者就按计划享受收益；如果市场价格发展与交易者分析和执行的方向相反，交易者就必须按计划及时认错和止损。

12. 哪些股票需要放弃

（1）学会放弃肯定是正确的。

一只股票走了好几天的上升通道后，才被大家发现并被推荐，这时你应该放弃要买它的想法。因为一旦随后开始回调，运气好调整一星期，运气不好调整一个月，这时你的头脑会很乱，割肉还是守仓你已没法冷静判断，几次下来你就崩溃了。

（2）股票的走势历来都是急速拉旗杆之后进行旗面整理，运气好是上升三角形整理，运气不好是下降三角形整理。

但随后走势刚好相反，整理到三角形末端，前者往往向下突破，后者往往向上突破。道理很简单：欺骗性。所以你如果没有在拉旗杆前第一时间介入埋伏，那么你看到旗杆后的第一个想法就是：放弃。此时放弃等于你逃过一劫。

（3）舆论关注的股票你要放弃。

一是舆论不可能关注正在跌的股票（除非可以做空），它毫无谈论价值。二是舆论肯定关注涨得好的股票，这样可以宣传自己的实力（大家也有相信的理由）。于是散户在舆论的推波助澜中丧失了对此股的分析，即使有些许怀疑也把它压下去了。于是我们可以看到往往放大量的大阳线竟然都是头部，这再次证明股市中充满欺骗。

（4）没走出底部的股票你要放弃。

有些股票的走势像"一江春水向东流"，你在任何一个预测的底部介入事后看都不是底。月线测底的准确性很高，20月均线可以作为牛熊分界线，任何在它之下走的股票你都要放弃。有的股票上市不足20个月，你拿不定主意也要放弃。这就是所谓长线选股的重要性。

（5）移动筹码分布图上筹码很分散的股票你要放弃。

筹码分散意味着主力吸筹不够，仍然会震荡，很容易回落，你此时进去运气好参加横盘，运气不好下跌套牢。就算是黑马，你也早已精神崩溃割肉逃命了。

（6）量能技术指标不良的股票你要放弃。

有些股票图形好像有潜力，但量能指标很差，此时你要相信量能指标，千万不要被股价的外表所欺骗。幻想股价没有量的支持而上涨，那你就是儿童喜欢童话故事。

（7）前期大幅炒高的股票你要放弃。

即使目前回落了，你也不要碰。山顶左边的 10 元与山顶右边的 10 元价值是不同的，出货前与出货后的 10 元价值是不同的。在山顶右边的每一次接货都是自寻死路。

（8）你觉得未来没有成长性的股票要放弃。

经过你的综合判断这只股票成长性不高，后来它开始上涨，于是你推翻了自己的想法又追进去了，如果它又跌了，你就会后悔当初的冲动。所以不要随时推翻自己当初的深思熟虑。

13. 六大时机卖股票

把握卖出股票的以下几个关键时机，可以令广大散户感觉到卖出股票并不太难。

（1）大盘行情形成大头部时，坚决清仓全部卖出。

上证指数或深圳综合指数大幅上扬后，形成中期大头部时，是卖出股票的关键时刻。不少市场评论认为抛开指数炒个股，这种提法不科学。只关注个股走势是只见树木不见森林。根据历史统计资料显示：大盘形成大头部下跌，有 90%~95% 以上的个股形成大头部下跌。大盘形成大底部时，有 80%~90% 以上的个股形成大底部。大盘与个股的联动性相当强，少数个股在主力介入操控下逆市上扬，这仅仅是少数、个别现象。要逮到这种逆市上扬的"庄股"概率极低，因此，大盘一旦形成大头部区，是果断分批卖出股票的关键时刻。

（2）大幅上升后，成交量大幅放大，是卖出股票的关键。

当股价大幅上扬之后，持股者普遍获利，一旦某天该股大幅上扬过程中出现卖单很大、很多，特别是主动性抛盘很大，反映主力、大户纷纷抛售，这是卖出的强烈信号。尽管此时买入的投资者仍多，买入仍踊跃，这很容易迷惑看盘经验差的投资者，有时甚至做出换庄的误判，其实主力是把筹码集中抛出，没有大主力愿在高价区来收集筹码，来实现少数投资者期盼的"换庄"目的。

成交量创下近数个月甚至数年的最大值，是主力卖出的有力信号，是持股者卖出的关键，没有主力拉抬的股票难以上扬，仅靠广大中小散户很难推高股价的。上扬末期成交量创下天量，90%以上形成大头部区。

（3）上升较大空间后，日K线出现十字星或长上影线的倒锤形阳线或阴线时，是卖出股票的关键。

上升一段时间后，日K线出现十字星，反映买方与卖方力量相当，局面将由买方市场转为卖方市场，高位出现十字星犹如开车遇到十字路口的红灯，反映市场将发生转折。股价大幅上升后，出现带长影线的倒锤形阴线，反映当日抛售者多，若当日成交量很大，更是见顶信号。许多个股形成高位十字星或倒锤形长上影阴线时，80%~90%的机会形成大头部，是果断卖出的关键。

（4）股价大幅上扬后公布市场早已预期的利好消息是卖出的关键。

（5）股价大幅上扬后，除权日前后是卖股票的关键时机。

上市公司年终或中期实施送配方案，股价大幅上扬后，股权登记日前后或除权日前后，往往形成冲高出货的行情，一旦该日抛售股票连续出现十几万股的市况，应果断卖出，反映主力出货，不宜久持该股。

（6）该股票周K线上6周RSI值进入80以上时逢高分批卖出是关键。

买入某只股票，若该股票周K线6周RSI值进入80以上时，几乎90%构成大头部区，可逢高分批卖出，规避下跌风险为上策。

14. 最后一跌的七种特征

从股市长期运行特征分析，大盘形成最后一跌走势，往往会呈现七个方面的明显特征：

（1）量能的特征

如果股指继续下跌，而成交量在创出底量后开始缓慢的温和放量，成交量与股指之间形成明显的底背离走势时，才能说明量能调整到位。而且，有时候，越是出现低位放量砸盘走势，越是意味着短线大盘变盘在即，也更加说明股指即将完成最后一跌。

（2）市场人气特征

在形成最后一跌前，由于股市长时间的下跌，会在市场中形成沉重的套牢盘，人气也在不断被套中被消耗殆尽，往往是在市场人气极度低迷的时刻，恰恰也是股市离真正的低点已经为时不远。

（3）走势形态特征

形成最后一跌期间，股指的技术形态会出现破位加速下跌，各种各样的技术底、市场底、政策底，以及支撑位和关口，都显得弱不禁风，稍事抵抗并纷纷兵败如山倒。

（4）下跌幅度特征

在弱市中，很难从调整的幅度方面确认股市的最后一跌，股市谚语："熊市不言底"，是有一定客观依据的，这时候，需要结合技术分析的手段来确认大盘是否属于最后一跌。

（5）指标背离的特征

指标背离特征需要综合研判，如果仅是其中一两种指标发生底背离还不能说明大盘一定处于最后一跌中。但如果是多个指标在同一时期中在月线、周线、日线上同时发生背离，那么，这时大盘往往极有可能是在完成最后的一跌。

（6）个股表现的特征

当龙头股也开始破位下跌，或者是受到投资者普遍看好的股票纷纷跳水杀跌时，常常会给投资者造成沉重的心理压力，促使投资者普遍转为看空后市，从而完成大盘的最后一跌。

（7）政策面特征

这是大盘成就最后一跌的最关键因素，其中主要包括两方面：一是指对一些长期困扰股市发展的深层次问题方面，能够得到政策面明朗化支持；另一方面是指在行情发展方面能够得到政策面的积极配合。

第 14 章　买卖策略之看图术

1. 熟悉的基本知识

分时线最佳买点，有以下几种方法：

（1）均线支撑

均线支撑是指均价线支撑着股价不往下跌的走势。

①均线支撑分为接近式、相交式、跌破式三种。

• 接近式支撑是指股价线由上向下运行到均价线附近时就反弹。

• 相交式支撑是指股价线向下运行与均价线相交。

• 跌破式支撑是指股价线向下跌破均价线后，在较短时间里，又被拉回均价线之上。

②注意点。

• 在第二次支撑时做多。在第一次支撑出现后，如果股价涨势平缓，没有出现急涨的走势（指涨幅没有超过 3%），随后出现的第二次和第三次支撑走势，均可放心买入。在第一次支撑出现后，如果股价大幅拉高，涨幅超过 3%，此后出现的支撑，应该谨慎或放弃。

• 在操作均线支撑时，应该审视该股中长线的走势，是否有获利的空间，有获利空间的股票，才可操作。

（2）向上突破平台

向上突破平台是指股价线向上突破前面横向整理期间形成的平台的一种走势。

①特征。

• 股价线必须在某一价位做一较长时间的横向整理，走势时间一般不少于半小时。

• 股价线应贴近均价线波动，波动的幅度较小，所形成的高点大体处在同一水平线上。

• 均价线在整理期间基本是一条水平线，无明显的波折。

• 均价线必须向上越过平台的最高点。

②注意点。

• 防止假突破，设好止损点，第2天逃命。

• 在一个交易日中，会出现多个"向上突破平台"的走势，第一个"向上突破平台"出现时，应该第一时间买入，第二个"向上突破平台"出现时，如果涨幅不大，也可买入，第三个"向上突破平台"出现时，应杜绝买入。

（3）开盘急跌

开盘急跌是指股价大幅低开或是开盘后在较短的时间内下跌的幅度超过5%以上的走势。

注意：

• 不要把急跌的最低点当做是最佳买点，最佳买点应是最低点出现后股价线向上抬头时的价位，（因为低价后还有低价）。

• 开盘就跌停的股票，只要股质好，下跌放量，跌停又打开来，可以买进。

• 有时会出现两次或多次低点，只要后面的低点没破第一次低点，就可持股。但要设好止损点（买入价的4%～10%）。

（4）V字尖底

V字尖底是就是股价急跌，被快速拉起，股价线形成一个"V"形态。

①特征。

• 该形态形成前，应是平开或低开，其后出现急跌的走势。

• 该形态最低点的跌幅不能少于2%，低点停留的时间不能超过3分钟。

• 该形态形成前，股价线应一直处在均价线之下所形成的尖底。

②注意。

● 该形态的底部低点，必须是负值，且下跌的幅度必须大于2%。（下跌的幅度越大，则收益就越大）。

● 要注意该形态的股价线与均价线之间距离。理想的是股价线与均价线之间距离（乖离率）必须大于0.5%，距离越大，则收益就越大。

2. 如何看成交量的变化

成交量是看盘的重点，好的感觉源于平时的学习与积累，并非几句话就能说得清。但是，还是有一些规律性的东西，以下是一些介绍。

许多投资者对于成交量变化的规律认识不清，K线分析只有与成交量的分析相结合，才能真正读懂市场的语言，洞悉股价变化的奥妙。这里将成交量变化八个阶段总结为"八阶律"。

（1）量增价平，转阳信号

股价经过持续下跌进入低位区，出现成交量增加股价企稳现象，此时一般成交量的阳柱线明显多于阴柱，凸凹量差比较明显，说明底部在积聚上涨动力，有主力在进货，为中线转阳信号，可以适量买进持股待涨。有时在上升趋势中途也会出现"量增价平"，则说明股价上行暂时受挫，只要上升趋势未破，一般整理后仍会有行情。

（2）量增价升，买入信号

成交量持续增加，股价趋势也转为上升，这是短中线最佳的买入信号。"量增价升"是最常见的多头主动进攻模式，应积极进场买入，与庄共舞。

（3）量平价升，持续买入

成交量保持等量水平，股价持续上升，可在期间适时参与。

（4）量减价升，继续持有

成交量减少，股价仍在继续上升，适宜继续持股，如果锁筹现象较好，也只能是小资金短线参与，因为股价已经有了相当的涨幅，接近上涨末期了。有时在上涨初期也会出现"量减价升"，则可能是昙花一现，但经过补量后仍有上行空间。

（5）量减价平，警戒信号

成交量显著减少，股价经过长期大幅上涨之后，进行横向整理不再上升，此为警戒出货的信号。此阶段如果突发巨量，拉出大阳、大阴线，无论有无利好、利空消息，均应果断派发。

（6）量减价跌，卖出信号

成交量继续减少，股价趋势开始转为下降，为卖出信号。此为无量阴跌，底部遥遥无期，所谓多头不死跌势不止，一直跌到多头彻底丧失信心斩仓认赔，爆出大的成交量，跌势才会停止，所以在操作上，只要趋势逆转，应及时止损出局。

（7）量平价跌，继续卖出

成交量停止减少，股价急速滑落，此阶段应继续坚持及早卖出的方针，不要买入，当心"飞刀断手"。

（8）量增价跌，弃卖观望

股价经过长期大幅下跌之后，出现成交量增加，即使股价仍在下落，也要慎重对待极度恐慌的"杀跌"，所以此阶段的操作原则是放弃卖出。

低价区的增量说明有资金接盘，说明后期有望形成底部或反弹的产生，适宜关注。但有时若在趋势逆转跌势的初期出现"量增价跌"，那么更应果断地清仓出局。

3. 顶圆底尖指示性强

如果打开股指的K线图，追溯市场的历史走势，投资者可以比较清楚地发现，凡是大盘在出现阶段性顶部的时候，走势多以圆弧顶的形式表现出来。

所谓"顶圆底尖"情况，也就是说市场顶部往往是圆的，底部往往是尖的。这种情况出现的成因，是因为市场在阶段性顶部形成时，相伴着成交量的放大，市场多空看法不一，争夺比较激烈。由于多空均投入较大兵力，相互的争夺在较短时间内难分胜负。所以大盘往往在一段时间内高位震荡，上下两难，最终空方占据主动，大盘下挫，圆顶形成。在市场底部出现时，由于人气低迷，成交不大，相对而言市场压力也不大，一旦有较大资金介入市场，不用花什么力气，便可以将大盘拉起，时间短力度却不小，尖底也就随之形成。

对"顶圆底尖"情况的生成原因有所了解以后，投资者在实战操作时便应参考此类形态，帮助自己在市场中趋利避险。在市场经过一段时间的上扬之后，成交放大，大盘也转入震荡且不肯再向上时，投资者便应有所警觉，仓位上不宜满仓。即使是投资者在大盘震荡向上后重新追入，也不应在市场已有一定升幅后，大盘震荡时盲目满仓，此时应注意控制风险。而在市场经过较大的下调之后，有尖底形态出现时，投资者可以注意多方力量是否在加强，起码不宜再盲目斩仓，这也很重要。

4. 利用 RSI 指标寻找市场底部

在技术分析上，有着相对强弱指数之称的是 RSI 指标。该指标是通过比较一段时期内的平均收盘涨幅和平均收盘跌幅来分析市场买卖盘的意向和实力，从而分析未来市场的走势。利用 RSI 指标来寻找市场底部是一种较为便捷的方法。

RSI 指标运用的法则是：RSI 指标的 N 参数设置，将 RSI 指标的 N 参数分别设置为 7 日、14 日、21 日。当股价经过大幅度的调整走势后，密切观察探底神针 "RSI" 指标的见底信号，要求 7 日 RSI 小于 10、14 日 RSI 指标必须小于 20、21 日 RSI 指标小于 30。当 RSI 指标达到上述标准后，如果股价继续下跌，而 RSI 指标出现明显止跌信号，并与股价走势背离，则可以重点关注。

配合成交来研判股价是否见底，如果 RSI 指标出现 7 日线上穿 14 日线和 14 日线上穿 21 日线的黄金交叉，并且 RSI 三线呈现出多头排列，表明 RSI 指标已经完成了买入信号的提示作用。当 RSI 指标符合上述技术要求时，投资者需要观察成交量的动向。对于成交量的观察有两种：一种是当 RSI 出现上述技术特征时，成交量是否极度萎缩，甚至出现底量水平。如果成交稀少，则表明该股即将完成探底，投资者可以积极介入。另一种量能观察是当该股完成探底，投资者及时介入后，则需要观察该股能否出现有实质性增量资金介入的放量过程，如果不能有效放量，则说明目前的底部仍是阶段性底部，投资者需要以短线反弹行情对待。如果该股探底成功后，量能有效持续性地放大，则投资者可以将其视为个股的重要底部。

5. 由 K 线图形看多空力量转变的契机所在

多、空力量短期的较劲至少应从三根 K 线组合中得以窥探。有时候，市场人气喷发，可能会脱离合理价位的轨迹，但随着成交量的骤放，多方的有生力量在连续上攻中就已大大消耗，K 线图形所显示的量增价滞的短期头部迹象说明多空力量在短期内会发生悄悄变化。

当逐步放大的周成交量达到流通市值的三分之一时，仍留下了长长的上影线，周 K 线组合形态已明显显示：上扬态势收到遏制，下周应以探底蓄势为主基调。这样，在下周操作中就能不急不躁，避实就虚。中期趋势，应侧重于使用连续的三周周 K 线组合进行分析，它能引导我们去寻找上升或下跌的轨迹。

（1）K 线图形实际上是多、空暗斗的一种兑现

1994 年 1 月 28 日，"鞍山信托"上市，上市首日的日 K 线为下影线 0.03 元，实体 1.45 元的光头大阴线，第二天的日 K 线显示 8 元下方有大量买盘，但上攻意愿不足，但从第三个交易日开始，却连拉四阳，尤其是第四根阳线即上市以来的第六个交易日的日 K 线阳线实体已经切入到第一根阴线的上方，表明多方已经具备创新高的能力。果然，第七个交易日以 10.97 元高开，拉出下影线 0.17 元，上影线 0.97 元，实体 0.83 元的中阳线，从 K 线组合的角度看，第八个交易日如不能在前天上影线附近整理，则有回档出现。实战中出现了后者。

当第十二个交易日的 K 线封闭了 10.30 元～10.84 元的跳空缺口后，成交量创上市以来的最大量，再次表明多头将发动第二次攻击波。第十三个交易日日 K 线即出现了一阳包三阴的状况，第十四个交易日的日 K 线对抗出现了高位阴线，性质却属上升切档形，该股仍将创出新高，实战中该股继续上摸至 14.63 元。

（2）K 线组合预示后市呈换档下降还是阴线递进

侧重研判重心处于高位还是低位，K 线图形能助您一臂之力，尤其应结合强势板块的 K 线分析，研判多空主力的行为，才能正确确认新平衡线。

证券市场是一个古老的战场，一味与主流抗衡，只能事倍功半。无论是上升行情还是下降行情，总会出现多空力量转换较为明显的 K 线形态。这是最本质的，也是领先一步洞察市场先机的契机所在。同时，从总体趋势来看，K 线组合

易保持动态平稳，过分地拔高或打压总会引起回拉，这就是我们通常所说的价值中枢。所以，结合 K 线图形，把握中期乖离率，保持清醒的头脑就能神游物外，胜人一筹。

6. 均线技术兵法

均线理论的本质是市场的成本趋势，而股价的涨跌始终围绕市场成本，因此代表成本的均线在实际操作中十分重要。

股价在一般情况下都是沿着均线的方向波动，而均线的周期长短是十分关键的因素，周期短的均线的敏感度高，但是准确性相对较低，而周期长的均线敏感度低，但稳定性和准确度相对较高，例如，3 日均线比 5 日均线敏感，240 日均线比 120 日均线的周期长，但 240 日线所代表的趋势的方向更准确，周期越长的均线越重要。

均线背离现象在实际操作中经常能够遇到，它对于把握短线机会很有帮助，所谓均线背离是指两种情况：

（1）当股价下跌见底后，从底部上涨时，此时中长期均线的运行方向一般都是向下的，当股价突破一条均线以后，股价的运行方向与所突破的均线的方向是"交叉"并相反的，这就是均线背离。

（2）另一种情况是，当股价上涨见顶后，快速下跌的过程中，此时的中长期均线的运行方向仍然向上，当股价快速击穿一条中长期均线后，此时股价的方向向下，而被击穿的均线的方向却是向上的，股价与被击穿的均线的方向也是"交叉"并相反的，这也是均线背离的现象。

均线背离现象一般发生在暴涨或者暴跌时，它对于判断底部和顶部很有帮助，股价对均线有拉动的作用力，而同时均线对股价也有吸引的作用力，股价与均线的方向发生交叉背离，这是一种不正常的市场状态，是短期的行为，由于均线的吸引力，将导致这一现象得到修正。同时由于均线在很大程度上代表了趋势的方向，而一个趋势的形成是多方面因素作用的结果，因此趋势会对出现偏差的股价进行修正，从而出现反弹或者回调，这一方法对于判断短期的底部和顶部很有效。

例如，在 2007 年第 2 季度的行情中，大盘从 4 月 9 日以后在指标股的带动下，快速上拉，并快速突破了年线。这样的走势一般都是一鼓作气，此时，虽然大盘上涨力度较强，但是被指数突破的年线的方向仍然向下，年线的方向与指数的方向完全相反，就发生了均线方向上的交叉背离，此时一旦大盘出现高位震荡，并跌破短期的10日均线的话，则表明大盘短线见顶。指数需要向其所突破的均线回调，这是市场本身的一种客观规律。

再例如，1997年5月~7月间，由于大盘暴涨暴跌，当时曾经多次发生均线交叉背离，并产生反弹，1997年5月中旬股价在暴跌中快速击穿30日线，但此时30日线仍然向上，而指数击穿均线向下，此时就是均线交叉背离，并出现反弹。1997年6月中旬，大盘击穿60日线后，60日线仍然向上，指数与均线再次出现交叉背离并出现反弹。1997年7月初，当大盘击穿120日线时，也是指数与均线出现交叉背离，后来也出现反弹。

股价与均线的交叉背离现象是很常见的，这种方法只是技术上的一种参考指标，并不是绝对的，但是它作为一种参考指标，还是很有应用价值的。我们在运用均线背离时应当注意几个问题：

（1）股价的K线与均线必须发生交叉，并且在方向上相反，如果股价与均线没有发生交叉时，即使此时两者方向相反，也不属于均线背离。

（2）在均线背离发生后，判断短期的底和顶时，应当注意：必须股价出现剧烈震荡的情况下才可靠。如果在均线发生背离后，股价并没有出现剧烈的震荡，而是出现强势盘整或者下跌抵抗的情况，表明市场并不理会均线背离，原有的上涨或下跌状态仍将持续。例如万科（000002）在2001年3月初时突破120日均线后，股价与120日均线发生交叉背离，但此时它的股价在高位进入控盘状态，小阴小阳的方式震荡上行，股价在均线背离的情况下，并未发生剧烈的震荡，因此，此时均线背离已不适用，因为股价进入控盘后的"超强状态"，此时所发生的现象属于另一种均线状态——"均线扭转"。再例如，沪深大盘在2001年7、8月份时的大顶破位后，当时也出现了短时间的"均线背离"现象，但是大盘后来所出现的是在均线下方进行下跌抵抗来修复均线背离，此时表明市场进入"极弱状态"，这种情况下也不能运用均线背离技术，此时的均线状态也属于"均线扭转"的一种情况。

（3）均线背离技术只适用于一般状态下的市场，当市场进入"极强"或

"极弱"状态时，应当运用"均线扭转"理论来判断大势。此时的市场状况是有两种情况：

①极强市场。

此时是连续放巨量突破均线与均线发生背离，突破后股价在高位强势整理拒绝回调，判断这种现象的关键因素在于"连续"放巨量，成交量的"连续"是十分重要的。

②极弱市场。

此时是连续阴跌破位后所出现无量的下跌抵抗，股价无力回弹，即使股价暂时企稳，也不能进场抢反弹，因为股价是在半山腰被动等待均线下压，属于均线的被动修复，一旦上方的均线压下来，股价仍将破位下跌。

7. 收敛三角形 K 线形态

K线形态是K线组合的一个升级。形态学分析是股市分析中不可以缺少的一门技术。熟练掌握K线形态学分析会令投资者在股票市场中如鱼得水。形态学分析可以预测未来的方向；可以预测未来趋势的量度；可能投资者很难理解，形态学中还清晰地显示出主力的运作思维、行为和目的。形态学同样是一个时间之窗，它还能让你知道个股大概在什么时间发生转折改变趋势。

收敛三角形K线形态是股市中最常见的一种形态，见图14-1。K线震幅由大到小，当股价运行到三角形末端时，股价的震幅已经很小。通常情况下股价不可能长期在很小的幅度内波动。所以在三角形末端位置股价将会出现原来由大到小，小到一定程度之后又会由小变大的波动。由小变大，这就意味着股价波动加大，结果是股价要么大幅上升，要么大幅下跌。股价大幅上升或者大幅下跌，改变原来的横向震荡走向。我们所说的变盘就是股价由横向走向到往上或者往下的选择。变盘的时间根据三角形形态的大小，见图14-2，图14-3。几何学中是比例和结合其它多方面情况的大概可以估算。但它的计算不能像科学研究那样精确确定。高手对个股形成收敛三角形K线形态的变盘的时间估算准确程度和现在气象台对天气预报的准确程度差不多。如果有人对你说，某股票在某段时间内会发生变盘的转折走势。那可能是客观分析后的结果，有参考价值。如果某人非常肯定某股票在某天某时必定会变盘，那不是他研究的水平高，不是他的信心足，是他已经进入了股票技术研究的误区。股票上的技术分析不是精确的科学研究，它没有精确的结果。这是理念上的高度认识，理念错误，研究判断是很难有精确的结果的。

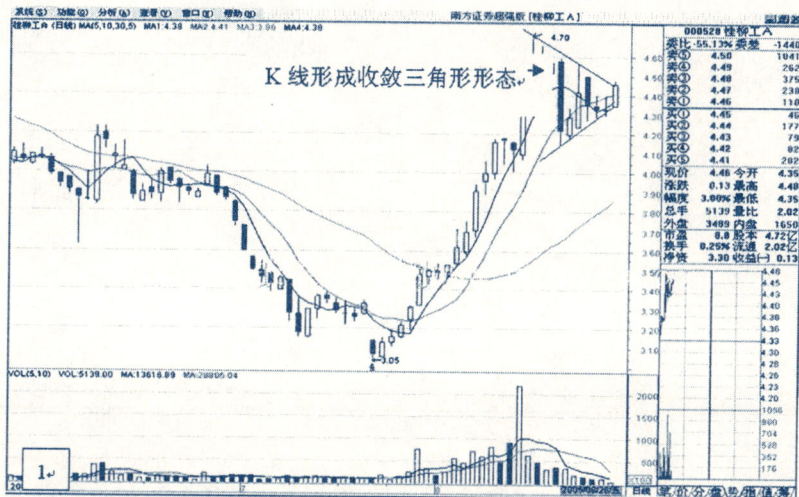

图 14-1

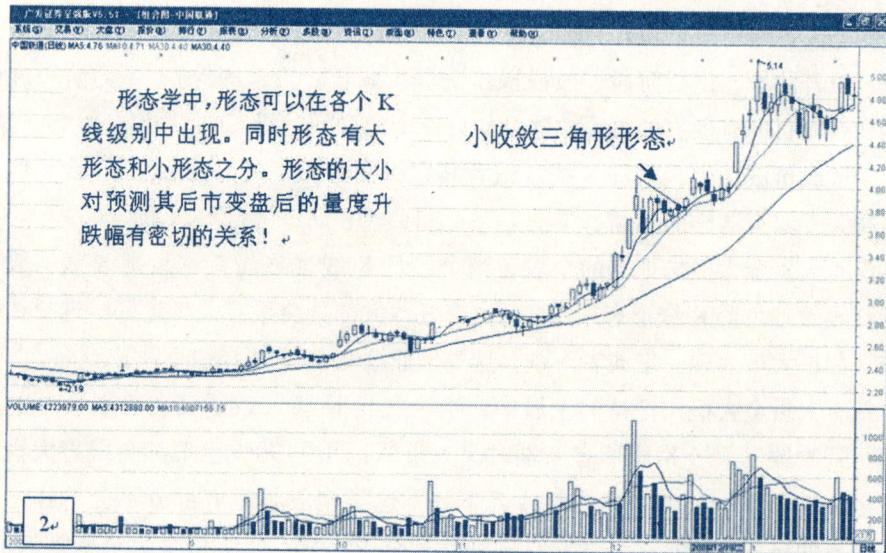

图 14-2

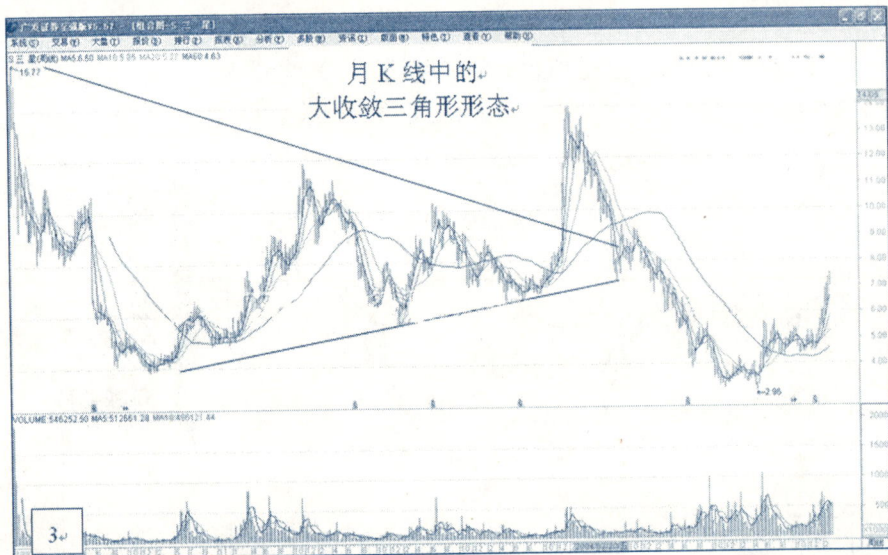

图 14 - 3

影响收敛三角形 K 线形态变盘方向的因素很多。最基本的有大盘的环境好与坏，个股当时的位置高低，个股的买卖力度情况等等 。相关专家认为"除了最重要的是大盘当时的环境好与坏之外，个股当时所处的阶段性（主力运作的进货阶段、拉升阶段、出货阶段、波段操作洗盘、减仓阶段，等等）、主力阶段性的思维和后面目的有极大的关系。这是从另一个角度的分析。"

个股股价波动中，就日 K 线（或者其它级别 K 线）形成收敛三角形 K 线形态，相关专家有这样的总结，见图 14 - 4、14 - 5：

没有大资金大机构把持的个股，当个股日 K 线（或者其它级别 K 线）股价运行到收敛三角形 K 线形态末端时。大市好，大部分会跟着大盘走好，选择往上突破。如果大市表现一般或者下跌，这类型股票90%是选择往下跌破。

在有大资金大机构把持的个股中，当个股日 K 线（或者其它级别 K 线）股价运行到收敛三角形 K 线形态末端时。大市好，几乎 90% 也上都会跟着大盘走好往上突破。即使大市表现一般或者下跌，这类型股票也有部分不会选择往下走。简单的概念性概括是："收敛三角形 K 线形态中，有大资金大机构把持的，大盘好时就是机会。没有大资金大机构把持的个股，大盘不好时肯定是往下走！"

在 K 线形成三角形形态，K 线已经运行到收敛三角形末端的个股中。方向是

往上还是往下一定要结合各方面的情况去综合判断。大盘环境、主力行为是最重
要的两点。

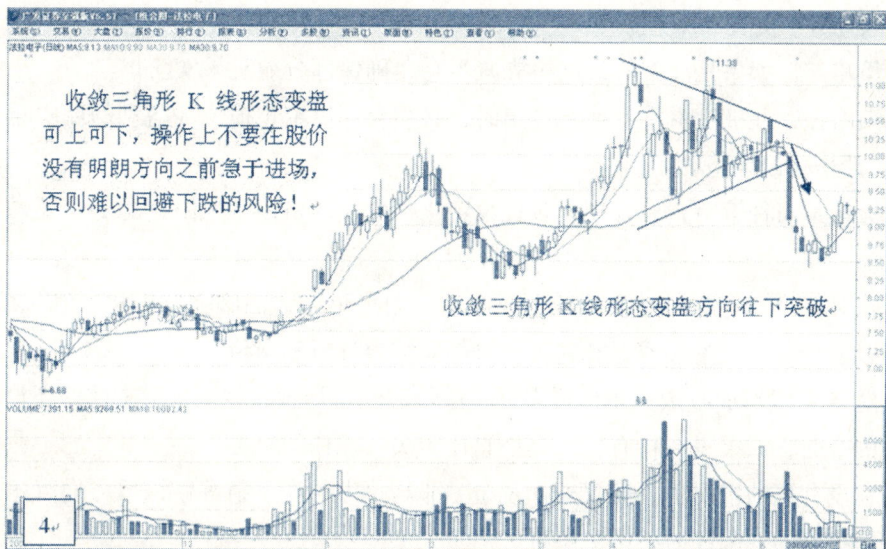

收敛三角形 K 线形态变盘
可上可下，操作上不要在股价
没有明朗方向之前急于进场，
否则难以回避下跌的风险！

收敛三角形 K 线形态变盘方向往下突破

图 14－4

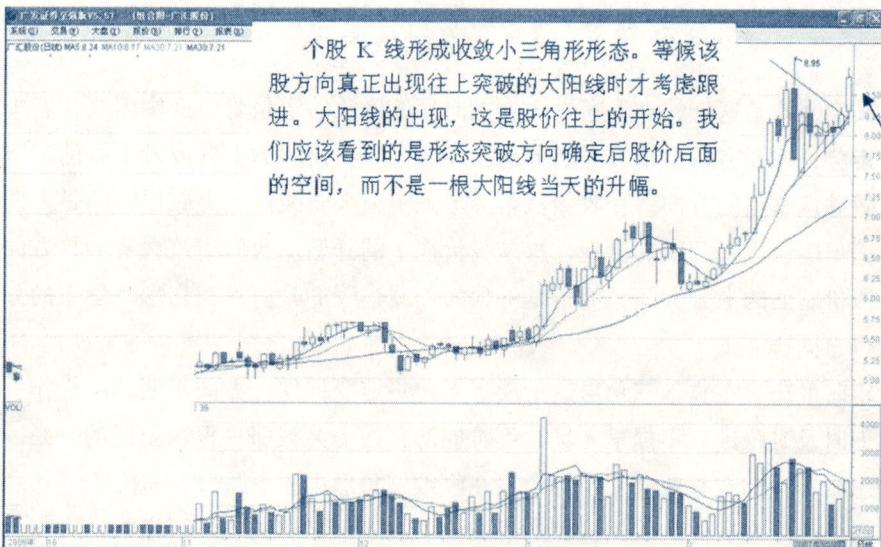

个股 K 线形成收敛小三角形形态。等候该
股方向真正出现往上突破的大阳线时才考虑跟
进。大阳线的出现，这是股价往上的开始。我
们应该看到的是形态突破方向确定后股价后面
的空间，而不是一根大阳线当天的升幅。

图 14－5

291

对待 K 线形成收敛三角形形态，实战中在股价已经运行到收敛三角形末端而还没有出现变盘的个股。如果已经持有：

策略一，先退出观望。

策略二，如果是非常看好的可先减半仓，确保部分盈利果实。

策略三，在极度看好不愿意退出时，必须合理设定止损位（盈利的就叫止赢位），严格控制风险。

无论是何种策略，有计划地合理设定止损位，严格控制风险，是必须要做到的。

在对待已经持有的个股 K 线形成收敛三角形形态，面临变盘的机遇和风险，采用以上任何一种策略或者其它策略时都要综合分析和衡量。

对待 K 线形成收敛三角形形态，在股价已经运行到收敛三角形末端而还没有变盘的个股，如果没有持有，只是把它作为买入操作的目标。

在没有买的情况下，建议选择观望。非高手中的高手请等候该股方向真正出现往上突破的大阳线时才考虑跟进。

有很多人都不明白，他们的思维是：等候该股方向真正出现往上突破时往往是出现了大阳线。出现大阳线后才买进不是追高了吗？不是吃亏了吗？不是少赢了吗？

其实并不是这样，在形态学中，方向性的确认一定是要出现中阳线或者中阴线的走势，才能有效确认真正的方向。有时还需要连续的上升或者下跌的走势才能有效确认真正的方向。在收敛三角形形态中，大阳线往上突破说明的是方向往上的简单确认。大阳线的出现，这是股价往上的开始。我们应该看到的是方向确定后股价后面的上升空间，而不是一根大阳线当天的升幅。其它形态学上的分析和操作也同样。

审时度势，在收敛三角形这种形态下，一定要记住：方向不明朗不操作，方向明朗时及时跟进。不提早入场，不希望博到往上突破那一根大阳线的升幅。这样的思维和行动能有效回避目标个股在收敛三角形中往下跌破的风险。

如果你没有这样的认识这样的思维，说明还不足够成熟，还没有进入高手的行列。

8. 趋势线的应用法则

（1）趋势线的应用法则之一

在上升行情中，股价回落到上升趋势线附近获得支撑，股价可能反转向上；而在下跌行情中，股价反弹到下跌趋势线附近将受到阻力，股价可能再次回落。也就是说：在上升趋势线的触点附近将形成支撑位，而在下跌趋势线的触点附近将形成阻力位。

（2）趋势线的应用法则之二

如果下跌趋势线维持时间较长，而且股价的跌幅较大时，股价放量突破趋势线，是下跌趋势开始反转的信号。该法则有以下三个主要特征：

①下跌趋势线维持的时间较长。

②股价的跌幅较大。

③股价向上突破下跌趋势线时一般都呈现出放量的状态。

趋势线的应用法则之二在实战应用中要注意的是：所确认的反转突破点与下跌趋势线的幅度不能过大。一般不能超过5％。否则，这个突破的高度和可靠性是要大打折扣的。

（3）趋势线的应用法则之三

股价突破趋势线时，原来的趋势线将成为支撑或者阻力，股价经常会反弹或者回落。该法则也有以下三个主要特征需要我们注意：

①只适用于上升或者下跌趋势，对于横向趋势没有指导意义。

②原来的趋势线被确认有效突破时，该法则才可以适用。

③与原来的趋势线作用性质将成为反向对应，即：支撑变阻力，阻力变支撑。

（4）趋势线的应用法则之四

在上升行情初期，趋势线的斜率往往较大，回落跌破原趋势线时，通常会再沿着较缓和的趋势线上升，原趋势线将形成阻力，当股价跌破第二条修正趋势线时，行情将反转。该法则也有以下三个主要特征：

①股价总是沿着新的趋势线运行。

②原有的趋势线将形成阻力。

③第二条修正趋势线被有效击穿时行情将反转。

9. 几条判断真假突破的原则

趋势线的突破对买入、卖出时机等的选择具有重要的分析意义，而且即使是市场的造市者往往也会根据趋势线的变化采取市场运作；因此，搞清趋势线何时突破，是有效的突破还是非有效的突破，对于投资者而言是至关重要的。事实上，股价在趋势线上下徘徊的情况常有发生，判断的失误意味着市场操作的失误，以下提供一些判断的方法和市场原则，但具体的情况仍要结合当时的市场情况进行具体的分析。

（1）收市价的突破是真正的突破

技术分析家经研究发现，收市价突破趋势线，是有效的突破，因而是入市的信号。以下降趋势线即反压线为例，如果市价曾经冲破反压线，但收市价仍然低于反压线，这证明，市场的确曾经想冲高，但是买盘不继，沽盘涌至，致使股价终于在收市时回落。这样的突破，相关专家认为并非有效的突破，就是说反压线仍然有效，市场的淡势依然未改。

同理，上升趋势线的突破，应看收市价是否跌破趋势线。在图表记录中常有这样的情况发生：趋势线突破之后，股价又回到原来的位置上，这种情况就不是有效的突破，相反往往是市场上的陷阱。

（2）判断突破的原则

为了避免入市的错误，技术分析专家总结了几条判断真假突破的原则：

①发现突破后，多观察一天。

如果突破后连续两天股价继续向突破后的方向发展，这样的突破就是有效的突破，是稳妥的入市时机。当然两天后才入市，股价已经有较大的变化：该买的股价高了；该抛的股价低了，但是，即便那样，由于方向明确，大势已定，投资者仍会大有作为，比之贸然入市要好得多。

②注意突破后两天的高低价。

若某天的收市价突破下降趋势线（阻力线）向上发展，第二天，若交易价能跨越它的最高价，说明突破阻力线后有大量的买盘跟进。相反，股价在突破上升趋势线向下运动时，如果第二天的交易是在它的最低价下面进行，那么说明突破后沽盘压力很大，值得跟进沽售。

③参考成交量。

通常成交量是可以衡量市场气氛的。例如，在市价大幅度上升的同时，成交量也大幅度增加，这说明市场对股价的移动方向有信心。相反，虽然市价飙升，但交易量不增反减，说明跟进的人不多，市场对股价移动的方向有怀疑。趋势线的突破也是同理，当股价突破支撑线或阻力线后，成交量如果随之上升或保持平时的水平，这说明突破之后跟进的人多，市场对股价运动方向有信心，投资者可以跟进，搏取巨利。然而，如果突破之后成交量不升反降，那就应当小心，防止突破之后又回复原位。事实上，有些突破的假信号可能是由于一些大户入市，例如大投资公司入市，中央银行干预等。但是市场投资者并没有很多人跟随，假的突破不能改变整个盘面，如果相信这样的突破，可能会上当。

④侧向运动。

在研究趋势线突破时，需要说明一种情况：一种趋势的打破，未必是一个相反方向的新趋势的立即开始，有时候由于上升或下降得太急，市场需要稍作调整，作上落侧向运动。如果上落的幅度很窄，就形成所谓牛皮状态。侧向运动会持续一些时间，有时几天，有时几周才结束。技术分析家称之为消化阶段或巩固阶段。侧向运动会形成一些复杂的图形。侧向运动结束后的方向是一个比较复杂的问题。

认识侧向运动的本质对把握股价运动的方向极为重要。有时候，人们对于股价来回窄幅运动，大有迷失方向的感觉。其实，侧向运动既然是消化阶段，就意味着上升过程有较大阻力；下跌过程中买家和卖家互不相让，你买上去，我抛下来。在一个突破阻力线上升的行程中，侧向运动是一个打底的过程，其侧向度越大，甩掉牛皮状态上升的力量也越大，而且，上升中的牛皮状态是一个密集区。同理，在上升行程结束后，市价向下滑落，也会出现侧向运动。侧向运动所形成的密集区，往往是今后股价反弹上升的阻力区，就是说没有足够的力量，市场难以突破密集区，改变下跌的方向。

10. 从形态上判断个股调整

个股的股价在整个上涨过程中，往往很少出现持续攀升的行情，期间总会出现一些调整和回落。这种调整和回落有时属于短期调整，有时则是长期调整，有的时候甚至是趋势的改变。因此当股价出现下跌的时候，如何准确判断个股的下跌趋势和调整时间，对于今后的操作具有相当重要的技术参考意义。如果判断错误，将短期调整看成是长期的下跌，则往往会错失大牛股；相反，如果将长期趋势改变看成是短期下跌，则会蒙受重大损失。因此，以下就一些最为常见的下跌技术形态进行分析，作为投资者判断趋势的参考。

一种是一只个股在持续上涨后出现了一两个交易日的下跌，则不应作出判断，只要该只个股还处于上升通道中，则应继续看多，这种下跌只是上涨途中暂时的调整；如果下跌打破了原有的轨道和趋势，可能有几个月的调整，但就中长期来看，仍然看好。投资者如具有波段操作能力，可以做短差，但多数投资者并不具备这种能力，一般而言，只要大牛市没有结束就一路持有；第三种下跌就是趋势的改变。这种下跌不断创出新低，而且下跌往往是长期的，一旦被套则是很长时间的套牢，如遇这种下跌的话，投资者需要及早离场。

仅仅从技术上来看，似乎第二种和第三种情况相当类似，很难进行区分，而等可以区分的时候股价已经到达了极低的水平，已经损失惨重了。在这里，我们建议可以从下跌的幅度进行判断。一般而言，在操作中是很难在最高价位或者在出现最高价位的那一天进行判断的，所以首先不应有在最高价位出局的要求。对于那些中长期看好的个股而言，其从最高价位下跌的幅度是比较小的，并且往往还有反弹的动作，也就是多重头部的技术形态；而弱势个股则是下跌幅度较大，但反弹力度又较小，这种个股在反弹中往往反弹的高度不到下跌幅度的一半，这种情况往往意味着长期趋势的改变。因此，对于那些在下跌中跌幅较大，但在反弹中力度又较小的个股，需要及早了结出局。

实际上，从周线来判断个股的股价趋势是非常有参考意义的，因为日线非常短，其中会出现相当多的骗线，往往会使得投资者对短期的走势难以准确把握。一般而言，那些中期调整的个股将出现横盘箱体或者是上升三角形的技术形态，但趋势改变的个股则是不断向下探底的形态。

参考书目

1. 陈容编著:《股市操练大全》,企业管理出版社 2007 年版。

2. 郭振宇编著:《看盘有绝招:全新的股价走势分析方法》,企业管理出版社 2007 年版。

3. 智君著:《股票选时技巧:准确把握买卖点》,海南出版社 2007 年版。

4. 宏凡主编:《股市捷径——主图技术分析》,中国科学技术出版社 2007 年版。

5. 王春如编著:《轻松炒股票、买基金》,经济科学出版社 2007 年版。

6. 理查德·W·沙巴克著:《技术分析与股票盈利预测》,地震出版社 2007 年版。

7. 拉瑞·威廉姆斯著:《选对时机买对股》,广东经济出版社 2007 年版。

8. 杨建编著:《股票市场技术分析手册》,中国宇航出版社 2006 年版。

9. 〔英〕罗比·伯恩斯著:《如何从股票交易中获利》,地震出版社 2006 年版。